Simone Schmollack

ICH WOLLTE NIE SO WERDEN WIE MEINE MUTTER

Geschichten von Frauen zu einer ganz besonderen Beziehung

Schwarzkopf & Schwarzkopf
Verlag

für Lara Luzie Lulu

ICH WOLLTE NIE SO WERDEN WIE MEINE MUTTER

Die erste Heimat ist
die Mutter – ein Gefängnis

HEINER MÜLLER

ICH SCHAU IN DEN SPIEGEL UND SEHE MEINE MUTTER

Vorwort von Simone Schmollack

Das Schlimmste, was einer Frau heute gesagt werden kann, ist: Du bist wie deine Mutter! Dieser eine Satz kann eine Frau bis ins Mark erschüttern. Denn genau das wollte sie niemals – sein wie ihre Mutter.

Jede Frau – egal, ob »nur« Tochter oder selbst Mutter – sucht ihre eigene Identität, ihre individuellen Maßstäbe, ihren unverkennbaren Stil. Sie ist auf der Suche nach sich selbst – und nicht nach ihrer Mutter. Doch sie kann machen, was sie will. Ihre Mutter wird sie ihr Leben lang begleiten, sie wird am Wegesrand stehen und wissend lächeln, manchmal sogar fies grinsen: So einfach wirst du mich nicht los. Ich bin viel stärker, als du glaubst. Ob du willst oder nicht.

Ihre Mutter ist dabei, wenn sich die Frau für einen Beruf ausspricht, sich für oder gegen eine Karriere entscheidet. Sie hat Einfluss darauf, wie sich ihre Tochter kleidet und welche Frisur sie trägt. Die Mutter hält die Zügel, wenn eine Frau ihre Männer wählt und über Kinder nachdenkt. Wenn sie sich wehrt und aufbegehrt, leidet und schweigt. Wenn sie eine Scheidung forciert, den Job wechselt, sich ein Haus baut.

In den meisten Fällen ist die Mutter nicht physisch anwesend. Aber ihre Seele, ihre Vergangenheit und ihre Gegenwart umgeben die Frau in jeder Lebenssituation – und sie trifft viele ihrer Entscheidungen mit.

Die Mutter ist die erste und wichtigste Person im Leben eines jeden Mädchens. Ohne dass Mutter und Tochter es bewusst wahrnehmen und anstreben, prägt die Mutter die ersten Schritte ihres Kindes. Stärker als jeder andere Mensch. Und in jeder Hinsicht. Gegen diese unsichtbare Macht kann sich keine Frau erfolgreich wehren, sie kann lediglich versuchen, das »Beste daraus zu machen«.

Viele Frauen, die sich in ihrem Leben unwohl und unsicher fühlen, sich selbst unsympathisch sind, sind in der Regel Meisterinnen im Verdrängen. Sie schieben die Frage nach der Ursache ihrer Unzufriedenheit in den tiefsten Winkel ihrer Seele und tun alles, um nicht daran zu rühren. Dabei wäre eine ehrliche Antwort die Lösung ihrer Probleme. Stattdessen verfangen sie sich in Frust und Depressionen.

Warum Mütter und Töchter der heutigen Generation sich vielfach spinnefeind sind, warum sie sich mitunter bekämpfen, hat zahlreiche Ursachen. Ein Grund, wahrscheinlich einer der wichtigsten, liegt in der veränderten Gesellschaft. Oft passen Mütter und Töchter heute nicht mehr zusammen. Weil die eine etwas will, was die andere unmoralisch findet. Weil sich die eine nimmt, was der anderen vorenthalten blieb. Und weil sie es mit einer Selbstverständlichkeit tut, die der anderen völlig fremd ist. Mutter und Tochter geraten in einer Form aneinander, die – wie beispielsweise die Nichtkommunikation von Vätern und Söhnen – ein gewaltiges kulturelles Problem darstellt.

Früher war es einfacher. Vielleicht. Da waren Rollen- und Verhaltensmuster vorgegeben, da lebte eine Frau, wie es ihr vorgeschrieben war.

Sie heiratete jung, bekam viele Kinder, versorgte Haushalt und Gatten. Sie begehrte nicht auf, fragte nicht nach und widersetzte sich nicht, sondern fügte sich in ihr Schicksal. Zu diesem war sie verdammt – per Gesellschaftsvertrag. Dieses Muster gab sie an ihre Töchter weiter, die es übernahmen. In der Regel widerspruchslos. Auf diese Weise war Identifikation mit der Mutter so einfach wie möglich. Die Tochter stellte ihre Mutter nicht in Frage, sah in ihr oft ein Vorbild und wollte häufig so werden wie sie. Die Mutter indes stand ihrer Tochter stets als Beraterin zur Seite, meist auch oder vor allem dann noch, wenn die Tochter selbst Mutter wurde. Das war sogar noch vor fünfzig Jahren so. Die Mutter war die Mutter. An diesem Status, dieser »Ehre« wurde weder gezweifelt noch gerüttelt. Auch wenn diese Voraussetzung mitnichten eine Garantieurkunde für zwischenmenschliches Gelingen war. Das Gespann Mutter– Tochter bot zu allen Zeiten eine riesige Reibungsfläche, auf der sich die Frauen mitunter meuchelten. Doch zu keiner Zeit hatten es Mutter und Tochter miteinander so schwer wie heute.

Frauenbewegung und Feminismus haben alte, destruktive, frauenfeindliche Rollenmuster über Bord geworfen und ein Frauenbild geschaffen, das dem einstigen in jeder Beziehung widerspricht. War die Frau von damals – die Mutter – Herrscherin über Kinder, Küche, Kirche, verlangt die Frau von heute – die Tochter – mehr. Weitaus mehr. Und zu Recht. Sie will studieren und arbeiten, gebären und mitunter auch heiraten. Sie fordert die Hälfte des oft gepriesenen Kuchens: Sie strebt in die Vorstandsetage, den universitären Professorensessel, den Aufsichtsrat oder einfach nur in einen Job, der ihr Spaß macht und sie erfüllt. Zwangsläufig geraten Mutter und Tochter aneinander – in ihren Wertmaßstäben, Normen und Ansprüchen.

Der Kampf der Frauen um Gleichstellung auf allen Ebenen wird nicht nur gegen Männer geführt, die zweifelsohne ihre Vormachtstellung auf- und vom Kuchen abgeben müssen, sondern auch gegen die eigenen Mütter. So wird die Auseinandersetzung zwischen Töchtern und Müttern zu einer ganz eigenen Form des Feminismus. Die mit reichlich Konfliktpotenzial ausgestattet ist.

Die Mütter von einst verzichteten zugunsten ihrer Kinder auf eigene Ansprüche, oft kannten sie sie gar nicht. Das produziert Unzufriedenheit, Unglück und Unbefriedigtsein. Die Mütter der Generation der heutigen Thirtysomethings liefen häufig mit zusammengekniffenen Lippen und vorwurfsvollem Blick durchs Leben. Im Westen wie im Osten. Vereinfacht gesagt, waren die im Westen depressiv, weil sie ans Haus gekettet waren, und die im Osten nicht minder, weil ihnen eine Dreifachbelastung aufgezwungen wurde. Die im Westen verzichteten für ihre Kinder, die im Osten auch. Wenngleich die Mütter im Osten ihren Kindern häufig ein gänzlich anderes Rollenmodell vorlebten als die im Westen und von keinem Mann abhängig sein mussten. Glücklich indes waren die meisten auch nicht.

Diese Müttergeneration – egal ob West oder Ost – vermittelte Botschaften, die so vielfältig sind wie es unterschiedliche Mütter gibt: Hausfrau, Karrierefrau, perfekte Mutter, nachlässige Mutter, universelle Mutter, Ehefrau, Geliebte. Die Schweigende, die Lügnerin, die Ängstliche. Und: die Kalte. Das ist auffällig an den Müttern vergangener Zeiten: Von ihren Töchtern werden sie häufig als eisig beschrieben, mitunter sogar als emotional tot. Sie traten hinter ihren Mann zurück, beugten sich seinen Diktaten und versteinerten. Ihren Töchtern gaben sie weder Liebe noch Wärme, sie sahen zu, dass diese funktionierten. Sie konnten nicht geben, was sie selbst nicht empfanden. Nicht empfinden durften. Emotionen und ein eigener Wille waren den Müttern untersagt.

Ihre Töchter indes wurden in eine Zeit hinein geboren, die dieses Gesellschaftsbild verwarf und für Freiräume sorgte. Die Töchter wuchsen und wachsen mit anderen Normen, Werten und Vorbildern auf. Und mit anderen Wünschen, Träumen und Idealen. Was jedoch nicht heißt, dass die Töchtergeneration per se in die Unabhängigkeit drängt und beispielsweise in einem Beruf größere Erfüllung findet als in einer Familie. Mütter produzieren ihre eigenen Töchter, die nach wie vor die unterschiedlichsten Wege gehen. Während die Tochter einer Hausfrau im Erziehungsurlaub litt, weil sie ihre eigenen Grenzen nicht mehr spürte, strebt eine andere eine Beziehung an, wie sie sie von ihren Eltern vorgelebt bekam. Während die Tochter einer berufstätigen Mutter diese stets vermisst hat und für ihre Töchter und Söhne immer da sein will, sagte eine andere: Meine Mutter lebte mir vor, dass beides geht – Kinder und Karriere. Die Tochter einer Alleinerziehenden vermisste ihren Vater, aber ebenso ihre Mutter, weil diese sich dem Leben entzog. Eine andere hatte zwei Mütter und keine richtig. Die nächste fand ihre Mutter in ihrer Großmutter. Und es gibt Mütter, die enthalten ihren Töchtern Wahrheiten vor, um sich selbst zu schützen. Warum, das erfahren die Töchter mitunter nie.

Während die Auseinandersetzung zwischen Söhnen und Vätern aufgrund von Kommunikationsbarrieren meist körperlich erfolgt, gehen Frauen subtiler vor. Sie wissen oft genau, wie sie Botschaften senden können, ohne sie auszusprechen. Mit einem bestimmten Unterton, einer sorgfältigen Wortwahl, einem Blick. Oder durch Schweigen. Das schafft eine Atmosphäre der Angst und Unsicherheit, von Druck und Verbitterung. Im Ausüben von Psychoterror können Frauen Meisterinnen sein. Es gibt kein Gesetz, nach dem sich Töchter entwickeln, weil sie eine bestimmte Mutter hatten. Aber es gibt Ahnungen und Erklärungen.

Die Geschichten in dem vorliegenden Buch erzählen von den Ahnungen, von der Suche nach der Mutter und ihrer Wahrheit, die sich mit der Wirklichkeit nicht unbedingt decken muss, die Geschichten erzählen von den vielfältigen Beziehungsgeflechten, in die sich Mütter und Töchter verstricken können. Die meisten Töchter wünschen sich ein gutes Verhältnis zu ihrer Mutter. Und sie haben als Mädchen eine Mutter gewollt, die da war, wenn sie sie brauchten, die zärtlich war und liebevoll. Die sich aber auch durchsetzen konnte, für ihre Ideale kämpfte und einfach glücklich war. Doch die Mütter genügten diesem Anspruch nur selten. Und so sehen die wenigsten Töchter ihre Mutter in einem positiven Licht. In diesen Fällen fielen die Mütter aus dem vorgegebenen Gesellschaftsbild heraus.

In der Regel klafft zwischen Mutter und Tochter ein tiefer Riss. Einigen Frauen gelingt es, sich im Laufe der Jahrzehnte einander anzunähern. Durch unendliche Gespräche, schonungslose Offenheit und die Größe, verzeihen zu können. Mitunter ist das ein schmerzhafter Prozess. Einige Töchter aber sagen ihr Leben lang: Meine größte Feindin ist meine Mutter. Aber sie haben heute als Mütter die Chance, es anders zu machen.

TODESENGEL

Andrea D. ist ein ungewolltes Kind

Wir hatten schon Streit, da war ich noch gar nicht geboren. Meine Mutter war eine alte Frau, als sie mit mir schwanger war. Ich war das erste Kind, das ihr Körper hielt und nicht wie eine ungeliebte und nichtüberlebensfähige Frucht abstieß. Über zwanzig Jahre lang erlitt meine Mutter Fehlgeburten. Immer und immer wieder. Mit 40 sollte es dann endlich so weit sein und die Schwangerschaft endete nicht mit einem Abort. Doch glücklich war meine Mutter darüber nicht. Ihre Liebe galt nicht ausschließlich mir. Ich war ein Zwilling. Aber ich habe meinen Bruder getötet. Hieß es. So vermittelte es mir meine Mutter. Unbewusst zwar und nie mit Worten, aber in all ihren Gesten, Handlungen und Anweisungen lagen Vorwürfe und Angriffe: Du hast meinen Sohn umgebracht.

Mein Bruder und ich kamen per Kaiserschnitt zur Welt. Er wurde kurz vor mir dem Leib meiner Mutter entnommen, wahrscheinlich war er zu dieser Zeit schon tot. Genaues weiß ich nicht, weil niemand mit mir darüber sprach. Meine Mutter nicht, mein Vater nicht, meine Großmutter nicht. Als erwachsene Frau habe ich heimlich recherchiert und stieß auf einen Totenschein meines Bruders. Lediglich seine Geburt und sein Tod sind damit bescheinigt. Alles andere ist Legende. Und diese besagt, dass ich zu groß war und damit meinem Bruder keinen Platz bot. Ich hätte ihm alle Möglichkeiten zum Leben genommen, ich hätte ihn getötet, hieß es. Wenn ich nicht gewesen wäre, könnte mein Bruder leben. Dieses Gefühl übergab mir meine Mutter von der ersten Sekunde meines Lebens an. Schon als kleines Mädchen fühlte ich mich als Mörderin, auch als ich noch gar nicht wusste, was das ist, ein Mord. Aber ich spürte: Meine Mutter liebt mich nicht, sie erduldet mich, weil ich nun einmal da bin. Und sie sieht in mir den Todesengel. So begann das Verhältnis zwischen mir und meiner Mutter und nahm seinen unglücklichen Verlauf. Als folge es einer unumkehrbaren Gesetzmäßigkeit.

Damals lebte meine Mutter mit ihrem Mann und ihren Eltern in einer Zweizimmerwohnung. Es muss zwar eng, aber nicht so kompliziert und belastet gewesen sein wie später, als die Wohnung durch den Tod meines Großvaters größer wurde. Mein Großvater starb, als ich ein dreiviertel Jahre alt war. Sein Gesicht kenne ich nur von Fotos und aus Erzählungen. Er schien ein guter Mensch gewesen zu sein. Fortan beschäftigte sich meine Großmutter viel mit mir, wir waren Tag und Nacht zusammen, wir schliefen sogar in einem Zimmer. Meine Großmutter übernahm die Rolle meiner Mutter, die unfähig war, für mich zu sorgen. Wahrscheinlich wollte sie auch nicht meine Mutter sein. Meine Großmutter sah und spürte dies und überfrachtete ihre Tochter mit Vorwürfen. Aber meine Mutter stellte sich taub. Meine Großmutter und ich hatten ein inniges Verhältnis, sie war ein Bollwerk gegen meine Mutter. Sie schützte mich vor den Angriffen der Frau, die mich geboren und sich nichts sehnlicher gewünscht hatte als ein Kind. Aber als es da war, verfluchte sie es wie der Teufel das Weihwasser. Großmutter schirmte mich ab vor den Ausbrüchen meiner Mutter, die plötzlich und unvorhersehbar auftraten und keines Anlasses bedurften. Mit einem Mal war meine Mutter aufgebracht und tobte, Großmutter schob mich ins Nebenzimmer und widersetzte sich damit ihrer Tochter. Sie stritten täglich, in unserem Haus fanden Lautstärke und ungebremste Wut eine bequeme Wohnstatt. Bis eines Nachts mein Schutzwall aufgebrochen wurde. Meine Großmutter erlitt einen Herzinfarkt.

Wir legten uns wie immer früh schlafen, meiner Großmutter ging es nicht schlechter als sonst. Sie war aktiv und hellwach, doch in jener Nacht überkam sie eine unbekannte Übelkeit.

»Andrea, mir wird so schlecht«, holte sie mich aus dem Schlaf. Ich sprang aus dem Bett und weckte meine Mutter. Als der Arzt kam, war es schon zu spät. Der Herzinfarkt hatte bereits zu lange von Großmutter Besitz ergriffen. Der Arzt maß ihren Blutdruck, fühlte ihren Puls, drückte an meiner Großmutter herum. Ich lag im Bett und sah zu. Ich beobachtete, wie zwei Krankenpfleger sie auf eine Trage hievten und hörte das Martinshorn heulen. Zwei Tage später starb sie im Krankenhaus.

Mein Vater holte mich aus der Schule ab und brachte mich nach Hause. Meine Mutter trug Schwarz und ich fragte verwundert: »Großmutter ist doch nicht tot, oder?« »Nein«, sagten beide wie aus einem Munde. Sie logen, ich spürte es, aber wollte nicht glauben, dass meine Großmutter fortan nicht mehr bei mir sein würde. Ich hielt mich an dem Gedanken fest, dass Großmutter im Krankenhaus liegt und gesund wird. Tage später nahmen mich meine Eltern beiseite und eröffneten mir ihren Tod. Mit dem Davonschleichen meiner Oma veränderte sich meine Mutter.

Sie verkraftete den Tod ihrer Mutter nicht. Sie weinte lange und oft und begab sich in ihre Welt. Noch heute besucht sie oft ihr Geburtshaus und steht stundenlang schweigend davor. Ihre Gedankenwelt blieb mir verschlossen, meine Mutter sprach nicht. Ich ahnte nur, dass es in ihr brodelte und kämpfte. Vielleicht fühlte sie sich sogar schuldig, schuldig dafür, eine schlechte Mutter zu sein. Weil sie keine Liebe geben, sondern nur herrschen und terrorisieren konnte. Sie wurde zunehmend nervöser und hysterischer, vor allem im Umgang mit mir.

Mit Großmutters Tod beschritt ich ein neues Leben. Mit Großmutter verlor ich meinen Schutzwall gegen meine Mutter. Ich war ihr völlig ausgeliefert und musste fortan ihr Dasein ertragen. Eine Wechselwirkung: Sie lud ihre innere Verzweiflung auf mich, duldete mich als ungeliebtes Kind und ich musste ihre Ausbrüche und Flüche über mich ergehen lassen. Ich kam gerade in die Schule und hatte ohnehin mit einer Lebensumstellung zu kämpfen, die ihre Spuren hinterließ. Und plötzlich waren wir in der Wohnung, in der einst viele Menschen um einen Platz kämpften, zu dritt: Mutter, Vater, ich. Ein beängstigender Zustand. In Ungarn, wo ich geboren wurde, übt die Familie eine besondere Funktion aus. Sie ist Heimat, Wohnstatt und Zusammenhalt. Anders als in vielen westeuropäischen Ländern, in denen die Familie im zwanzigsten Jahrhundert mehr und mehr zerfallen ist und die Vereinzelung ihren Weg gefunden hat. In Ungarn lebt man in der Familie. Freiwillig und notgedrungen. Freiwillig, weil sie Hort allen Frohsinns und sozialer Sicherheit ist. Notgedrungen, weil es keine Wohnungen gab. Wer vor knapp vierzig Jahren in den Genuss einer Wohnung kam, hatte sie entweder gekauft oder durch Protektion ergattert. Die meisten Menschen jedoch besaßen kein Geld, um sich eine Wohnung zu kaufen. Also lebten sie auf engstem Raum zusammen, meist drei oder sogar vier Generationen unter einem Dach. Das schweißte zusammen und trieb auseinander, besiegte die Liebe und schürte Hoffnung. Leben in Ungarn war ein tägliches Wechselspiel von Nähe und Distanz, Krieg und Frieden. Und ich befand mich mittendrin.

Mein Vater spielte eine Nebenrolle, sowohl im Leben meiner Mutter als auch in meinem. Es schien, als sei er gar nicht da. Meine Mutter beschwerte sich, dass er nicht sprach. Sein Verhältnis zu ihr drückte sich in seinem Schweigen aus: Er hatte ihr nichts mehr zu sagen und nichts mehr zu geben. Jahrelang ertrug er die Kommandostimme seiner Frau, jahrelang spurte er, bis eines Tages die Luft raus war und er sich stumm abwandte. Er sagte kein einziges Wort und entzog sich ihr damit auf seine Weise. Schweigend bot er keine Angriffsfläche mehr. Wenn sie sich an ihm abarbeitete, glitten ihre Worte an ihm ab wie an einer seifigen Mauer. »Warum redest du nicht mit mir?«, beklagte sie sich. »Das Leben mit dir ist so langweilig.« Aus der Reserve vermochte sie ihn damit jedoch nicht zu locken. Er war längst in der inneren Emigration. Und kaum zu Hause.

Wenn er Anwesenheit präsentierte, dann in einen Sessel gedrückt und hinter einer Zeitung verborgen. »Ist es ein gutes Gefühl, Vater zu sein?«, fragte ich ihn im Alter von etwa acht Jahren das erste Mal. Ich spürte ihn nicht, ich spürte keine Liebe. »Ja, schon«, antwortete er so lapidar wie abwesend. Einen Vater habe ich also auch nicht, setzte sich ein unklares Gefühl in meiner Brust fest. Und doch war es eher mein Vater, zu dem ich flüchtete. Wenn mich nachts schlechte Träume plagten, schlüpfte ich in sein Bett. Zu meiner Mutter wäre ich nie ins Bett gestiegen. Eine unsichtbare Kraft hielt mich davon ab. Wenn ich nicht einschlafen konnte, kroch mein Vater zu mir. Ich war ein ängstliches Kind und mochte nie allein einschlafen. Irgendwann legte er sich jede Nacht ins Bett meiner Großmutter. Bis ich auszog, schliefen mein Vater und ich in einem Zimmer.

Mein »Zuhause« bot keine Ruhe und keine Genügsamkeit, mein »Zuhause« war eine Folterkammer für die Seele. Sooft ich konnte, verließ ich die Wohnung. Ich besuchte eine Freundin, bei ihr fühlte ich mich wohl. Keine Drohungen, keine Angriffe, kein böses Wort. Bei ihr bekam ich etwas vom Begriff Familie zu spüren und eine Ahnung davon, was es heißt, angenommen zu sein. So wie man ist und so wie man aussieht. »Du bist hässlich und viel zu dünn. Die kriegst nie einen Mann«, tyrannisierte mich meine Mutter. Sie bestimmte meine Kleiderordnung, mit der ich hundertprozentig keinen Mann gekriegt hätte. Waren wir einkaufen, ertönte in regelmäßiger Wiederkehr ihr Ruf: »Es gibt keine passenden Sachen für dich.« Gekauft hat sie schließlich irgendetwas, ich wehrte mich nicht, ich sehnte das Ende der Einkaufstorturen herbei. Zu Hause steckte sie mich in ihre »Eroberungen«, schob mich vor meinen Vater, der ein halbes Auge für mich übrig hatte. »Zu kurz«, sagte er. Oder: »Zu breit.« Dann setzte sich meine Mutter an ihre Nähmaschine und änderte nach den Angaben meines Vaters. Ein Kleidungsstück ähnelte dem nächsten und alle waren unförmig.

»Du musst mal wieder zum Friseur«, befahl meine Mutter, die sich fast täglich ein Nest aus Lockenwicklern auf ihren Kopf zimmerte. Ich hasste den Gang in die Gruft mit den chemischen Gerüchen, dem Klimpern der Scheren und Kämme und dem Brummen der Trockenhauben. Noch mehr aber hasste ich mein Aussehen danach. Meine Mutter wollte eine Tochter mit Locken und ließ mir allmonatlich eine Dauerwelle mit großen Krausen verpassen. So sehr ich am Abend mit dem Kamm durch mein Haar fuhr, die Locken stellten hartnäckig ihre künstliche Existenz unter Beweis. Meine Mutter hatte erreicht, was sie wollte: Mit meiner großmütterlichen Frisur fand auch ich mich hässlich.

So machte mich meine Mutter älter als ich war. Und so sorgte meine Mutter dafür, dass ich keine Pubertät erlebte. Sie kontrollierte mich, wo es nur ging, und richtete über mein Leben. Keine Minute hatte ich allein für mich, überall drohten ihre Argusaugen, überall hatte sie ihre Finger im Spiel. »Einmal in der Woche baden genügt, öfter ist ungesund für die Haut«, predigte meine Mutter und war stets mit dabei, wenn ich badete. Bis ich 22 Jahre alt war, hatte ich das Badezimmer nie für mich allein. »Einmal Haarewaschen in der Woche reicht«, belehrte sie mich. »Wenn du deine Regel hast, darfst du auf keinen Fall deine Haare waschen, hörst du!« Eine Erklärung für ihre ominöse Hygieneformel blieb sie mir schuldig. Später, als ich von zu Hause weg und der Kontrolle meiner Mutter entflohen war, wurde ich oft gefragt, wie es mir geht. Ich antwortete stets mit ein- und demselben Satz: »Prima, ich kann meine Haare so oft waschen, wie ich möchte.«

Wenn Unfreiheit einen Titel bekommen sollte, dann »Andrea zu Hause«. Selbst an den Wochenenden ging ich noch vor dem Dunkelwerden zu Bett. Die Abende mit meinen Eltern zu verbringen hieße nur, schweigend nebeneinander zu hocken. Meine Eltern gingen nie aus und saßen oft vor dem Fernseher. Ich mochte mich nicht neben sie setzen, um dem banalen Programm zu folgen. Ausgehen durfte ich nicht, und später nur einmal in der Woche am Samstag. »Such dir in der Disko einen Mann«, forderte meine Mutter. Aber mich interessierten weder Diskotheken noch Männer. Vielmehr liebte ich es, meinen freien Samstagabend mit meiner Freundin zu verbringen. Wir lungerten in ihrem Zimmer auf ihrem Sofa und redeten und hörten Musik. In diesen Stunden war ich bei mir und fühlte mich. So stark, wie ich es für den Rest der Woche unterdrücken musste.

Abends im Bett durfte ich nicht lesen. »Das macht die Augen kaputt, dann musst du eine Brille tragen und bist noch hässlicher«, sagte meine Mutter. So lernte ich spät lesen und entdeckte erst als Erwachsene Literatur und die Schönheit der Sprache. Am liebsten hätte ich Philologie studiert, aber den Rückstand in Sprache und Literatur, den ich hätte ausbügeln müssen, um das Studium zu bestehen, hätte ich nie aufholen können. So schrieb ich mich an der Hochschule für Außenhandel ein und wurde Korrespondentin für Russisch und Englisch. Das Studium hatten meine Eltern ausgesucht. Mit einer für sie stichhaltigen Erklärung: »Die Ausbildung dauert nur drei Jahre, länger können wir dich nicht finanzieren, wir sind schon so alt. Außerdem bist du nicht so brillant, um an eine ›richtige‹ Uni zu gehen.«

Als ich zum Gymnasium kam, richteten meine Eltern in der Kammer neben der Küche ein Lernzimmer für mich ein. Darin standen ein Schreibtisch mit einer Leselampe darauf und ein Stuhl. Dort sollte ich »studieren«. Und das tat ich auch. Ich begann, das Lernen zu lieben, und sah darin eine Flucht vor dem Zusammensein mit meiner Mutter. Doch ich kam nicht weit, meine Mutter stöberte mich immer wieder auf. Jeden Abend gegen sechs stand sie in der Tür und raunzte: »Jetzt ist Schluss mit Lesen, das schadet den Augen.« Auch wenn es Sommer war und die Sonne noch schien. Ihr Auftritt war Programm, mit dem ich rechnen konnte wie mit dem Gebet in der Kirche. Auch die Anwesenheit meiner Freundin ließ meine Mutter nicht davor zurückschrecken, sich in der Tür zu postieren. Und nur manchmal lud meine Mutter meine Freundin ein, bei uns zu Abend zu essen. Meistens musste meine Freundin nach Hause gehen, sobald meine Mutter sich in die Kammer stemmte.

»Warum bist du durchgefallen? Bist du nicht gut genug? Hast du nicht gelernt?«, erregte sie sich, als ich in einigen Fächern des Studiums Prüfungen nachholen musste. Es waren technische Fächer, die mich nicht interessierten und für die ich keine Begabung besaß. Und wie sollte ich lernen, wenn mir das Lernen verboten wurde? Wie sollte ich meinen Rückstand aufholen, wenn ich nur begrenzt etwas dafür tun durfte? Diesen Widerspruch wischte meine Mutter vom Tisch wie ich eines Tages die Leselampe: »Du kannst es eben nicht.« Irgendwann flog die Lampe in hohem Bogen aus dem Fenster. Meine Mutter hatte mich bis aufs Blut gereizt, ich konnte mich nicht mehr beherrschen und griff nach dem verfluchten Ding, das seine Funktion ohnehin nicht unter Beweis stellen durfte, und schmiss es durch das geschlossene Fenster. Glas klirrte, die Lampe landete neben den Scherben im Hof. »Du bist doch nervenkrank«, schrie meine Mutter hysterisch, »du gehörst in eine Anstalt.«

Um die Tyrannei zu überleben, begann ich zu lügen. »Ich gehe in die Disko«, sagte ich und bog um die Ecke zu meiner Freundin. »Ich will ins Kino«, erfand ich und suchte nach einem ruhigen Platz, an dem ich meinen Gedanken nachhängen konnte. Ungestört und fernab der Kontrolle meiner Mutter. Ich erfand Ausreden und Notlügen, die genau dem entsprachen, was meine Mutter hören wollte. Mit 16 wagte ich einen letzten verzweifelten Versuch, ihr etwas von mir zu berichten, sie in meine Welt zu holen und Verständnis zu erheischen. Mein Physik-Lehrer hatte mich während der Stunde vor die Tür geschickt, weil ich bei einem Experiment mit meiner Freundin getuschelt hatte. Er schmiss mich ohne Ankündigung und in völliger Überdrehtheit aus dem Raum. Zu Hause erzählte ich davon, in der Hoffnung auf eine sensible Antenne.

»Die kann sich nicht benehmen«, schrillte die Stimme meiner Mutter durch die Küche, »die ist doch krank.« »Aber das war ungerecht, was der Lehrer tat. Er hätte mich ermahnen können, dann hätte ich aufgehört«, verteidigte ich mich. »Das kann nicht sein, Lehrer haben immer Recht.« Das war das letzte Mal, dass ich zu Hause etwas von mir preisgab. Künftig werden meine Mutter und mein Vater aus meinem Leben ausgeschlossen sein, beschloss ich. In meinen Lügen überlistete ich meine Mutter, in jenen Momenten siegte meine Rafiniertheit über ihre Boshaftigkeit, manchmal aber war ich nicht achtsam genug und sie kam mir auf die Schliche. Ihr fiebriges und neurasthenisches Gezänk erschallte dann im gesamten Hinterhof. »Du bist eine Lügnerin, eine verdammte Lügnerin.« Ihre Stimme schien sich zu überschlagen. Jene Abende waren noch furchtbarer als die gewöhnlichen.

Merkwürdigerweise reagierte ich meist ruhig und gelassen, die Nervenschwäche meiner Mutter übertrug sich nicht auf mich. Ohnehin war ich ein ruhiges und beherrschtes Kind und eine anständige und gehorsame Jugendliche. Nicht auszumalen, hätte ich eine Pubertät mit all ihren Merkwürdigkeiten und Auswüchsen durchlebt, mit allen Ausbrüchen und Aufsässigkeiten. Wahrscheinlich hätte mich meine Mutter aus dem Haus gejagt. Was letztlich schlimmer gewesen wäre – zu Hause zu bleiben oder vertrieben worden zu sein – bleibt Hypothese. Aber mit Sicherheit kann ich sagen: Es wäre eine Entscheidung zwischen Typhus und Cholera. Vielleicht aber hätte ich um Jahre früher zu mir gefunden, wäre ich früher gegangen.

Als ich meine Eltern verließ, war ich zweiundzwanzig Jahre alt. Ich heiratete. Einen Deutschen. Ich suchte mir meinen Mann bewusst nach dem Kriterium des Ausländerstatus' aus. Ein ungarischer Mann hätte weitere Tyrannei bedeutet, länger Gefängnis, ununterbrochene Beobachtung. Wir hätten entweder im Elternhaus des Mannes oder bei meinen Eltern gewohnt. Ich hätte alles getan, nur um dieser Aussicht zu entkommen.

Ich lernte ihn in einem Café auf dem Platz vor einem großen Hotel kennen. Dort sammelten und trafen sich viele Touristen, in der Regel aus dem westlichen Ausland. Meine Freundin und ich setzten uns mit der Absicht, westdeutsche Männer kennenzulernen, in die Sessel und bestellten eine Cola. Uns gegenüber saßen drei Männer, es waren Deutsche. Wir kamen ins Gespräch, verabredeten uns für die nächsten Tage und verbrachten wunderbare Stunden. »Wir stammen aus Berlin«, sagten sie. Und ließen uns in dem Glauben, dass es sich um West-Berlin handelte. Drei Tage verbrachten wir zusammen. Am letzten Abend drückten sie uns Zettel mit ihren Adressen und Telefonnummern in die Hand und einen Abschiedskuss auf die Wange. Ich war neunzehn und wollte diesen Mann wieder treffen. Ich sah in ihm meine Erlösung und wollte ihn wiedersehen. So rief ich ihn an, ganz selbstverständlich in West-Berlin. Doch im Hörer ertönte nur »Kein Anschluss unter dieser Nummer«. In meinem Eifer kam ich auf die Idee der Telefonauskunft. Doch auch die konnte mir nicht helfen. Den Mann gab es nicht, nicht in der westlichen Stadthälfte. Schließlich kaufte ich zwei Stadtpläne, einen für West- und einen für Ost-Berlin. Mein neuer deutscher Freund wohnte in der Karl-Liebknecht-Straße, und die gab es nur in einem Teil Berlins, im kommunistischen. Ein wenig irritierte mich, dass er gelogen hatte, aber das war mir egal. Das Einzige, was ich wollte, war er und meine Freiheit.

»Er wird dich nicht brauchen«, zeterte meine Mutter, als ich ihn meinen Eltern vorstellte. Er war der erste und einzige Mann, den sie bis dahin an meiner Seite kennen lernten. »Er braucht dich nicht, weil es tausend andere Mädchen gibt, die viel schöner sind als du.« Seine Unzuverlässigkeit gab ihr Recht. Manchmal kam er nicht, wenn er zugesagt hatte, manchmal rief er nicht an, wenn er es versprochen hatte. Unsere Fernbeziehung dauerte einige Zeit. Bis wir heirateten und ich nach Ost-Berlin zog. Wenige Jahre vor der Wende.

Obwohl mein Freund – damals, bevor wir heirateten –, Tausende Kilometer weit weg war, schafften es meine Eltern, sich zwischen uns zu stellen und unsere Beziehung zu stören. »Er hat dich längst vergessen«, giftete meine Mutter, als er einmal nicht zum verabredeten Besuch erschien. Ich blieb stumm – und mein Vater schrieb einen Brief. An ihn. »Du darfst Andrea nie wiedersehen«, verbot mein Vater. Mein Freund glaubte an einen schlechten Witz und kam trotzdem wieder. Und heiratete mich.

Ich hoffte, endlich der elterlichen Hölle entkommen zu sein. Aber was mich in Berlin empfing, war eine Abwandlung, eine neue Form der Tyrannei. Mein Mann befahl und kommandierte, benutzte und behandelte mich wie ein Stück Eigentum. Ich war seine Leibeigene, die ihm die Wäsche wusch, für ihn kochte und ihm den Alltag organisierte. Er war eine Ausgeburt soldatischen Drills und brauchte mich, um sich an mir abzureagieren. Nur in einem Punkt erschien mir das Leben in Berlin an der Seite dieses Mannes eine wahre Erleichterung gegenüber meinem alten: Er spionierte mir nicht hinterher und wollte nicht alles wissen. Und ich konnte mir die Haare waschen, sooft ich wollte.

Obwohl meine Mutter anfänglich schlecht über meinen Mann sprach, mochten sich meine Mutter und mein Mann von Anfang an. Sie verband eine ähnliche negative Energie, eine Macht des Bösen. Mein Mann war eben so Terrorist wie meine Mutter. So trafen sie sich auf einer Ebene, auf der sie eine gemeinsame Sprache sprachen. Bis heute verstehen sich beide gut – und ich habe mit beiden meine Probleme.

Sieben Jahre lebten mein Mann und ich zusammen, unser Sohn wurde nach fünf Jahren Ehe geboren. Heute ist er zehn. Wie zu Hause bei meinen Eltern funktionierte ich in meinem Eheleben: Ich tat, was mein Mann von mir verlangte, und duckte mich, wenn er lauter wurde. Ich begehrte nicht auf, sondern litt still. Ich fühlte mich nicht wohl, aber viele Jahre hatte ich keine Ahnung, warum. Ich war nicht ich, sondern nur eine Hülle von mir, ein Phantom. Erst durch meinen Entschluss, mich zu trennen und mit meinem Sohn allein zu leben, trat ich eine verspätete Reise zu mir selbst an.

Ich suchte eine Wohnung, richtete mich ein und reichte die Scheidung ein. Ich hatte kein Geld, aber viel Hoffnung. Es war eine karge Zeit. Meine Mutter und mein Ex-Mann schmiedeten ein Bündnis: Beide wollten, dass ich zu ihm zurückkehre. Wenngleich aus unterschiedlichen Gründen. Mein Ex-Mann brauchte jemanden, der ihm den Rücken frei hielt, meine Mutter wollte mich in »geordneten Bahnen« sehen. »Du bist eine böse Tochter, du hast das Leben vieler Menschen zerstört: das deines Mannes, das deines Sohnes und meines auch«, klagte sie mich an. »Außerdem bist du mit schuld am Tod deines Vaters«, setzt sie heute noch oft ihr Klagelied fort. Während der Trennungszeit legte ich großen Wert darauf, keinen Kontakt zu meiner Mutter zu haben. Ich hätte ihre ununterbrochenen und ungerechten Vorwürfe nicht ertragen, sie hätten mich umgebracht. Ich fühlte mich schwach und schlecht.

In jener Zeit erkrankte mein Vater an Kehlkopfkrebs. Ich fuhr sofort nach Ungarn, als ich davon erfuhr. Er lag im Krankenhaus, ich wollte zu ihm. Doch ohne Bestechungsgeld drang ich nicht zu ihm vor. Die Summe, die üblich war, um ans Krankenbett zu treten, war für mich unerschwinglich. So war ich in Ungarn, aber sah meinen Vater nicht mehr, bevor er starb. Meine Mutter hat eine andere, eigene Sicht auf die Dinge. »Ich habe dich gebeten zu kommen, aber du kamst nicht«, hält sie mir heute vor. Aber das ist gelogen, und sie weiß es.

»Deine Mutter ist eine schlechte Frau und eine unfähige Mutter«, erklärt sie großspurig meinem Sohn. Als er kleiner war, bewegte er sich stetig zwischen zwei Polen und konnte sich kaum orientieren. Heute weiß er die Worte seiner Großmutter genau einzuschätzen und wertet sie in seinem Sinne: »Oma spinnt wieder mal.« Heute ist mein Sohn alt genug, dass ich mit ihm über seine Großmutter sprechen kann. Ich versuche, ihn nicht zu beeinflussen, aber doch die Dinge zu erklären. Mitunter ist ihm die Gegenwart seiner Großmutter unangenehm. Kürzlich reisten wir zwei Wochen nach Ungarn. Meine Mutter empfing uns am Bahnhof, sie stand auf dem Bahnsteig, als der Zug einfuhr. Wir stiegen aus, sie fiel meinem Sohn um den Hals: »Gut siehst du aus.« Und fuhr ihm übers Haar. Mich würdigte sie weder eines Blickes noch eines Wortes, ich stand neben den beiden, als gehörte ich nicht zu ihnen. Im Blick meines Sohnes schwamm sein Unwohlsein.

Jeden Tag waren wir zusammen, aber stets waren es Stunden voller Qual, Boshaftigkeit und Zorn. Mein Sohn und ich wohnten bei einer Freundin, ich hätte es nicht ertragen, auch noch die Nacht mit meiner Mutter zu verbringen. Ihre Wünsche aber abzulehnen, dazu hätte ich nicht die Kraft gehabt. In Momenten dieser Überlegung beschleicht mich stets das Gefühl, dass ich als Tochter nicht undankbar sein darf. Es ist doch deine Mutter, sagt eine innere Stimme. Wenngleich ich die Stimme selbst nicht verstehe.

Meine Mutter verlangte, dass ich täglich bei ihr bin und ihr im Haushalt helfe. Aber sobald ich etwas tun wollte, hielt sie mich davon ab. »Nein, abwaschen darfst du nicht. Nachher schmeißt du womöglich etwas herunter.« Verließ sie die Wohnung, musste auch ich gehen. Ich besitze keinen Schlüssel. Aus Geiz kaufte sie stets nur zwei Portionen Essen für drei Personen. Einmal saßen wir am Tisch und stocherten wortlos auf unseren Tellern herum. Wir finden keine Gespräche, wir haben keine Themen, das Wetter hat sich nach zwei Minuten aufgebraucht. »Du tust mir Leid«, sagte meine Mutter in die Stille hinein. Der Satz dröhnte in meinen Ohren: »Du tust mir Leid. Dein Leben ist so armselig.« »Mein Leben ist überhaupt nicht armselig.« »Du hast keine Ansprüche, du hast keine Ziele.« Ihre Worte provozierten in mir Widerwehr, obwohl ich sie alle kannte und längst abgestumpft reagieren könnte. »Du kannst nicht schreiben«, sagte meine Mutter. Sie weiß, dass ich Journalistin bin. Ebenso weiß sie, dass ich auch als Übersetzerin arbeite, sie aber meint:

»Das ist das Letzte, anderer Leute Gedanken übertragen.« Monatelang lag ein Buch im Schaufenster der Buchhandlung gleich neben ihrem Haus, ein Buch, an dem ich als Mitautorin beteiligt war. Jeden Tag ging sie an dem Schaufenster vorbei, jeden Tag bettelte das Buch, von ihr in die Hand genommen zu werden. Doch der Blick meiner Mutter blieb stur geradeaus gerichtet, als hätte sie einen steifen Hals.

»Und dann noch dieser Mann, den du da jetzt hast, diesen ekligen, alten Typen.« Dieser »eklige, alte Typ« ist mein neuer Freund, ebenfalls Ungar. Vielleicht ist es das, was sie stört: Er besitzt dieselbe Nationalität wie sie und ist kein Westeuropäer. Dieser »eklige, alte Typ« passt besser zu mir als irgendjemand anderer und tut mir so gut wie sonst kein Mensch. Vermutlich sieht das meine Mutter, und es macht sie eifersüchtig. Er beschämt sie durch seine Güte und seine Liebenswürdigkeit. Und vermutlich verletzt er als Ungar ihre »Ehre«. Jeder Westeuropäer wäre willkommen gewesen.

Meine Mutter ist das größte Problem meines Lebens. Ohne sie wäre mein Dasein leichter. Seit Wochen haben wir nicht miteinander gesprochen. In wenigen Tagen wird sie anrufen, das fühle ich. Unser Gespräch wird ablaufen wie alle anderen in den vergangen Jahren. Ich spüre bereits beim Telefonkingeln, dass es meine Mutter ist, und nehme ab. Mit ihrem ersten Satz wird sie nach meinem Sohn fragen, ich werde den Hörer übergeben, beide wechseln kurze, knappe Worte. Dann wird mein Sohn mir den Hörer reichen und ich werde fragen: »Und wie geht es dir?« Und sie wird antworten: »Sag' ich nicht.« Ihre Briefe sind stets an meinen Sohn adressiert, ihm schreibt sie drei Zeilen und schickt Fotos, auf denen er zu sehen ist. Mich fotografiert sie nie, die Briefe enthalten keinen Gruß, kein einziges Wort an mich. Nachts quälen mich schlimme Träume, in denen mein Vater lebt und meine Mutter eine normale, liebenswürdige Person ist. Ich bin noch klein, und eine Lehrerin sagt zu mir: »Warum lädst du deine Mutter nicht ein, sie ist eine wunderbare Frau.«

Meine Mutter ist einsam und quält sich selbst. Deshalb entwickelt sich in mir kein Gefühl des Hasses, sondern nur Mitleid. Deshalb vermag ich mich nicht vollständig von ihr zu lösen, deshalb wird sie mich verfolgen auch über ihren Tod hinaus. Aber einen Gefühlsumschwung im Alter könnte ich nicht ertragen, ich besitze kein Talent für Sentimentalitäten. Wahrscheinlich quält sie mich, weil sie sich selbst nicht ausstehen kann und weil ihr das Leben viele Dinge vorenthalten hat, die sie vielleicht gewollt hatte. Meine Mutter hat keine eigene Geschichte und keine Kindheit, die eine eigene Geschichte entstehen ließe. Meine Mutter hat keine Identität. Dabei könnte sie eine besitzen, wenn sie sie nur zuließe. Meine Mutter ist Jüdin, ich bin Jüdin. Als Kind wurde meine Mutter in ein Lager gesteckt und bekam alle Schrecken des Nazi-Regimes zu spüren. Sie wurde gedemütigt, gequält, gepeinigt. Heute will sie nichts mehr davon wahr haben. Das Lager hat sie schizophren gemacht, glaube ich. Doch sie setzt sich damit nicht auseinander, sie verdrängt ihre Vergangenheit und verneint ihre Geschichte. So ist sie eine Frau ohne Vergangenheit. Das Schlimmste, was einem Menschen passieren kann. Heute erzählt sie meinem Sohn, Hitler sei ein großartiger Mann gewesen und wir könnten ihm dankbar sein. Ihre Kindheit und ihre Geschichtslosigkeit bergen den Grund für ihr Verhalten mir gegenüber. Aber dieser Gedanke tröstet mich nicht und versöhnt mich nicht mit ihr. Sie ist bösartig und wird es immer bleiben. Ich möchte nicht, dass sie auf dem Sterbebett plötzlich eine andere Frau ist, die nur nie gelernt hat, in ihrer eigenen Haut zu leben, und die dann sagt: »Ich habe dich immer geliebt. Alles, was ich dir vielleicht angetan habe, es war nie so gemeint. Ich wollte, dass es dir gut geht.« Ein solches Bekenntnis würde mein Gefühl der Abneigung in Frage stellen und mich dazu bringen, ein schlechtes Gewissen zu haben. Ein schlechtes Gewissen ist das Letzte, was ich meiner Mutter gegenüber empfinden möchte. Das hat sie nicht verdient. Trotzdem empfinde ich Mitleid mit ihr, Mitleid darüber, dass sie es nicht vermag, sich intellektuell und emotional mit ihren gelebten Jahren auseinander zu setzen. Nur aus Mitleid fahre ich immer wieder nach Ungarn, nur aus Mitleid halte ich den Kontakt.

Wenn sie stirbt, weiß ich nicht einmal, wie ich von ihrem Tod erfahren sollte? Es gibt niemanden in ihrer Nähe. Eine Nachbarin könnte mich vielleicht anrufen. Aber möglicherweise würde auch das nicht passieren. Meine Mutter hat bereits ihr Begräbnis geregelt. Ein erneuter Affront gegen mich: Sieh her, auch das habe ich ganz allein gemacht. Sie hat sich eine Grabstätte gekauft, gleich neben meinem Vater und neben meinem Bruder. Den Grabstein meines Bruders, der keinen Tag lebte, hat sie vor kurzem hingesetzt. Auch ihr Grabstein steht schon, versehen mit ihrem Geburtsdatum. Es fehlt nur noch ihr Sterbetag.

Es ist lustig, auf den Friedhof zu gehen. Alle sind schon da. Außer ich. Aber ob mich meine Mutter überhaupt dabei haben möchte?

UNVOLLSTÄNDIGE BIOGRAPHIE

Kathleen E. ist eine Adoptivtochter

Es musste schief gehen. Von Anfang war klar: Wir passen nicht zusammen. Es war das Schicksal, das uns zusammenführte, aber nicht zusammenbrachte. Uns trifft keine Schuld. Wir waren Fremde, als wir Mutter und Tochter wurden, und wir kamen uns nicht näher, als wir die Chance dazu hatten. Wir lebten zusammen, aber ein gemeinsames Leben hatten wir nicht.

Wenige Tage nach meiner Geburt kam ich in die Familie. Aus einem ostdeutschen Krankenhaus trugen mich meine Eltern in ihr Haus am Stadtrand. Von einem Tag zum anderen wurde das Ehepaar Mutter und Vater. Dieser Tag veränderte ihr Leben. Einschneidend. Ich platzte unerwartet hinein, sie hatten keine Zeit, sich auf mich einzustellen. Ihnen fehlten neun Monate Schwangerschaft, die sie darauf vorbereiteten, dass sie fortan nicht mehr allein sein werden. Vor allem meiner Mutter fehlte diese Zeit.

Sie war vierundzwanzig und mein Vater vierzig, als sie mich adoptierten. Ein Kind war das Einzige, was in ihrem damaligen Leben fehlte. Sonst besaßen sie alles: Haus, Geld, Auto, Garten. Meine Mutter stammte aus einer Arztfamilie, mein Vater arbeitete in einer kirchlichen Buchhandlung. Er sprach mehrere Sprachen und war hoch begabt. Meine Eltern waren mit dem Wichtigsten gesegnet und allem Materiellem ausgestattet. Nur ein Kind blieb ihnen verwehrt. Das wollte einfach nicht kommen. Ein Dasein ohne Töchter und Söhne aber vermochten sie sich nicht vorzustellen. Sie wollten ein Kind adoptieren, aber ihnen wurde gesagt, dass sie als Adoptiveltern nicht in Frage kämen, weil mein Vater einen kirchlichen Arbeitgeber hatte. Wer das Vertrauen in den Staat nicht in Form von Staatstreue zeigte, dem blieb auch das urmenschlichste Verlangen ungestillt. Im Westen hätten sie adoptieren oder ein Kind in Pflege nehmen können. Aber in den Westen wollte mein Vater nicht. Dort hockten die alten Nazis, sagte er immer, die unter Hitler obenauf waren und nun wieder ein seichtes Leben führten. Er hatte sich für eine gerechte Welt entschieden und geglaubt, sie in der DDR gefunden zu haben. Die Stasi hätte es sicher gern gesehen, wenn er und seine Frau ausreisten. Aber sie blieben.

An einem Vormittag bekam mein Vater einen Anruf. Das Telefon klingelte in der Buchhandlung und eine Stimme, die mein Vater nicht kannte, sagte: »Sie können sich ein Kind aussuchen.« Der anonyme Anrufer gab sich nicht zu erkennen. Er nannte meinem Vater den Namen einer Krankenschwester und die Klinik, in der er sich die Babys anschauen sollte. Zu jener Zeit lag meine Mutter im Krankenhaus, sie war an der Galle operiert worden und konnte nicht laufen. So suchte mein Vater allein das Hospital auf, fragte nach der Schwester und wurde in einen Raum geführt, in dem drei Babykörbchen standen. In den ersten beiden lagen zwei Jungs, Zwillinge, in dem dritten ein Mädchen. Mein Vater schaute von den beiden Jungs zu dem Mädchen und wieder zurück und entschied sich für das Mädchen. Das war ich. Damit war die Richtung für mein Leben vorgegeben. Mein Vater wählte das Mädchen. Es wies eine gewisse Ähnlichkeit mit ihm auf. Es hatte braune Augen, dunkles Haar und eine große Nase.

Als ich das erste Mal in den Armen meiner Mutter lag, war unser Verhältnis besiegelt. Ich entsprach nicht ihren Vorstellungen und Hoffnungen. Meine Mutter war blond und hellhäutig. Ich sollte ihr letztes Stückchen Glück sein – und versetzte ihr einen Schrecken. Ich enttäuschte sie von Anfang an, allein durch mein Aussehen. Ihr Herz und ihre Seele waren nicht auf mich eingestimmt: Sie hatte mich nicht geboren, und sie hatte mich nicht ausgesucht. Und dann bekam sie ein anderes Kind als das, das sie sich ersehnt hatte.

Zum ersten Mal sah sie mich wenige Tage, nachdem sie wieder laufen konnte. Die Narbe an ihrem Bauch schmerzte nicht mehr so stark, die Ärzte rieten ihr, sie solle aufstehen. Mit meinem Vater fuhr sie von dem Krankenhaus, in dem sie operiert wurde, in das Krankenhaus, in dem ich lag, um mich dort abzuholen. Zu Hause war nichts vorbereitet, es gab nicht mal ein Babybett. Alles musste schnell organisiert werden, Freunde halfen dabei. Ich trat plötzlich ins Leben meiner Eltern und stellte es auf den Kopf. Nichts war mehr, wie es sein sollte, alles war anders. Im Nachhinein glaube ich, meine Mutter nahm das Baby nur, weil sie es nicht mehr umtauschen konnte. Weil es ihr Mann ausgesucht hatte, und weil es zu ihrem Dasein als Frau eines Mannes christlichen Glaubens gehörte. Vielleicht hätte sie noch eine Weile warten müssen, vielleicht hätte sie älter und erwachsener sein müssen, um ein Kind zu bekommen. Manche junge Frauen reifen, indem sie die Schwangerschaft bewusst erleben. Meine Mutter war nicht schwanger und konnte weder ihren Kopf noch ihre Seele auf ein Kind ausrichten.

Ihr Mutterdasein stellte sie sich anders vor. Wahrscheinlich sah sie all die Bilder glücklicher Mütter, die strahlen und voller Freude für ihre Kinder da sind. Ich aber machte alles anders, als sie es wollte. Sie war eine wendige und flinke Frau und hätte sicher gern ein Baby gehabt, das ihr ähnlich ist. Aber ich war langsamer und gemäßigter und lebte in meiner eigenen Welt. Nachts saß ich singend im Bett, und am Tage brauchte ich für alles länger. Ich aß langsam, drehte mich noch dreimal um und spielte mit irgendeinem Gegenstand, bevor ich meine Schuhe zuband. Ich saß lange am Tisch, bevor ich aufgegessen hatte. Meine Mutter war preußisch erzogen, sie funktionierte und richtete sich nach den Anordnungen anderer aus. So wie sie war, sollte auch ich sein. Ich aber erfüllte ihre Erwartung nicht, überhaupt nicht. Sie wurde mit mir nicht fertig, wie sie aber wahrscheinlich mit keinem Kind fertig geworden wäre, auch mit einem leiblichen nicht. Ihr Verdruss war umso größer, da sie mit mir allein war. Ihr Mann arbeitete hart und lange, und wenn er nach Hause kam, fiel er vor den Fernseher. Abends hatte er keine Kraft mehr.

Dennoch entschieden sich meine Mutter und mein Vater für ein weiteres Kind. Unklar ist mir bis heute, warum die Adoption des zweiten Kindes problemlos verlief, warum sie offiziell durchgeführt und kein Wert auf Anoymität gelegt wurde. Aber ich habe einen Verdacht: Bei meiner Adoption ging es wahrscheinlich um Geld, möglicherweise um viel Geld, auch um Westgeld. Mein Vater sollte zahlen.

Meine Schwester kam, als ich eineinhalb Jahre alt war. Diesmal hatte meine Mutter Glück. Sie bekam ein Baby, das ihr näher war als das erste: Meine Schwester war zart und blond. Wie meine Mutter. So passte ich nicht nur nicht zu meiner Mutter, sondern ebenso wenig zu meiner Schwester. Als sie in unser Haus kam, änderte sich die Stimmung, die Aura. Irgendetwas stimmt hier nicht, sagte mir mein kindlicher Instinkt. Ich war ein Sensibelchen und hatte feinfühlige Antennen. Was mein Gemüt erzittern ließ und mich unruhig machte, erfuhr ich ungefähr eineinhalb Jahre später. Mein Vater erzählte mir, dass ich nicht aus dem Bauch meiner Mutter kam, sondern aus einem Krankenhaus geholt worden war. Zunächst verstand ich nicht, was er sagte. Aber ohne es auszusprechen, bestätigte er mir: Bei uns ist es anders als bei anderen Kindern.

Obwohl sich meine Mutter bewusst für ein zweites Kind und meine Schwester entschieden hatte, schaute sie erneut auf einen Berg von Problemen. Manchmal muss sie ohnmächtig gewesen sein, so sehr strengte sie das Mutterdasein an. Meine Schwester tat nicht viel, aber das mit ausreichender Energie: Sie schrie und aß nicht. Jede Mutter wäre dabei verrückt geworden. Nicht nur meine Mutter verlor oft die Nerven, auch mich strengte das kleine Wesen an, das mir meinen ersten Platz raubte. Meine Mutter kümmerte sich nur noch um das Baby, ich lief nebenher und wurde fast unbemerkt größer. Ich war eifersüchtig und fühlte mich weggeschoben, forderte Zuwendung ein, wie es Kinder oft tun, wenn sie die Aufmerksamkeit der Eltern verlieren. Ich jammerte und tobte laut herum, um ihre Blicke auf mich zu lenken. Ich provozierte, um sie an mich zu erinnern. Ich verweigerte mich ihnen, widersetzte mich und war oft wütend. Offensichtlich arbeitete mein Instinkt an der Verfestigung seines Vorgefühls. Und sobald ich sprechen konnte, sagte ich diesen einen Satz: Ihr seid nicht meine Eltern.

Mit fünf ging ich einfach los. Es waren Sommerferien, die meine Eltern mit uns Kindern in einem kirchlichen Ferienheim an einem See verbrachten. Wir bewohnten einen Bungalow, über dessen Terrasse man über eine Wiese hinaus zu einem See gelangte. Es war Mittagszeit, die Hitze drückte und ich setzte mir meinen Sonnenhut auf. Dann schnappte ich mein kleines Köfferchen, stopfte meinen Schlafanzug hinein und trat von der Terrasse in das trockene, kratzende Gras. Mein Auftritt amüsierte meinen Vater und er eilte ins Haus, um den Fotoapparat zu holen. Er schoss zwei oder drei Bilder und trug die Kamera wieder in den Bungalow. Als er zurückkam, war ich weg. Ich war losmarschiert, ohne nach links und rechts zu schauen, ohne ein Wort zu sagen. Ich lief los und setzte damit ein Zeichen.

Meine Eltern hatten nie vor, mir zu sagen, dass ich ihre Adoptivtochter bin. Das erzählten sie mir später, weil sie dazu gezwungen wurden. »Das könnt ihr nicht machen«, mahnten Freunde. »Ihr müsst euren Töchtern sagen, wer ihr seid und woher sie kommen. Es ihnen zu verschweigen, bringt nichts Gutes.« Meinem Vater wurde zur Wahrheit geraten, und er erzählte mir eine Geschichte mit dem Bauch, der nicht der Leib meiner Mutter war. Obwohl ich klein war, vergesse ich nie, was er mir erzählte: Er habe mich im Krankenhaus gesehen und sich für mich entschieden, aber etwas Verbotenes getan. Er habe, sagt er, auf der Station hinter den Tresen geschaut, wo das Stationsbuch lag. Das

Buch lag verkehrt herum, so dass niemand durch einen flüchtigen Blick etwas darin hätte lesen können. Mein Vater war gelernter Drucker und konnte Texte über Kopf lesen. Nur wenige Sekunden reichten aus, sagt er, und er habe eine Adresse gelesen. Eine Adresse, die wahrscheinlich ein Steinchen auf dem Weg zu meiner Herkunft ist.

Ein viertel Jahr später habe er sich auf die Suche nach dem Haus gemacht. Es soll in einer schmalen Straße in einer Kleingartensiedlung am Rande der Stadt gelegen haben und eines der wenigen festen Häuser in der Gartenanlage gewesen sein. Als er an einem Frühlingstag dort davor gestanden habe, spielten im Garten zwei Kinder. Neben ihnen stand eine ältere Frau.

Ich erinnere mich an die Minuten, in denen mir mein Vater davon berichtete. Sie brannten sich mir ein wie meine unbekannte Herkunft. Doch im Gegensatz zu anderen Mädchen und Jungen, die plötzlich vor einem offenbarten Geheimnis erschrecken, weil sie erkennen, dass sie einer Lebenslüge anheim gefallen sind, beunruhigte mich die Geschichte nicht. Nein, mich befriedigten Vaters Worte, sie bestätigten mir, was mir meine Seele flüsterte: Ich passe hier nicht her. Ich glaube, ich freute mich sogar darüber, weil ich nun sicher sein konnte, dass ich mich auf mein Gefühl verlassen konnte, dass es mich nicht trog. Fortan war alles, was zwischen mir und meiner Mutter stand, alles, was sie tat und unterließ, nur noch halb so grausam. Sie war ja gar nicht meine richtige Mutter.

Trotzdem war meine Kindheit nicht schön. Dauerhaft spürbare Ablehnung prägt einen Menschen und lässt ihn misstrauisch werden. Fast jeden Abend erlebte ich das gleiche Spiel: Mein Vater kam von der Arbeit nach Hause, meine Mutter erwartete ihn sehnsüchtig und lief ihm schon im Flur entgegen. »Weißt du, was Kathleen heute schon wieder alles angestellt hat?«, plapperte sie auf ihn ein. Wie frisch geplatzte Erbsen purzelten die Worte aus ihrem Mund: Ich hätte die Kleine, meine Schwester, geschlagen und angeschrien, wieder ewig gebraucht, um mich anzuziehen, den Teller mit dem Kartoffelbrei vom Tisch gefegt, und überhaupt wäre ich ihr auf den Nerven herumgetrampelt. »Rede du doch mal mit ihr und sag ihr, dass das so nicht geht.« Es war spät und ich schon im Bett. Ich saß mit dem Rücken an die Wand gelehnt, die Knie angezogen und hörte ihre Litanei.

In jener Zeit muss es gewesen sein, dass sich mein Gehör übermäßig entwickelte und Dinge aufnahm, die sonst kaum jemand verstand. Mein Kopf schulte meine Ohren, ich wollte alles wissen und alles verstehen. Irgendwann hörte meine Mutter auf zu reden, auf ihr Verstummen folgten die Schritte meines Vaters. Er stiefelte die Treppe zu meinem Zimmer herauf, setzte sich auf meine Bettkante und erfüllte seinen »Auftrag«. »Warum kommt ihr beide nicht miteinander klar?«, fragte er. Abend für Abend, Woche für Woche, Jahr für Jahr. Immer das gleiche Ritual. Je älter ich war, umso absurder wurde das Spiel. Vater sprach über meine Mutter, seine Frau, so, als ob ich seine Ratgeberin oder eine Bekannte wäre. Er hob mich in einen anderen Stand, schob mich auf eine Ebene der Erwachsenen. Am Verhältnis zu meiner Mutter änderte dies jedoch nichts.

Unter der Last, die sie nicht bewältigte, brach sie schier zusammen und wurde psychisch labiler. Mir schob sie einen großen Teil der Schuld für ihren Zustand zu. Und erklärte *mich* für instabil und auffällig. So stark, dass sie mich eines Tages packte und zum Jugendpsychiater schleppte. Ich wollte dort nicht hin, weil ich nicht wusste, was ich dort sollte. Ich fühlte mich weder psychisch krank noch seelisch überfordert. Ich brauchte keine fremde Hilfe. Ich war elf und meine Mutter schleifte mich die steinernen Treppen eines dunklen Backsteinbaus hinauf, zerrte an mir herum und riss an meinem Arm. Ich wehrte mich, heulte und schrie: »Ich will da nicht hin.« Mit aller Macht schob sie mich in das Sprechzimmer des Arztes, in dem hinter einem riesigen Schreibtisch ein Mann saß, der ruhig und besänftigend zu meiner Mutter sagte: »Bitte verlassen Sie während des Gesprächs mit ihrer Tochter den Raum.« Meine Mutter schaute ihn verdutzt an, drehte sich aber um und ging. Das Zimmer hatte große Fenster, die nicht viel Licht hineinließen. Es war durch heruntergelassene Jalousien verdunkelt. Der Psychologe unterhielt sich mit mir, eine halbe Stunde oder zwanzig Minuten. Ich erinnere mich nicht mehr genau an das Gespräch, wohl aber an seine letzten Sätze. »Kannst du mit deinem Vater reden?«, senkte er die Stimme und beugte sich nach vorn, um meinem Gesicht näher zu kommen. »Mit dir ist alles in Ordnung. Aber deine Mutter muss dringend zum Arzt.«

Mit den Jahren entwickelte meine Mutter neurotische Ticks. Sie kroch auf allen Vieren durch die Wohnung und sammelte unsichtbare Staubfusseln vom Teppich. Sie wischte die Tischplatte mit dem Handballen ab und richtete die Gläser im Schrank nach Kante aus. Die Sauberkeit im Haus war ihre Ordnung im Kopf. Doch es war nie sauber genug. In ihren Augen. Heute begreife ich, dass sie damals verrückt werden musste. Sie war ein Stadtmensch, der arbeiten wollte und bis zum Zeitpunkt, als die Kinder kamen, gearbeitet hat. Dann zog sie mit ihrem Mann an den Stadtrand in eine kleine Siedlung, in der sich die Nachbarn zwar grüßten, aber sonst kaum Worte miteinander wechselten. Sie war ans Haus gefesselt und einzig von ihren Adoptivkindern und der Einsamkeit umgeben. Die Kinder erfüllten sie kaum mit Freude und Leben. Im Gegenteil: Meine Mutter wurde stets vom Gefühl getragen, die Kinder nicht zu bewältigen. Doch von einer Selbstanalyse war meine Mutter so weit entfernt wie ich von ihr. Sie wollte und konnte nicht sehen, dass sie krank war und immer kränker wurde. Stattdessen redete sie mich krank. Ging selbst nicht zum Arzt.

Eines Tages bekam sie einen epileptischen Anfall. Sie lag auf dem Sofa, die Iris ihrer Augen waren weggerollt, nur das Weiße mit seiner geäderten Landschaft war zu sehen. Sie hatte Schaum vorm Mund und zitterte. Mein Vater und ich bemerkten, wie sie sich auf dem Sofa quälte, und wussten nicht, was los war. In Panik rannte mein Vater los, um Hilfe zu holen. Ich versuchte, einen klaren Kopf zu behalten, und bat die nächsten Nachbarn, die ein Telefon besaßen, einen Notarzt zu rufen.

Später schien ihr Kopf eine leere Hülle zu sein, ihr Dasein bestand allein in physischer Präsenz. Sie jammerte und schrie, ich sei ein schlimmes Kind, ich hörte ihre Klagen und wurde wütend. Nichts machte ich ihr recht, alles, was ich anfasste, war zum Zerbrechen verurteilt. Wir vermochten nicht miteinander zu reden, sondern jagten unsere negativen Emotionen in Windeseile in die Höhe. Manchmal schnellte ihre Hand vor in mein Gesicht und landete auf meiner Wange. Das machte mich aggressiv und trotzig, bis ich eines Tages zurückschlug. Ich war größer und kräftiger als sie, ich schaute von oben auf ihre Schmächtigkeit herab und muss wie ein Koloss auf sie gewirkt haben. Für sie war ich eine Bedrohung.

In meiner Brust wohnten zwei Seelen. Die eine, die sich zurückgestoßen fühlte und immer ausreißen wollte, irgendwohin, nur an einen Ort der Liebe und Geborgenheit. Die wütend war und tieftraurig und nur etwas von dem großen Kuchen der Glückseligkeit naschen wollte. Und die andere, die begriff, was vor sich ging, die die Frau verstand, die mit sich rang und litt, an einem Kind, das nicht ihres war, aber das sie groß zog. Vor allem sah ich eine Frau, die an sich selbst zugrunde ging. Eine Seele, die sich zurücknahm und zurückzog, auch wenn sie am liebsten schreien mochte. Sie hat mir stets Leid getan, meine Mutter. Ich sah, wie überanstrengt sie durch den Tag ging. Ich lief neben ihr her, mich bemerkte sie kaum, und ich suchte in meinem Dasein einen Sinn, in dem ich mich auf mich selbst beschränkte. Ich hatte keine andere Wahl. Meine Mutter erlaubte nicht, dass mich jemand besuchte. Selten durfte ich Freunde einladen, in der Regel nur zu meinen Geburtstagen. Sie isolierte mich, und ich wurde zur Einzelgängerin. Meine Mutter ertrug nicht, wenn Fremde im Haus waren. Sie mochte es nicht, dass andere Menschen über ihren Teppich liefen, sich auf ihre Couch setzten, aus ihren Gläsern tranken. Meine Schwester litt unter dieser Einschränkung, ich passte mich den Anordnungen an und zog mich in mein Zimmer zurück. Meine Jugend, das war die Dachkammer mit meinem Bett, dem Schreibtisch und den Schränken. Das waren die Wände mit den Postern und das war mein Radio. Stundenlang hörte ich Musik, stundenlang starrte ich aus dem Fenster hinaus in den Garten. Manchmal rutscht die Erinnerung an frühe Kindertage in meinen Kopf und ich sehe ein kleines Mädchen auf einem Dreirad, wie es den Gartenweg rauf und runter fährt.

Ich glaube, ich fühlte mich damals schon einsam. Und war auf der Suche nach einer Ersatzmutter. Einmal, ich war vielleicht vierzehn Jahre alt, und die Familie verbrachte den Urlaub wieder in einem Ferienheim, setzte ich mich auf den Schoß einer Frau, die im Bungalow nebenan wohnte. Ich versuchte sie zu küssen. Ich mochte sie und suchte ihre Nähe. Über meinen »Annäherungsversuch« war die Frau so erschrocken, dass sie mir eine runterhaute und mich anschrie, ich möge das nie wieder tun. Erzählten die Kinder in der Schule von ihren Eltern und einem Gefühl, das man Heimweh nennt, spürte ich jedes Mal: Verbundenheit und Zueinandergehörigkeit kennst du nicht, du weißt nicht, was das ist.

Als ich achtzehn wurde, begab ich mich das erste Mal auf die Suche nach meiner leiblichen Mutter. Doch es war nicht so sehr meine Mutter, die ich suchte, sondern die beiden jungen Männer, von denen ich meinte, sie seien meine Brüder. Schließlich hatte mein Vater sie in dem Garten in der Kleingartenanlage gesehen. Mich trieb die pragmatische Überlegung, wissen zu müssen, welche Männer die gleichen Gene tragen wie ich. Ich wollte mich davor schützen, einen Mann kennen zu lernen, mich vielleicht in ihn zu verlieben und später festzustellen, er ist mein Bruder. Mit meiner Geburtsurkunde in der Hand ging ich zum Einwohnermeldeamt und fragte nach meiner Herkunft. Damals erfuhr kein Adoptivkind, woher es stammt. Auch ich hätte kein Wort erfahren, wenn ich der Beamtin nicht meine Geschichte erzählt hätte. Ich muss jämmerlich ausgesehen und bedürftig geklungen haben, und die Frau verriet mir den Namen und vermutlich letzten Aufenthaltsort meiner leiblichen Mutter vor meiner Geburt. Das war der Beginn einer jahrelangen Odyssee durch familiäre Verstrickungen und bürokratische Instanzen.

Mit meinen Freundinnen begab ich mich auf die konspirative Suche. An meiner Statt klingelten sie an verschiedenen Türen und fragten nach einer Frau, die meine Mutter sein sollte. Es war unwahrscheinlich, dass sie jemand kannte, es muss Jahre her gewesen sein, dass sie dort wohnte. Wenn die Frau, nach der wir suchten, wirklich meine Mutter war. Wir streunten durch die gesamte Stadt und standen vor Wohnungstüren, hinter denen Frauen und Männer jeden Alters und jeder sozialen Herkunft lebten. Wir fanden weder meine Mutter noch einen ihrer Söhne. Dafür jede Menge Gerüchte, Behauptungen und Vermutungen. Irgendetwas von der mysteriösen Frau, die im Fokus unseres Interesses lag, wusste fast jeder. Einmal soll sie als Krankenschwester oder Kellnerin in Regierungskreisen gearbeitet haben oder im Gefängnis gelandet sein. Ein anderes Mal habe sie als Kranführerin auf dem Bau gearbeitet. Die Nächsten erzählten, sie schufte in einer Fabrikhalle, die Waschmaschinen herstellte. Wiederum andere glaubten, sie habe noch mehr Kinder und noch einmal geheiratet. Niemand wusste etwas Genaues, alles blieb merkwürdig nebulös. Eines indes war allen Erzählungen gemeinsam: Sie waren negativ gefärbt. Keiner ließ an dieser Frau ein gutes Haar. Es ist wohl nicht erstrebenswert, mit ihr Kontakt zu bekommen, dachte ich. Bis ich bemerkte, dass ich ins Blickfeld der Stasi gerückt war.

Ich war etwa neunzehn und hatte eine Freundin, aus deren Familie ein ausgebürgerter Systemkritiker kam. Die Stasi verfolgte meine Freundin und mich, wo immer wir uns aufhielten: in der Disko, im Theater, in Jugendklubs. Plötzlich bekam ich anonyme Anrufe und Zettel mit kryptischen Zeichen, die ich nicht zu entziffern vermochte. Fremde Männer drangen in meine Wohnung ein, selbst als ich zu Hause war und schlief. Ich hatte keine Ahnung, was sie von mir wollten, bis sich ein unangenehmes Gefühl in meine Brust schlich: Die unangekündigten und heimlichen Besuche der Stasi, ihre Verfolgung mussten etwas mit meiner Mutter zu tun haben. Und damit, dass ich mich aufgemacht hatte, sie zu suchen. Vielleicht bist du eine Zwangsadoption?, stellte sich mir die Frage. Vielleicht wollte dich deine Mutter gar nicht hergeben, vielleicht haben dich irgendwelche Menschen aus ihren Armen gerissen und weggebracht? Möglicherweise hat meine Adoption einen politischen Hintergrund? Aber welchen?

Durch einen codierten Hinweis, der von meinem Deutschlehrer in der Volkshochschule kam, stieß ich auf die Adresse eines meiner Brüder. Er wohnte in einem gewöhnlichen Altbau, an der Klingel erkannte ich den Namen. Ich drückte auf den Knopf, und als die Tür aufging, erschrak ich. Auf den Moment hatte ich viele Jahre gewartet, hatte ihn herbeigesehnt wie Kinder den ersten Schnee. Aber als er Realität wurde, war er unwahr und fern. »Ich glaube, du bist mein Bruder«, platzte es mir heraus. »Dein Bruder?«, fragte er verunsichert. Er bat mich hinein und ich erzählte ihm meine Geschichte. Meine Worte trafen ihn unvorbereitet, von mir hatte er noch nie etwas gehört. Wenige Tage später suchte ich ihn erneut auf, diesmal war sein Bruder da. Ich schaute in dessen Gesicht und dachte: Diese Züge kommen dir bekannt vor. Sie sahen meinen sehr ähnlich. Beide Männer schienen völlig unwissend zu sein. Sie kramten Fotoalben und Erinnerungskisten hervor und erlaubten mir einen Blick in ihre Biographie. Und einen ersten, wenn auch flüchtigen, auf meine vermutliche Herkunft. Ich bekam ein Bild ihrer und vielleicht auch meiner Mutter sowie eines ihrer Großmutter. Es traf mich wie ein Schlag, als ich das Foto der Großmutter sah, auf dem sie etwa mein jetziges Alter hatte. Sie sah aus wie ich. »Das ist eure Großmutter?«, fragte ich. »Sie sieht aus wie ich«, schob ich irritiert hinterher. Ich glaubte, meiner Geschichte ganz nah zu sein, ich glaubte, meine Wurzeln aufgespürt zu haben. »Aber sie ist tot«, sagten die beiden Männer. »Vor einigen Jahren ging sie als Rentnerin in den Westen, dort ist sie vor kurzem gestorben.« In mir zerbrach etwas. Diese Frau könnte ein Schlüssel zum Tor meiner frühsten Vergangenheit sein, sie könnte vielleicht erzählen, was irgendwann einmal passierte. Vor allem aber könnte sie erklären, warum ich ein Adoptivkind bin.

Durch ihren Tod jedoch blieb ich wieder allein mit all meinen Vermutungen und Deutungen. Auch die beiden jungen Männer waren nicht imstande, mein Puzzle zu vervollständigen. Zu ihrer Mutter hatten beide kein gutes Verhältnis. Erneut erfuhr ich etwas über eine Frau, die vielleicht meine Mutter sein könnte, das ihr keineswegs schmeichelte. »Sie hat viel Kaffee getrunken«, sagte der eine. »Sie lebte unvernünftig«, fügte der andere hinzu. Beide Männer beschrieben ihre Mutter als kleine, schmächtige Frau, die sich mit Aufgaben überlud und ihre Gesundheit ruinierte. »War eure Mutter im Gefängnis?«, fragte ich. »Wie kommst du darauf?« »Weil ich so etwas gehört habe«, antwortete ich. Sie waren ahnungslos, erinnerten sich aber, als kleine Jungs eine Zeit lang bei ihrer Oma gelebt zu haben. In meinem Hirn ratterte es. War sie damals die Frau, die mein Vater gesehen hatte, zusammen mit den Jungs? Hat sie die Kinder in der Zeit betreut, als ihre Tochter im Gefängnis saß?

Die beiden Männer stellten ihre Mutter zur Rede. Die leugnete vehement und stritt ab, eine Tochter geboren zu haben. Die Frau, die ich fast gefunden hatte, wollte nicht meine Mutter sein. Und die beiden Männer lehnten jeden weiteren Kontakt zu mir ab. Mir wurde unheimlich: Vielleicht ist die Frau, die ich suche und auf die ich gerade gestoßen war, gar nicht meine Mutter? Vielleicht ist eine ganz andere Frau jene, die mich in ihrem Leib trug und geboren hatte. Diese Gedanken verdrängte ich und stopfte sie, so weit es ging, in den letzten Winkel meiner Seele. Ich beschloss, vorerst meine Suche abzubrechen und nach Ruhe zu suchen.

Nach der Wende fasste ich frischen Mut und begab mich auf eine zweite Reise. Ich begann dort, wo ich kurze Zeit zuvor aufgehört hatte. Der ältere der beiden Männer schaute mich überrascht an, als ich vor seiner Tür stand. »Ich will die Wahrheit wissen«, drang ich in ihn ein. »Jetzt, da die Mauer eingerissen ist und die Stasi sich aufgelöst hat, gibt es keinen realen Grund mehr, mir die Wahrheit vorzuenthalten.« Doch er wich mir aus und erzählte verärgert, seine Mutter sei zweimal wegen mir beim Gericht gewesen. Angeblich. Das sagte er. »Zweimal ist sie entlastet worden«, presste er zwischen den Zähnen hervor. »Du bist nicht ihre Tochter, du bist nicht unsere Schwester. Hör auf, in unserer Familie herumzuschnüffeln und Unruhe zu stiften.« Angeblich hatte seine Mutter vor Gericht erwirken wollen, mich des »Rufmords« zu verdächtigen und verbieten zu lassen, dass ich mit meiner Geburtsurkunde herumlaufe und erzähle, die Frau sei meine Mutter. Bis heute weiß ich nicht, ob es stimmte, was dieser Mann sagte, aber ich weiß, dass auch er, mein vermeintlicher Bruder, in jedem Fall nur Bruchstücke der Wahrheit kannte. Wieder vor seiner Tür, stand ich dort mit der Gewissheit, dass ich nichts weiß.

Vielleicht war die Frau im Knast, setzte ich mit diesem Gedanken den ersten Stein. Vielleicht auch wegen einer politischen Sache. Aber vielleicht hat sich eine andere Frau während dieser Zeit die Identität dieser Frau »geliehen«, ein Kind zur Welt gebracht und unter fremdem Namen abgegeben. Möglicherweise eine Bekannte, oder gar eine nahe Verwandte? Die Wahrscheinlichkeit ist sehr groß. Dann wäre ich im doppelten Sinne »ausgesetzt«. Ich trieb meine Gedanken weiter, ich hetzte sie – und stolperte fast darüber. Was, wenn es die eigene Mutter, die Großmutter, war? Wenn diese in der Zeit, als ihre bereits erwachsene Tochter im Gefängnis saß und sie mit den beiden Enkelkindern allein war, noch einmal schwanger wurde? Die Abgründe von Menschen in Not sind tief, mitunter sehr tief. Ist es vorstellbar, dass eine Mutter die Identität der leiblichen Tochter nutzt, ohne dass diese es merkt? Dass die Mutter mit dem Namen ihrer Tochter heimlich ein Kind bekommt, um es dann gleich wieder fortzugeben? Das wäre eine unerträgliche Schande für die ganze Familie.

Schweigen schmerzt stärker als die Wahrheit. Diese Wahrheit würde meine Ähnlichkeit mit der Großmutter der beiden Männer erklären, sie würde ihr ein Gesicht geben. Dann wären die beiden Männer nicht meine Brüder, sondern ich ihre Tante. Eine, die jünger ist als ihre Neffen.

Egal, welche Wahrheit mich ausmacht und welche fiktiv ist – jedes Detail war beunruhigend und irritierend. Ich konnte einfach keine Ruhe geben, mein Kopf drehte sich wie ein Karussell im Dauerbetrieb. Und mit einem Mal hatte ich Visionen, die meine Geschichte noch verwirrender erscheinen ließ. Ich erinnerte mich eines Jungen, den ich früher oft in einer Diskothek gesehen hatte. Der Junge sah mir sehr ähnlich. Es war, als blickte ich in einen Spiegel, wenn ich wagte, den Jungen anzuschauen. Vielleicht war *er* mein Bruder und der Sohn einer anderen Frau aus der Großfamilie? Eine, auf die ich bei meinen Recherchen bislang nur indirekt oder gar nicht gestoßen war. Dieser Gedanke ließ mich nicht los und ich ging ihm nach. Aber ich hatte wenig Glück. Der junge Mann war noch vor der Wende in den Westen geflohen und blieb für mich verschollen.

Erneut prasselten mir Vermutungen, Gerüchte und Vagheiten entgegen. Nichts Genaues und nichts Befriedigendes. Nur so viel: Seine Mutter sei Schauspielerin, hörte ich. Sie wollte kein Kind haben, weil es ihre Karriere behindert hätte. Kann sein, kann nicht sein. Alles war möglich. Bis auf mein Gefühl, das mir sagte, dass die Frau, die mich geboren hatte, aus dem Umfeld kommt, in das ich bereits geraten war. Doch wer sie war und in welcher Beziehung sie zu den anderen stand, blieb im Dunkeln. Ich stocherte im Nebel, wollte aber die Wahrheit erfahren.

Kürzlich – nach über zehn Jahren – fragte ich erneut in der Urkundenstelle nach und stellte mich naiv und unwissend. Was ich erfuhr, wirbelte noch einmal alles durcheinander und verschob alle Relationen. Laut den Papieren aus der Amtsstube bin ich eine Hausgeburt. Davon war bisher noch nie die Rede. Mein Geburtsort war bislang nie genau angegeben. Eine Hausgeburt zerschlug die Möglichkeit, durch die meine leibliche Mutter im Gefängnis war und für die Entbindung in ein Krankenhaus verlegt wurde. Eine Hausgeburt würde bedeuten, dass meine Mutter vielleicht niemals hinter Gittern saß. Später fand ich heraus, dass der Geburtsort neben einigen anderen Angaben im Nachhinein in die Urkunde eingetragen wurde. Mein Weg zu mir ist weiter und steiniger, als ich jemals geglaubt hatte. Aber eines Tages, dessen bin ich mir sicher, habe ich sie gefunden, meine Wahrheit.

Welche sie auch ist, welche Wurzeln ich auch habe, irgendwann stoße ich auf sie. Ich muss wissen, wer ich bin und woher ich komme. Ich habe ein Recht darauf, und ich brauche es für mein Selbstverständnis. Ich habe keine Orientierung und weiß nicht, wohin mich mein Dasein führt. Es hat so wenig Sinn, denke ich manchmal. Allein aus pragmatischen Gründen wäre es gut zu wissen, aus welchem Leib ich geschlüpft bin. Wer weiß, vielleicht leide ich eines Tages an einer Krankheit, deren Schlüssel in meinen Genen liegt und nur durch Gewebe meiner Mutter geheilt werden kann.

Orientierung konnte mir auch meine Adoptivfamilie nicht geben. Es ist gut, dass ich bei ihr war, dass ich mit einer Mutter, einem Vater und einer Schwester groß wurde, dass versucht worden war, mir so etwas wie eine Familie zu geben. Doch es hat nicht funktioniert.

Ich fühle mich bindungslos. Ich bin losgelöst von allen, die mich emotional halten sollten. Vor einigen Jahren brach ich den Kontakt zu meinen Adoptiveltern ab. Meine Adoptivmutter leidet unter verschiedenen psychischen Störungen, und mein Vater glaubt inzwischen auch, dass nicht nur sie krank ist, sondern dass ich es ebenso bin. Er schrieb mir einen langen Brief, in dem er seine Theorie ausbreitete wie auf einem Kongress von Psychotherapeuten. Als ich seine Zeilen las, wusste ich nicht, ob ich heulen oder lachen sollte. Wenig später rief er mich an und wollte sich bei mir entschuldigen. »Da gibt es nichts zu entschuldigen«, wies ich ihn kurz zurecht und legte auf.

Noch weiß ich nicht, wer ich bin, was ich kann, was ich will. Niemand gibt mir richtigen Halt, so dass ich nicht falle. Ich schwanke nach links und taumele nach rechts. Von hinten bläst ein Wind, und ich habe Mühe, nicht nach vorn zu kippen. Ich habe keine Partnerschaft, keine Liebe. Weil ich beziehungsunfähig bin. Der Halt, den mir meine Freundinnen geben, reicht nicht aus. Sie haben meist eigene Familien und nur bedingt die Nerven, meine Sorgen zu teilen. Meine unvollständige Biographie läuft im Hintergrund unablässig mit, wo ich auch bin, mit wem ich auch zusammensitze. Ich kann sie nicht wegdrücken, sie bahnt sich stets mit aller Macht ihren Weg nach vorn, direkt in mein Bewusstsein. Ich weiß nicht einmal, ob ich überhaupt eine eigene Familie will. Es ist, als würde man einen Eskimo fragen, ob er sich sonnen möchte.

LÜGEN UND HALBWAHRHEITEN

Annette K. und ihre Mutter stehen sich wie zwei Fremde gegenüber

Wenn es mir schlecht ging, nahm ich meine Gitarre zur Hand und spielte mich in eine andere Welt. Eine Welt, in der es keinen Streit gab und keine Konkurrenz, eine Welt voller Liebe und Geborgenheit. Auf meiner Gitarre spielte ich Bach, Beethoven und Händel und fand innere Ruhe. Die ich dringend brauchte, um nicht verrückt zu werden. Die Musik war eine Flucht, meine Flucht. Ich war immer auf der Flucht. War ich nicht in der Schule, war ich beim Musikunterricht. Oder in meinem Zimmer – und ich spielte und spielte. Der Gitarre gab ich all meinen Zorn und meine Wut, meine Verletztheit und meine Traurigkeit. Darüber, dass meine Mutter nicht meine Mutter war und es nie sein würde. Biologisch ist sie meine Mutter, auch sozial. Sie hat mich gekleidet, sie hat mich morgens in die Schule geschickt, sie hat meine Musikstunden bezahlt. Aber emotional ist sie nie meine Mutter gewesen.

Von einer Mutter erwarte ich, dass sie sich um ihre Kinder sorgt und die engste Vertrauensperson im Leben eines Mädchens ist, so lange bis das Mädchen vielleicht in einem Mann oder einer Freundin eine andere enge Bezugsperson gefunden hat. Von einer Mutter erwarte ich, dass sie sich nach den Freuden und Leiden ihrer Tochter erkundigt und Anteil daran nimmt. Dass sie Ratschläge gibt und da ist, wenn die Tochter sie braucht. Eine Mutter könnte diejenige sein, mit der ein Mädchen all die aufregenden Dinge wie die erste Menstruation und das Wachsen der Brüste bespricht. Sie könnte die Person sein, der das Mädchen vom ersten Kuss und jungfräulichen Besuch beim Frauenarzt erzählt. Sie könnte ihrer Tochter nah sein, so nah wie sonst kaum ein Mensch in jener Zeit.

Meine Mutter war all das nicht. Meine Mutter war stets distanziert und weit weg von mir. Über meine erste gynäkologische Erfahrung unterhielt ich mich mit der Mutter meines ersten Freundes. Meinen ersten Tampon bekam ich von meinem Vater. In der Schule wanderten Proben einer Hersteller-Firma durch die Klassenräume. Ich nahm einen Tampon mit nach Hause, probierte ihn aus und befand ihn für praktisch und hygienisch. Ich bat meine Mutter, mir künftig auch solche Dinger zu kaufen. Aber sie erwiderte nur kurz: »Nein.« Ohne Erklärung und ohne Begründung. Wieder mal verstand ich ihre Ablehnung nicht, wollte aber mein Recht. Also bat ich meinen Vater, mir welche zu kaufen. Er tat es, anstandslos und als wäre es das Normalste der Welt. Als meine Mutter bemerkte, dass ich trotz ihres Verbots Tampons statt Binden benutzte, und klar wurde, von wem ich sie bekommen hatte, entlud sich ihr gesamter Zorn. »Du scheinst alles für Annette zu tun«, fuhr sie meinen Vater an, »auch wenn sie Unmögliches verlangt.« Sie hielt meinem Vater vor, dass er sich um seine Tochter sorgt. Wahrscheinlich aber steckte hinter ihrem Ärger ein ganz anderes Problem: Meine Mutter war spröde und in einem überholten Sexualkodex gefangen.

Meine Mutter weiß nichts von mir und ich nichts von ihr. Wir begegnen uns wie zwei Fremde, wenn wir uns sehen. Wir begrüßen uns nicht mit einem Kuss, sondern geben uns die Hand, wir fragen nicht nach den vergangenen Tagen und Wochen, sondern schweigen uns an. Warum bin ich eigentlich hier?, frage ich mich regelmäßig zu Ostern, Weihnachen und an den Geburtstagen meiner Mutter und meines Vaters. Diese festen Daten zwingen mich regelmäßig zur Konfrontation und zum Blick in meine Vergangenheit. Und in die Zukunft. Es wird nie besser werden zwischen uns, das weiß ich. Dazu ist zu viel vorgefallen, dazu hat sie mich in meinen Kindertagen zu oft allein gelassen und zu stark verletzt.

Vielleicht wollte sie eine andere Tochter, eine, nach ihrem Wunschbild geschaffen. Mich hat sie nie akzeptiert, so, wie ich war. Ebenso wenig meine Freundinnen und Freunde. »Was, der läuft Marathon? Das sieht man ihm aber gar nicht an«, sagte sie einmal über einen Freund, nachdem er gegangen war. Ich hörte die Boshaftigkeit, die in diesem knappen Satz lag. Eine Einschätzung, die sie weder treffen darf noch kann. Sie hat ihn ein einziges Mal gesehen, als er bei uns zum Kaffeetrinken eingeladen war. In den Stunden war sie freundlich ihm gegenüber, sie umgarnte ihn regelrecht, so dass der Freund später zu mir sagte: »Ich weiß gar nicht, was du gegen deine Mutter hast? Sie ist freundlich und zuvorkommend.«

Meine Mutter setzt eine Maske auf und spielt die charmante und weltoffene Gastgeberin. Aber später, wenn sich die Gäste verabschiedet haben, reißt sie sich die Maske vom Gesicht und entlarvt ihr wahres Ich: »Der hat aber viel getrunken. Und dann ist er noch Auto gefahren!« Wenige Minuten vorher schenkte sie ihm mit einem Lächeln und dem Satz auf den Lippen nach: »Na, noch ein kleines Schlückchen?« Meine Mutter ist falsch und verlogen und redet schlecht über meine Freunde, sobald sie ihrem Gesichtskreis entwichen sind. Sie bewertet sie, sie nimmt sich dieses Recht, als stehe es ihr zu. Aber sie kennt meine Freunde zum großen Teil nicht, um sich überhaupt eine Wertung leisten zu können. Aber sie wertet dennoch und stichelt – und verletzt damit meine Freunde und mich.

Sie tat es früher und sie tut es heute noch. Ich bin 24, ein Alter, von dem man glaubt, dass sich die Mutter zurückzieht von ihren Beurteilungen gegenüber den engeren und losen Freunden der Tochter. Doch meine Mutter scheint nicht zu akzeptieren, dass ich schon lange nicht mehr ihre »Kleine« bin und sie Grenzen überschreitet mit jeder Bemerkung, die sie auf platte Weise gegenüber meinen Freunden fallen lässt. Meinen letzten Freund urteilte sie mit einem kurzen wie stechenden Satz ab: »Gut, dass du den los bist, der war sowieso zu lieb für dich, den hast du gar nicht verdient.« Über meinen jetzigen Freund befand sie, gleich als sie ihn das erste Mal sah: »Na, ob das gut geht?« So etwas mag sie denken, aber sie darf es keinesfalls aussprechen, sie übertritt ungefragt jede intime Schranke, die ein Verhältnis zwischen uns erst möglich machen würde. Ihren »Zweifel« nährt einzig und allein die Tatsache, dass mein Freund bereits verheiratet war. Ihr »Zweifel« soll mir suggerieren, dass sie sich um mich sorgt, weil der Mann bereits eine Frau verlassen hat. Schließlich könnte er mich ebenso sitzen lassen. Doch was sie nicht weiß: Er war bereits zweimal verheiratet und hat einen großen Sohn. Solcher Art Realitäten verschweige ich, um mir und ihm weitere Beleidigungen zu ersparen. So erfährt sie stets nur ein Bruchteil von dem, was sie erfahren könnte.

»Du erzählst mir ja doch nichts«, fordert sie mit kindlichem Trotz mehr Wissen um mich ein. Doch ich bin nicht imstande, ihr dieses Wissen zu geben. In mir sträubt sich jede Faser dagegen, ich werde fest und steif. Statt ihr Auszüge aus meinem Leben anzubieten, verfuge ich die steinerne Mauer zwischen uns. Ich wollt', es wäre anders. Aber wie kann ich mich ihr gegenüber öffnen, wenn sie sich verschließt und mich nicht annimmt? Wie kann ich ihr vertrauen, wenn sie mich häufiger, als gut war, belogen hat? Ihre Lügen beginnen mit ihrer Maskerade und enden beim Verschweigen. Vor drei Jahren für mich sogar lebensbedrohlich. Ich erlitt einen schweren Fahrradunfall und hatte eine Gehirnerschütterung mit starkem Hirnbluten. Für mehrere Minuten verlor ich das Bewusstsein. In dieser Zeit begann mein Körper zu zucken, unkontrolliert und heftig. Die Ärzte vermuteten dahinter einen epileptischen Anfall. Meine Mutter war außer sich, als sie vom Unfall, den Zuckungen und den ärztlichen Vermutungen hörte. Ich verstand ihre Aufgeregtheit nicht, nicht im Zusammenhang mit meinem Anfall. Das konnte ich auch nicht, da ich nicht um unserere familiäre Krankengeschichte wusste. Meine Großmutter erzählte mir später, dass ihr Vater, mein Urgroßvater, an Epilepsie gestorben ist. Das wusste meine Mutter, aber sie verschwieg es. Warum, weiß ich nicht. Sie hat nie mit mir darüber gesprochen. Dabei wäre es wichtig gewesen, insbesondere nach meinem Unfall. Es beschäftigte sie stark, sonst hätte sie nicht so angstvoll reagiert. Aber warum kann sie ihre Angst nicht mit mir teilen, warum kann sie mich in ihre Gedanken nicht aufnehmen? Sie hätte die Chance beim Schopfe packen und mein Vertrauen gewinnen können. Aber sie tat genau das Gegenteil, sie trieb mich noch weiter von sich weg.

Mein erster Freund riet mir, den Kontakt zu ihr abzubrechen. Ich dachte darüber nach, aber brachte nicht die nötige Konsequenz auf. Schließlich ist sie meine Mutter. Der Freund riet mir auch, ihre Angriffe und Verächtlichkeiten nicht persönlich zu nehmen. Aber wie kann ich sie nicht persönlich nehmen, gerade weil sie doch meine Mutter ist? Oft habe ich mich gefragt, warum sie ist, wie sie ist, warum sie sich hartherzig und intolerant zeigt. Irgendwann kam ich zu der Erkenntnis, dass sich dahinter Kleingeistigkeit und tiefe Unzufriedenheit verbergen.

Mein Vater war die große Liebe meiner Mutter, sie aber nicht seine. Sie blieben zusammen, weil ich auf die Welt kam. Knapp drei Jahre nach meiner Geburt haben meine Eltern geheiratet, aber glücklich waren sie nur kurze Zeit miteinander. Bald verlor mein Vater das Interesse an seiner Frau und kompensierte dies, indem er sich Liebhaberinnen zulegte. Eine nach der anderen. Später, als ich wusste, was Kondome sind, versteckte er sie in meinem Schreibtisch. So wurde ich ungewollt und unschuldig zur »Mittäterin«, zur »Verbündeten«. Einige von den Frauen lernte ich kennen. Mein Vater nahm mich mit zu ihnen, wir unternahmen etwas zu dritt. Er verbot mir nie, von den fremden Frauen zu Hause zu erzählen, so wie es viele Väter tun, um das Geheimnis nicht platzen zu lassen. Offensichtlich war es meinem Vater egal, ob meine Mutter davon erfuhr und wie sie reagieren würde. Aber ich gab unsere Erlebnisse nie preis, nicht, weil ich instinktiv wusste, dass ich dadurch das Feuer des Streites entfachen würde, sondern eher aus einem unschuldigen

Glauben heraus, dass alles seine Richtigkeit habe. Meiner Mutter blieben die aushäusigen Vergnügungen meines Vaters trotzdem nicht verborgen, und irgendwann waberte das Wort Scheidung durch unser Haus. Aber es setzte sich nicht fest, sondern entschwand so ungenau, wie es aufgetaucht war. Mir wurde indes eines klar: Wenn sie sich jemals trennen sollten, bleibe ich bei Papa. Mein Vater versteht mich, mein Vater nimmt mich an und schenkt mir einen Großteil seiner Zeit und seines Interesses. Meine Eltern sind heute immer noch verheiratet.

Meine Mutter hätte sich sicher nie getrennt, sie wagte auch nicht, meinen Vater offen zu kritisieren, ihm zu sagen, dass sie an dieser Ehe und unter dem, was er tut, leidet. Sie stellte sich stets hinter ihn und versteckte sich hinter ihm. Und schwieg. Ihr Herz und ihre Seele krampften sich zusammen, aber ihr Mund äußerte sich verächtlich und verachtend über Frauen und Männer, die es wagten, ihrem unzufriedenen Eheleben ein Ende zu setzen. Noch heute verurteilt sie eine Freundin, deren Mann sich trennte und nun mit einer anderen Frau zusammenlebt. Das neue Paar wohnt im Haus gegenüber und der Mann taucht regelmäßig bei seiner Ex-Frau auf. »Die wird doch nur von ihm ausgenommen«, sagt meine Mutter verächtlich über ihre Freundin. Sie selbst aber hätte wahrscheinlich nie anders gehandelt. Auch wenn die Freundin beschwichtigt, es ginge ihr seit der Trennung viel besser, beharrt meine Mutter auf ihrer Ansicht. Auch wenn sie von niemandem verstanden wird. An ihr ist das defensive Verhalten der Generation der heute sechzigjährigen Frauen wunderbar abzulesen: Sie bleiben verheiratet, auch wenn die Ehe lange nicht mehr stimmt, sie ergeben sich ihrem Schicksal, auch wenn sie es durch einen leichten Federstrich zum Positiven wenden könnten.

Stattdessen inszeniert meine Mutter eine Frau, die sie selbst nicht ist, sie malt ein Bild von sich, das eine starke Persönlichkeit zeigt, die auch in Situationen aufrecht bleibt, die sie schmerzhaft an ihre eigene Biographie erinnern. Als ich kürzlich nach Wochen zu meinen Eltern kam, empfing mich meine Mutter mit Worten, die an meinen Vater gerichtet waren: »Erzähl die Geschichte von vergangener Nacht!« Mein Vater brubbelte etwas. »Nun mach schon, erzähl«, drängelte sie. Vater, der jetzt arbeitslos ist und aus der Not heraus Taxi fährt, sammelte am Hauptbahnhof einen Fahrgast ein, der eine »Puff-Fahrt« verlangte. Fünf Stunden fuhr mein Vater den Mann durch die Stadt, von einem Bordell zum anderen. Der Mann bestand darauf, dass mein Vater die gesamte Tour mit ihm bestritt, also musste mein Vater immer wieder warten. Einige Male nicht nur im Auto, sondern auch im Bordell. Meine Mutter bestand darauf, dass Vater kein Detail der Geschichte ausließ. Sie lachte über seine Erzählung, dabei hätte ihr das Lachen im Halse stecken bleiben müssen. Früher verschwand mein Vater oft für zwei oder drei Stunden und kam danach gut gelaunt nach Haus zurück. Sicher verbrachte er diese Stunden bei Prostituierten oder bei einer seiner Geliebten. Für meine Mutter war das eine schmerzliche Zeit, aber heute zeigt sie sich scheinbar gelassen, als ginge sie das alles nichts an, als hätten Prostitution und Liebhaberinnen nichts mit ihr zu tun, als beträfen sie nicht ihr Leben.

Meine Mutter begehrt nicht auf, nicht gegen meinen Vater und nicht gegen das Leben, das sie vermutlich unfreiwillig führt. Einmal – ich war kurz zu Besuch zu Hause – saßen wir beim Mittagessen und mein Vater erzählte ohne Umschweife, dass meine Mutter und er seit der Geburt meiner Schwester keinen Sex mehr hätten. Zu jenem Zeitpunkt war meine Schwester 19 Jahre alt. Wir schauten uns betreten an, aber mein Vater sprach so unbesorgt weiter, wie ihn meine Mutter regungslos sprechen ließ. Sie sagte kein Wort, und erhob sich nicht vom Tisch. Vater verletzte seine Frau und stellte sie bloß, aber sie ließ es zu. Warum schweigt sie?, fragte ich mich. Warum widerspricht sie nicht oder verbietet ihm das Wort? Warum positioniert sie sich nicht, sondern degradiert sich selbst zum Objekt, zum Spielball?

Vielleicht liegt es daran, dass die Geburt meiner Schwester kompliziert war? Kurz vor dem Entbindungstermin erkrankte meine Mutter an einer Gelbsucht. Durch die Anstrengungen der Geburt hätten meine Mutter und meine Schwester sterben können. Aber sie überlebten beide, meine Schwester lag lange Zeit unter einer Blaulichtlampe und durfte das Krankenhaus nicht verlassen. Wenig später hieß es, meine Schwester würde behindert sein. Mit dieser Sorge lebten meine Eltern einige Monate, bis klar wurde, dass meine Schwester lebensfähig und gesund ist. Von Behinderung keine Spur, aber trotzdem entwickelte meine Mutter zu ihrer zweitgeborenen Tochter ein besonderes Verhältnis, eines, das intensiver, inniger und stärker war als das zur erstgeborenen und fünf Jahre älteren. Das enge Band zwischen meiner Schwester und meiner Mutter hält bis heute. Beide telefonieren täglich miteinander und erzählen sich alles. So weiß meine Mutter, welche Schuhe sich meine Schwester gekauft, welchen Film sie gesehen und welches Rezept sie gerade ausprobiert hat. Meine Schwester verschweigt nichts und öffnet sich selbst wie ein Buch, in dem zu lesen sich lohnt. Dennoch erfährt meine Schwester nicht alles von meiner Mutter. Wenngleich meine Mutter in Gegenwart meiner Schwester nicht allzu oft die Rollen wechselt und ihr gegenüber kaum boshaft ist, bleiben ihr doch Dinge verborgen, bestehen Geheimnisse, an denen nicht gerührt werden darf.

Als ich in die Pubertät kam und meine ersten Disko-Versuche wagte, nahm mich mein Vater beiseite. »Was ich dir erzählen muss, ist sehr wichtig für dich und für uns«, tat er geheimnisvoll. »Wenn du in der Disko oder wo auch immer auf einen Jungen triffst, der Robert T. heißt, dann halte dich von ihm fern«, sagte er bedeutungsschwanger. »Warum?«, fragte ich. »Weil er dein Bruder sein könnte. Weil er dein Halbbruder ist.« So unverhofft und plötzlich kam ich zu einem Bruder. »Dein Vater hatte vor unserer Ehe bereits eine Beziehung«, klärte meine Mutter auf. »Aus dieser Beziehung stammt der Junge.« Irritiert, aber neugierig ging ich in mein Zimmer und fragte mich: Wie wird er wohl aussehen, mein Halbbruder? Wie ich? Oder wie mein Vater? Wie könnte er sein? Nett? Langweilig? Interessant? Ich wartete darauf, dass mich meine Schwester auf unseren Bruder ansprach. Der »Familienzuwachs« wollte debattiert werden. Aber ich wartete vergeblich. Weil meine Schwester nichts von unserem Halbbruder erfuhr. Meine Eltern ließen sie in Unkenntnis. Warum, habe ich nie erfahren. Vermutlich aber hätten sie den »Bastard« ewig verschwiegen, wenn wir beiden Töchter Jungen gewesen wären und keine inzestuöse Gefahr bestanden hätte. Ich beschloss, meiner Schwester davon zu erzählen.

Während ich nicht nach der Wahrheit forschen wollte, drängte meine Schwester nach Vervollständigung unseres knappen Wissens. Sie fragte unseren Vater und unsere Großeltern. Dadurch wurde die Geschichte noch verwirrender. Die Eltern meiner Mutter bestätigten die Existenz eines Sohnes, erwähnten aber noch ein Mädchen. Aufgeregt rief mich meine Schwester an und erzählte mir, dass wir nicht nur einen Bruder, sondern auch noch eine Schwester hätten. Eine Schwester, die nach mir geboren sein soll. So hatte mein Vater neben seiner Ehe eine weitere Beziehung, die vermutlich vor der Partnerschaft meiner Eltern ihren Anfang fand. Warum er nicht bei dieser Frau blieb, ist sein Geheimnis. Darüber spricht er ebenso wenig wie über seine »außerehelichen« Kinder. »Ich habe es vergessen«, erwiderte mein Vater, als meine Schwester ihn nach unseren Halbgeschwistern fragte. Wie kann man vergessen, wie viele Kinder man gezeugt hat? So wurden die Leichen im Keller meines Vaters ans Tageslicht gezerrt, von denen er vermutlich glaubte, sie seien fest dort vermauert. Und so zeigte auch mein Vater erstaunliche Sicherheit im Umgang mit dem Verdrängen, was ich zunächst nur meiner Mutter zuerkannt hatte. Unsere Familie scheint aus einem Konstrukt von Lügen und Halbwahrheiten zusammengehalten zu werden.

Die Eltern meines Vaters brachten ein weiteres delikates Detail ins Spiel. Auch sie sprachen von zwei »zusätzlichen Kindern«, jedoch von zwei Jungen. Sie wussten sogar ihre Namen: Robert und Patrick. Was nun wahr ist, wissen meine Schwester und ich nicht. Ich vermute, dass es letztlich nicht um zwei Kinder und die Frage geht, ob es zwei Jungs oder ein Junge und ein Mädchen sind, sondern dass es sich um drei Kinder handelt.

Vielleicht wird meine Schwester Licht ins Dunkel bringen, ich werde nicht nachfragen. Dazu sind wir bereits zu stark in das Geflecht aus nebulösem Schweigen und unklarer Wirrnis verstrickt. Kein Spiel für mich, kein Verhalten, das ich toleriere. Mit meiner Großmutter, der Mutter meiner Mutter, unterhielt ich mich einmal über unsere verworrene Familiengeschichte. Zu meiner Großmutter verbindet mich ein stärkeres und innigeres Verhältnis als zu allen anderen Menschen dieser Familie. Sie hätte mir von all den Ereignissen und »Familiengeheimnissen« erzählt, wenn sie gewusst hätte, dass es sonst niemand tut. Aber sie glaubte stets, meine Mutter und mein Vater hätten mich mit Offenheit gefüttert. Sie hätte mir sowohl von der Epilepsie berichtet, die vererbbar ist, als auch von den anderen Kindern. Sie ging von ihrer Natürlichkeit und Offenheit aus und war erschrocken, als sie erkennen musste, mit welcher brachialen Verschwiegenheit und Verklemmtheit ihre Tochter lebt. Sie selbst ist freizügig und großherzig und glaubte stets, ihre Tochter in eben diesem Sinne erzogen zu haben. Heute scheint das Band zwischen ihnen nicht sonderlich stark zu sein. Meine Großmutter weiß um die Schwierigkeiten zwischen ihrer Tochter und ihrer Enkeltochter. Sie sprach meine Mutter mehrere Male darauf an, aber meine Mutter wimmelte meine Großmutter ab. Sie blockt nicht nur bei mir, sondern auch bei anderen. Die Angst vor einem Gespräch über die komplizierte Beziehung zu ihrer Tochter scheint so groß zu sein wie ihre Kälte bei unseren persönlichen Begegnungen.

Meine Mutter trägt nichts zur Verbesserung unseres zwischenmenschlichen Klimas bei. Einmal rief ich sie an, es war kurz vor Ostern, und fragte, wann meine Eltern während der freien Tage zu Hause sind. »Was, du willst doch nicht etwa kommen?«, fragte sie zurück. Ich bedankte mich und legte auf. Ich fuhr trotzdem hin und traf meine Mutter freundlich an. Sie ist wie ein Chamäleon, mal zuvorkommend und gesprächig und im gleichen Moment abweisend und eiskalt. Welche Farbe zu welcher Gemütsverfassung passt, welches Ereignis welche Stimmung auslöst – ich weiß es nicht. Und werde es vermutlich nie herausfinden, weil es dafür keine Gesetzmäßigkeit gibt.

Als meine Großmutter kürzlich ihren 80. Geburtstag feierte, schrieb ich ihr ein Gedicht. Sie hatte es sich so sehr gewünscht. Mehrere Nächte hockte ich über leeren Zetteln, bis sich nach und nach die Zeilen füllten. Ich wollte meine Großmutter erfreuen, ich wollte, dass es ihr gut geht an ihrem Ehrentag. Sie ist stark zuckerkrank, es kann ihr letzter Geburtstag sein. Ich trug das Gedicht vor und meine Oma war außer sich vor Freude. Meine Mutter aber saß mit versteinerter Miene da und raunte mir zu: »Für Oma machst du so etwas ...« In ihrem Gesicht las ich ihre Verletztheit. Darüber, dass nicht sie diejenige war, die von mir bedacht wurde, dass deutlich wurde, dass ich meine Großmutter mehr liebte als meine Mutter. Gleichzeitig war ich erschrocken über die Eifersucht, die die Lippen meiner Mutter schmal werden ließ. Aber sie sagte nicht »Ich bin traurig« oder »Ich fühle mich gedemütigt«, die einzige Möglichkeit, ihrer Verletztheit Ausdruck zu verleihen, sieht sie im Vorbringen von Vorwürfen. Offenkundig hat sie es nie gelernt, ihre Gefühle zu artikulieren und zu zeigen. Mir gegenüber. Mit meiner Schwester segelt sie auf einer anderen Ebene.

Manchmal bummeln meine Mutter und meine Schwester durch Einkaufspassagen und plaudern über dies und jenes. Manchmal sogar über Männer. »Wir haben heute nach einem neuen Mann für Mama gesucht«, verrät meine Schwester später am Telefon. »Nach einem Mann gesucht?«, frage ich ungläubig zurück. »Es könnte doch sein, dass sie sich scheiden lassen.«

Als wir jünger waren, war ich eifersüchtig auf meine Schwester. Sie wurde von meiner Mutter bevorzugt und betuttelt. Sie durfte alles und bekam alles. Während ich als »große Schwester« zu funktionieren hatte, bewegte sich meine Schwester im Recht, ewig »die Kleine« zu sein. Meine Mutter sah ihr alles nach. Ich war eine gute Schülerin, meine Eltern waren nur Einsen und Zweien auf dem Zeugnis gewohnt. Kam ich mit einer Drei nach Hause, sahen sie mich gebieterisch an. Meine Schwester bekam Zweien und Dreien, aber sie wurde nicht unter Druck gesetzt, ich jedoch musste stets als »positives Beispiel für gute schulische Leistungen« herhalten. Doch ich feierte meine »Erfolge« nicht, etwa, um endlich einmal eine Trumpfkarte auszuspielen, um auch einmal jene Anerkennung zu bekommen, die sonst meiner Schwester zuteil wurde. So litt meine Schwester unter dem Vergleich zwischen uns beiden. Ansonsten aber genoss sie die Rolle der Beschützten und Behüteten, der mehr nachgesehen wurde als sonst einem Kind. Und nutzte diese weidlich aus. Mitunter war sie störrisch und trotzig, wenn sie nicht das bekam, was sie verlangte. Meine Mutter kam fast allen ihren Wünschen nach und nahm sie unreflektiert in Schutz. Selbst wenn offensichtlich war, dass nicht meine Schwester, sondern ich im Recht war, breitete meine Mutter ihre schützenden Arme um meine Schwester aus. Wir stritten oft, meine Schwester und ich. Ich ertrug die Ungerechtigkeit nicht, mit der wir beide behandelt wurden.

Mit 18 zog ich schließlich aus. Meine Schwester und meine Mutter waren die treibenden Keile, mich von zu Hause wegzudrängen. Es war ihnen sicher nicht bewusst, aber sie taten alles für unsere seelische Entfernung. Während meine Schwester und ich die jahrelange Distanz, die folgte, brauchten, um uns wieder einander anzunähern, wurde der Abstand zwischen mir und meiner Mutter größer. Heute verbindet mich mit meiner

Schwester ein warmes, offenes Verhältnis. Ich kann mit ihr wie mit einer Freundin reden. Obwohl sie die Nähe meiner Mutter erlebt, bleibt sie verschwiegen und trägt nichts weiter, was nicht an die Ohren meiner Mutter dringen soll.

Meine Mutter jedoch verdrängt und stichelt, so als wollte sie mich völlig wegschieben von sich. Ein Jahr lang studierte ich in Paris und konnte Weihnachten nicht zu Hause verbringen. Als ich zum vergangenen Weihnachtsfest meinen neuen Freund ankündigte, sagte meine Mutter, sie wolle nicht, dass jemand Fremdes zu uns kommt. Ich antwortete: »Wenn er nicht mitkommen darf, komme ich auch nicht.« »Wenn du dieses Jahr nicht kommst, brauchst du nie wieder zu kommen«, erwiderte meine Mutter hart und kalt. Meiner Großmutter ist es zu verdanken, dass ich trotzdem hinfuhr. Mit meinem Freund. »Bring ihn einfach mit«, sagte meine Großmutter.

Wenn meine Großmutter noch viele Jahre lebt, könnten sich meine Mutter und ich eventuell ein Stück annähern. Vielleicht. Irgendwann. Der Weitsicht und Toleranz meiner Großmutter ist es vermutlich zu verdanken, dass sich meine Mutter und ich noch nicht völlig entfremdet haben.

Der Tod meiner Großmutter ändert alles. Das spüre ich, das weiß ich. Entweder ich breche den Kontakt vollends ab und werde meine Mutter nicht mehr kennen. Oder sie schlüpft in eine bislang ungespielte Rolle, öffnet sich und schlägt eine unbekannte Richtung ein. Allerdings bin ich unsicher, wie ich auf einen solchen Temperamentswechsel zu reagieren imstande bin.

Seit kurzem weiß ich, dass ich mit meinem Problem nicht allein bin. Jahrelang glaubte ich, ich könne niemandem davon erzählen, weil alle anderen sich ausgezeichnet mit ihren Müttern verstehen. Mir war es peinlich, unsere Zwietracht und unsere familiären Wirren zu erwähnen. Doch es gibt weitaus mehr Mädchen und junge Frauen, die sich mit ihren Müttern quälen, statt in friedlicher Eintracht mit ihnen zu leben. Und eines verdeutlichte mir die Ehe meiner Eltern, die Biographie meiner Mutter: Ich werde nie heiraten. Ich möchte stets die Kraft besitzen zu gehen, wenn mir die Beziehung nicht mehr bekommt. Ich möchte ehrlich sein, vor allem mir selbst gegenüber. Mein erster Freund war liebenswert und gut, aber wir haben einfach nicht zueinander gepasst. Er liebte Punk, ich die Oper. Ihm zuliebe stiefelte ich mit zu Punk-Konzerten, er jedoch ging mit mir weder zu »Classic open air« noch in die Oper. Irgendwann erkannte ich die Dimensionen, die uns trennten – und trennte mich. Ich bin froh über meine Weitsicht, meinen Mut und meine Willensstärke. Wäre ich so geworden wie meine Mutter, hätte ich vermutlich ausgeharrt bis an mein Lebensende. Vielleicht würde ich meinen Kindern sogar erzählen, wie wunderbar früher Punk-Konzerte waren. Und hätte nach meiner Gitarre gegriffen und mich in eine andere Welt geflüchtet.

KAUKASISCHER KREIDEKREIS

Elisabeth W. hatte zwei Mütter

Ich habe es gehasst, wenn meine Mutter kochte. Sie konnte nicht kochen. Jedes Mal, wenn sie sich in der Küche ausbreitete, gab es Rinderbouillon und Bratkartoffeln. Der Geruch der Brühe hängt mir noch heute in der Nase. Und es schüttelt mich, wenn er mir in die Erinnerung kriecht. Das Salz in der Bouillon und das Fett in der Pfanne. Bratenduft und die Frische von selbst gebackenem Kuchen empfingen mich nur außerhalb unserer Mauern. Meine Mutter hatte keine rissigen Hände, die sie sich an ihrer spülwasserdurchtränkten Küchenschürze trocknete, sie war kein anschmiegsames Kuschelkissen mit großem Busen und unzähligen Märchen am Abend. Sie wurde nicht als Frau geboren, die sich ihr Glück für das ihrer Kinder versagte, keine, die in ihrer Familie ihre Berufung und ihre Erfüllung sah. Sie kam auf die Welt, um ein Dasein als Bohemien zu führen. Meine Mutter war anders als andere Mütter, ein Wesen wie aus einem französischen Film: zierlich, schmallippig, still und wunderschön. Sie war Nouvelle vague. Wäre es nicht schon Jean Seberg gewesen, hätte meine Mutter an der Seite von Jean-Paul Belmondo die weibliche Hauptrolle in »Außer Atem« spielen können.

Mutters Körper war ein Synonym für Anmut und Formvollendung. Sie trug raspelkurzes Haar, das war damals ungewöhnlich, und sie sah damit verführerisch und verwegen aus. Aber gleichermaßen verschwiegen und verwundbar. Ihre Augen waren tief und dunkel und fielen aus ihren Wimpern. Wenn sie im Sommer im Garten im Liegestuhl lag und eine Zigarette rauchte, hätte sie jeder Fotograf vor seine Linse genommen. Keine Frau auf dem Titelbild einer Illustrierten hätte das Lebensgefühl der 60er Jahre besser ausdrücken können als meine Mutter.

Sie machte alle Männer verrückt. Sie hätte jeden haben können. Aber sie wollte nur einen: meinen Vater. Der Mann, der sie pflückte und zerpflückte. Er war das, was sie immer sein wollte: unabhängig, ungebändigt, unbestechlich. Doch die Freiheit, die er lebte, konnte sie nicht annehmen, sie war ihrem Traummann nicht gewachsen. So war der Mann ihr Verhängnis. Und er wurde mein Verhängnis. Weil meine Mutter an meinem Vater litt, litt ich an meiner Mutter. Und wuchs bei meiner Großmutter auf. So hatte ich zwei Mütter: meine Mutter und meine Großmutter. Aber ich hatte keine richtig.

Meine Großmutter hütete meine Kindheit und meine Pubertät. Ihr habe ich meine Bildung und meinen Beruf als Journalistin zu verdanken, durch sie wuchs ich mit Balzac, Tolstoi, Feuchtwanger, Maupassant und Tschechow auf. Meine Großmutter – das waren Kunst und Kultur, Literatur und Leben. Obwohl sie nur eine Angestellte in einem kleinen Produktionsbetrieb war, hegte sie eine Liebe zum geschriebenen Wort, zu ausgefeilten Sätzen, zu gefühlvoller Sprache.

Ich kam zu ihr, als ich gerade geboren worden war. Meine Mutter war knapp 19, als sie mich gebar, ihr Mann ein Jahr jünger. Wenige Wochen, nachdem meine Mutter mich aus sich herausgepresst hatte, bekam sie eine Brustentzündung und verbrachte mehrere Wochen im Krankenhaus. Dort wurde sie operiert und durfte mich nicht stillen. Aber ich brauchte Milch und Zuwendung. Meine Großmutter beschloss kurzerhand, mich zu sich nehmen. »Nur für die paar Wochen, in denen du im Krankenhaus bist«, beruhigte sie ihre Tochter. Aus den Wochen wurden Monate. »Lieschen bleibt nur noch, bis du wieder richtig auf den Beinen bist«, sagte sie zu meiner Mutter.

Als Baby fuhr mich meine Großmutter jeden Tag mit dem Trabi quer durch die ganze Stadt, um sterilisierte Muttermilch für mich zu bekommen. Ich lag in einem Körbchen hinten auf dem Rücksitz. Die Stadt im Norden der früheren DDR war nicht groß, man lief sie in zwei Stunden von Norden nach Süden ab und durchmaß sie in zweieinhalb Stunden von Osten nach Westen. Trotzdem muss es eine Tortur gewesen sein. Im Morgengrauen hetzte meine Großmutter los, auf dem Flur der Klinik fütterte sie mich eilig, um nach dem Absetzen der Flasche sofort wieder nach dem Körbchen zu greifen und auf die andere Seite der Stadt zurückzukehren.

Heute möchte sie die Strapazen nicht mehr wahrhaben und romantisiert sich in eine Situation erträglicher Leichtigkeit. Doch die Schwerelosigkeit, die meine Großmutter Jahrzehnte später schilderte, hat es nie gegeben. Meine Großmutter besaß eine Vorliebe für Legendenbildung: Sie habe mich in eine Wolldecke gerollt, mich in den Arm genommen und immer getragen. Als sei sie die Heilige Johanna und ich ein Findelkind gewesen. Die Realität sah bitterer aus. Selbst im Sommer, wenn es früh hell wurde, stand meine Großmutter auf, als es noch dunkel war, und kehrte heim, wenn andere längst schliefen. Sie wusch die Baumwollwindeln mit der Hand und hetzte Babykleidung hinterher. Sie schenkte mir Aufmerksamkeit und Großmutterliebe. Doch das Leben dankte es ihr kaum. Ich wurde krank. Ich bekam eine Ernährungsstörung, und meine Großmutter bangte um mein Leben. Tag und Nacht hockte sie am Bettchen und horchte auf jeden Seufzer, den das Baby ausstieß, auf jeden Schrei, der sich veränderte. Sie maß die Heilnahrung auf jedes Milligramm ab und kochte Wasser auf Vorrat ab. Sie vergaß sich und opferte sich mir. Wahrscheinlich wäre ich draufgegangen, hätte sie sich nicht all das versagt, was sonst ihre Tage ausmachte: la dolce vita.

Eigentlich hatte sich meine Großmutter ein anderes Leben für sich ausgedacht, eines, das sie vor mir auch lebte. Sie hatte sich in der begrenzten Freiheit der DDR eingerichtet und sorgte sich in erster Linie um sich und ihr Wohlbefinden. Instinktiv und mit gradliniger Forschheit. Sie ließ sich durch nichts beirren, das ihre Ansprüche ans Leben behinderte. Bis sie mich zu sich nahm. Und aus den Monaten Jahre wurden. Ich stellte die Ausnahme in ihrem Leben dar. Durch mich wurde meine Großmutter zur späten Mutter. Doch fälschlicherweise nicht gegenüber ihren eigenen Kindern, von denen meine Mutter das jüngste war – sie wurde es für ihre Enkelin. Im Grunde war meine Großmutter dankbar für die Krankheit meiner Mutter und dankbar für meine Krankheit. Als meine Mutter das begriff, muss dies für sie wie ein Faustschlag gewesen sein. Mitten ins Gesicht und mit geballter Kraft.

Die weibliche Linie meiner Familie war nie geprägt von Mütterlichkeit und Liebe, sondern wurde aufrecht erhalten durch Distanz und Unterkühltheit. So wie meine Mutter mich auf Abstand hielt, wurde sie von ihrer Mutter abgewiesen, die wiederum auch kein Interesse an ihrer Tochter zeigte. Unsere Geschichte hat die Temperatur von Fischblut.

Meine Großmutter ist das Produkt einer ungeklärten Schwangerschaft und wurde als Kind einer Frau geboren, die davon lebte, dass sie sich von Männern aushalten ließ und Karten legte. Jedem sagte sie die Zukunft voraus, jeden erkannte sie durch ihre stockfleckigen und abgegriffenen Spielkarten. Nur in ihrem Fall versagte ihre Kunst. Zur selben Zeit bandelte sie mit zwei Männern an, einem Leutnant und einem Schausteller auf dem Rummel. Innerhalb einer Woche war sie schwanger und wusste nicht, von wem. Der Leutnant durfte nicht der Vater sein, das verstieß gegen die Ehre, der Rummelbudenbesitzer wollte es sein und rettete so nicht nur die Ehre der Frau, sondern vor allem die des Leutnants. So wurde meine Großmutter die Tochter eines Kleinkünstlers und einer Überlebenskünstlerin. Doch der Mann verschwand schnell und die Frau blieb allein mit dem Mädchen. Viel wusste sie mit ihm nicht anzufangen und steckte es oft in Heime. So erfuhr meine Großmutter von Kindesbeinen an Zerrissenheit und Bodenlosigkeit – und begann ebenfalls Karten zu legen.

Ich wollte immer, dass sie mir beibringt, wie man das macht. Ich wollte verstehen, was sie verstand, wollte sehen, was sie in den Karten las. Aber sie weigerte sich: »Kind, das ist nichts für dich, das reicht nur für einen Abend und nicht für ein Leben.«

Der erste Mann meiner Großmutter war Ingenieur und machte ihr drei Kinder. Meine Mutter war die Jüngste. Sie wurde während des Krieges geboren und hat ihren Vater nie kennen gelernt. Er verschwand kurz vor Kriegsende, niemand weiß, ob er verwundet oder interniert wurde oder ob er der Familie entfloh. Meine Großmutter blieb mit drei Kindern allein. Die beiden Jungen und das Mädchen führten ihr täglich ein für sie erstrebenswertes Lebensbild vor: Sie sahen aus wie italienische Adlige aus dem Märchenbuch und wirkten ernsthaft und stolz, grazil und feinsinnig. Viel zu sensibel für ein Dasein in Erwerbstätigkeit und fernab schwelgender Opulenz. So wollte meine Großmutter leben: in Hedonismus und einer Leichtigkeit, die ihre Launen gestattete und jeglichen Snobismus unterstützte.

In dieser Sehnsucht streifte ein Dichter ihr Leben. Sie gabelte ihn in einer Kneipe auf, halb verhungert und lungenkrank. Dennoch umgab ihn ein Hauch von Verruchtheit und Verletztheit, eine Mischung aus Feingeist und strotzender Männlichkeit. Er hatte Sexappeal wie kein Zweiter – bis zu seinem Tode. Wenn meine Großmutter etwas erkannte, dann dies. Und sie griff sich ihn und zerrte ihn vor den Traualtar. Achtzehn Jahre war sie mit ihm verheiratet. Er wurde ein berühmter Lyriker, und nach der Scheidung erfuhr sie immer aus den Zeitungen, was er machte. Überall las sie seine Gedichte.

Zu Hause waren meine Großmutter und ihr Mann selten. Während meine Großmutter ihren Allüren stündlich Futter gegeben haben soll, sei er ein guter Vater gewesen, erinnerte sich meine Mutter. Nur zu selten daheim. Für den Haushalt und die Kinder sorgten die Kinder irgendwie selbst. So schwebte meine Großmutter durch ein Leben wie auf Zelluloid: Sie schlief, bis die Sonne den Horizont erreicht hatte oder meine Mutter die

Gardinen zurück zog. Quäkten die Kinder oder quietschten übers Parkett, begnügte sie sich mit einer hingeworfenen Anweisung: »Ihr seid zu laut.«

Irgendwann war meine Großmutter die Diva, die sie immer sein wollte, mit all ihren Neurosen und Affektiertheiten, die sie in vollen Zügen lebte. Und die sich ein Leben zimmerte, das der Genusssucht frönte und keine Rücksichten auf andere nahm. Auf nichts und niemanden und schon gar nicht auf ihre Kinder. Sie kam und ging, wann sie es für richtig hielt, sie ließ sich durch den Fakt, dass sie Mutter war, nicht beeindrucken. Mit Kälte und Berechenbarkeit setzte sie ihre Interessen durch. An erster Stelle stand sie, dann folgte eine ganze Weile nichts – und dann kam wieder sie. Stieß sie auf Widerstände, die sie mit Kalkül nicht zu beherrschen vermochte, verfiel sie in die konträre Rolle: Sie heulte, jammerte und jaulte, sie legte eine überzogene Emotionalität an den Tag, die verlogener roch als verfaulte Eier. Meine Großmutter war das Synonym für Bipolarität: Gefühlskälte und Gefühlsüberschwang. Wenn sie der Katzenjammer allzu sehr einholte und sie sich ihrer Mutterrolle gewahr wurde, stellte sie sich an den Herd und kochte: Rinderbouillon und Bratkartoffeln. Meine Großmutter, die ihr Leben lang nie kochen musste und konnte. Rinderbouillon und Bratkartoffeln waren die einzigen Gerichte, die ihre Hände verließen. Und die einzigen Rezepte, die sie meiner Mutter vererbte. Sie klingen nach Mütterlichkeit und Herzenswärme, nach Geborgenheit und flackerndem Herd. Doch damit wartete meine Großmutter nicht auf.

In dem Spannungsfeld von unerschütterlicher Kälte und überspannter Emotionalität bewegte sich meine Mutter – und musste bestehen. Und versuchen, eine eigene Identität und ein eigenes Gefühlsleben zu entwickeln. Das war zu viel für ein junges Mädchen, das nicht von dieser Welt schien und keine Kraft gegen die Neurosen der Mutter zu entwickeln vermochte. In erster Linie gebar meine Mutter Widerspruchsgeist, Widerstand gegen alles und jeden. Auf den Fotos ihrer Kindheit lächelt sie nie, sondern blickt bockig in die Kamera. So als wollte sie sich gegen die Verlogenheit der Welt auflehnen, so wie sie sich gegen die emotionale Unehrlichkeit ihrer Mutter zu verwahren suchte. Sie entwickelte nie ein Gespür für sensitive Wahrheiten, ebenso wenig wie ein Talent, Gefühle zu produzieren und zu zeigen. Aus ihr wurde eine Frau, die sich Emotionen versagte. Sie gab ihre Gefühlskälte weiter wie andere Mütter ihre Güte.

Ich hatte immer Angst, zu werden wie meine Mutter. Ich verabscheue Distanz und Gefühllosigkeit. Meine beiden Töchter spüren mich und erleben die gesamte Palette meiner emotionalen Zustände. Sie kennen mich ausgelassen und vor Freude fast platzend, sie sehen mich erbarmungslos heulen und wissen, dass sie mir in Momenten tiefer Krisen und Verzweiflung besser aus dem Weg gehen. Und sie halten sich die Ohren zu, wenn ich wütend durch die Wohnung brülle. Doch egal, was mich gerade treibt, meine Töchter sind sich meiner kompromiss- und bedingungslosen Liebe sicher. Das fehlte meiner Mutter. Und das fehlte mir.

Meine Mutter war 15, als sie meinen Vater kennen lernte. Er sei ein Rowdy und Draufgänger gewesen, meinte meine Großmutter. Sie hatte sich einen anderen Mann für ihre Tochter vorgestellt. Wenngleich sie sich kaum um ihre Kinder scherte, bei der Partnerwahl wollte sie kräftig mitmischen. Es sollte ein standesgemäßer Herr sein, am besten adlig und vermögend, stilvoll und mit Manieren. Mein Vater war genau das Gegenteil: arrogant, eigensinnig, despotisch, rabiat. Doch gerade das zog meine Mutter magisch an, der Mann faszinierte sie, weil er nicht dem Wunschbild ihrer Mutter entsprach. Der Griff nach meinem Vater war ihr Ausdruck von Opposition. Und der eines Befreiungsschlages. Sie brannte mit ihm durch und startete den ersten Versuch, sich von ihrer Mutter zu befreien und sich auf die Suche nach eigenen verdeckten Gefühlen zu begeben. Wäre ihr erster Ausriss gelungen, hätte sie vielleicht das Tor in ein neues

Leben aufstoßen können, dann wäre sie glücklicher gewesen und hätte ein Kind gehabt. Aber es gelang ihr nicht, und so blieb sie ihrer Vergangenheit und der Sogkraft ihrer Mutter verhaftet. Sie wurde nie Siegerin über ihr eigenes Leben, sondern erlag der Dominanz ihrer Erzeugerin.

Vermutlich war der Stempel der Prägung zu stark und der Willen meiner Mutter zu schwach. Als Kind war sie begabt und phantasievoll. In ihrem Zimmer stand eine Staffelei. Doch meine Großmutter missachtete das Talent ihrer Tochter nicht nur, sie zerstörte es. Sie nahm ihr die Staffelei weg, verbot ihr alle künstlerischen und eigensinnigen Beschäftigungen und schloss sie in ihr Zimmer ein. Meine Mutter begehrte auf, so weit es ihr gelang. »Sie gehört in die Psychiatrie«, schrie meine Großmutter überfordert. Das Kind, das sich gegen sie auflehnte, hatte sie nicht unter Kontrolle. Ein Arzt verschrieb meiner Mutter Tabletten, die sie ruhig stellen sollten und die meine Großmutter ihr jeden Abend in den Mund stopfte. Aber meine Mutter versteckte die Pillen in ihren Backentaschen und spuckte sie später in den Blumentopf.

Meine Großmutter verübte an ihrer Tochter kleine Verbrechen. Erst später, als sie eine alte Frau war und mich zu sich nahm, gelang ihr der Sprung in eine Sphäre von Gelassenheit und Erziehung, die diese Bezeichnung verdient. Sie machte sich ernsthaft Sorgen um mich und was einmal aus mir werden könnte. Vielleicht wollte sie an mir nachholen, was sie an ihrer Tochter versäumt hatte. Vielleicht stellte ich ihre Wiedergutmachung an ihrem Kind dar.

Gemeinsam mit dem neuen, ihrem dritten Mann, den meine Großmutter rasch nach der Scheidung vom Dichter heiratete, beschloss sie: »Elisabeth wird unsere Tochter.« Sie war 50 und eigentlich zu aufgebraucht für eine erneute Störung in ihrem gerade ruhig gewordenen Leben. Sie hatte das eigene »Mutterdasein« längst hinter sich gelassen und hätte ihre späten Jahre friedlich verleben können. Mit neuem Männerglück und befriedigender Arbeit. Aber sie tat etwas, das für sie untypisch und für viele unerklärbar schien: Sie nahm mich zu sich. Und sie hatte mich viele Jahre ununterbrochen um sich. Als ich fünf war, versuchte sie mich in einem Kindergarten unterzubringen. Eine Woche ging dies mehr schlecht als recht, ich widersetze mich den An- und Aufforderungen der Erzieherinnen so heftig wie meine Mutter gegen die Befehle ihrer Mutter opponierte. Musste meine Großmutter arbeiten, war ich entweder mit dabei oder stromerte allein in der Gegend herum. Damals verstieg ich mich in Geschichten, die ich mir aus meiner Phantasie, aus Büchern und den Geschichten meiner Großeltern zimmerte. Einmal war ich ein Waisenkind aus Russland, das im Viertel um Mitleid rang und bettelte. Ein anderes Mal erklärte ich einer Aufseherin in einem Museum, ich käme aus der Stadt, in der Mireille Matthieu lebt. Ich sprach mit französischem Akzent und spielte meine Rolle so überzeugend, als sei es tatsächlich wahr.

Meine Mutter sah ich in dieser Zeit kaum. Sie wiegte sich in der Gewissheit, dass es ihrer Tochter gut ging. Mit 26 war sie so unreif wie andere mit 16, sie hatte das Leben und die Welt nicht verstanden und wollte Model werden. Es gelang ihr nicht, wie ihr fast nichts gelang damals. Meiner Großmutter war dies nicht unrecht, so kam sie zu einem neuen Kind, wahrscheinlich das erste, das sie als ihr Kind akzeptierte. Später fragte ich meine Mutter immer wieder: »Wenn deine Mutter der Teufel deiner Kindheit und Jugend war, wenn du sie gehasst hast wie nichts auf der Welt, warum hast du mich dann ihr überlassen?« Eine Antwort bekam ich nie. Vermutlich war sie selbst mit einer möglichen Antwort überfordert, so wie sie alles anstrengte, was mit mir zu tun hatte. Sie schob das Problem, das ich war, einfach zur Seite. Sie war ohne Bodenhaftung, labil und schwerelos. Und sah dabei so vergeistigt und intellektuell aus, dass jemand, der sie nicht kannte, nicht einmal ahnen konnte, was mit ihr los war. Sie bekam von den Männern, die sie um sich scharte, Bücher geschenkt, viele Bücher. Die meisten hat sie nie gelesen, und wenn sie in einige hineinblickte, verstand sie sie nur selten.

Sie konnte ihre Mutter nicht ausstehen, sie lehnte sie ab, weil sie ihr eine seelische Kälte und Distanz übergab, mit der sie ein Leben lang kämpfte. Ein einziges Mal machte sie eine Ausnahme und ließ ihre Mutter an sich heran: Als diese mich zu sich nahm. Und nur, weil sie keinen anderen Weg sah, als mich fortzugeben. Ihr Mann ließ sich fünf Monate nach der Hochzeit scheiden. Mein Vater beschrieb meine Mutter als launisch und hysterisch, niemand hatte ihr etwas Recht machen können. In seiner Lebenswucht und seinem unersättlichen Lebenshunger ertrug er ihre Zickerei nicht. So zog sie aus der gemeinsamen hellen Wohnung unter dem Dach in ein dunkles, feuchtes Hinterhaus. Sie war verdammt zu einem Dasein, das sie nicht mochte: Sie hatte ein Kind, sie war allein und sie steckte in einer Ausbildung zur Schriftsetzerin. Sie verdiente wenig Geld und war auf sich selbst gestellt, und so war es ihr nicht unrecht, dass sich meine Großmutter um mich kümmerte. Sie hätte sie nie darum gebeten, wenn sie es nicht verdammt nötig gehabt hätte. Meine Mutter und meine Großmutter waren Kontrahentinnen. Sie begegneten sich mit Anfeindungen und hielten sich auf Distanz. Und ich stand zwischen ihnen und rieb mich oft an ihnen wund.

Meinem Vater sah ich wie aus dem Gesicht geschnitten ähnlich. Allein das durfte ich meiner Mutter nicht antun. Sah sie mich an, sah sie eine Vergangenheit, die sie sicher gern in die Gegenwart und die Zukunft überführt hätte. Doch der Mann lehnte sie ab, weil sie war, wie sie war, und weil sie ihm nicht gerecht wurde. Sie konnte ihn nicht loslassen, und sie kann es bis heute nicht. Sie konnte sich nicht auf sich selbst konzentrieren, sie vermochte nie, sie selbst zu sein. Bis heute nagt an ihr die Gewissheit, keine eigene Identität zu besitzen.

Als ich acht Jahre alt war, lernte meine Mutter einen anderen Mann kennen, mit dem sie noch heute verheiratet ist. Der sah sie und erkannte sofort seine Chance. Er wusste ihre Labilität und ihr Ungeformtsein zu nutzen, für sich zu nutzen, und machte aus ihr eine Person nach seinem Bilde. Er zimmerte sich eine Frau, wie er sie sich wünschte, bis dahin aber nicht gefunden hatte. Meine Mutter bot alles, was dieser Mann benötigte: Schönheit, Grazilität, Unnahbar- und Formbarkeit. Er erfand sich eine Gefährtin, wie unter den Händen eines Bildhauer eine Plastik entsteht. Wenngleich es nach Abgefeimtheit und Berechnung klingen mag – meiner Mutter tat und tut dieser Mann gut. Weil er ihr etwas schenkte, was sie ohne ihn nie gefunden hätte: Reife und Prägung. Dieser Mann machte aus meiner Mutter zwar, was einzig ihm vorschwebte, aber sie wurde endlich eine Frau mit einer Bestimmung und einem Ziel. Und meine Mutter sah in ihm ihr zweites Ich, weil er ebenso unterkühlt und distanziert war wie sie. Zwischen ihnen gab es keine nach außen getragene Herzlichkeit, keine Liebesbekundungen, keine Nähe. Sie begegnen sich noch heute, als seien sie eben erst zusammen getroffen.

Der neue Mann wollte kein Kind. Ich passte nicht in diese Welt. Deshalb lehnte sich meine Mutter nicht auf, als meine Großmutter eines Tages sagte, ihr Mann habe einen hohen Posten an der Küste angeboten bekommen und wolle dorthin ziehen. Seine Frau und das Enkelkind nähme er selbstverständlich mit ans Meer. Mit dem Umzug wurde ich das zweite Mal entwurzelt.

Ich verlebte mit meiner Großmutter meinen Alltag – und verbrachte die Ferien mit meiner Mutter. Sie holte mich zu sich, obwohl sie dazu weder Lust zeigte noch Kraft hatte. Schon nach zwei Tagen sägte meine Anwesenheit an ihrem Nervenkostüm. Selbst wenn ich schwieg und nichts tat. Allein meine körperliche Präsenz war ihr eine Qual. Sie ertrug niemanden neben sich. Doch sie wollte mich aus dem Dunstkreis meines Vaters herausholen, sie gönnte ihm seine Tochter nicht. Einerseits, weil sie weiterhin an ihn gekettet war, und andererseits, weil sie vermutlich Neid auf seine Unabhängigkeit und seine Gelassenheit trieb.

Inzwischen hatte er eine neue Frau und mit ihr zwei Söhne. Und jede Menge anderer Frauen, deren Bekanntschaften so flüchtig waren wie der Rauch aus dem Schornstein.

Wenngleich ich spürte, dass ich nicht gern gesehen war, genoss ich die Zeit mit meiner Mutter. Sie schenkte mir die Liebe zu guter Musik. Ich lernte Janis Joplin, Pink Floyd und Herbie Hancock kennen, als andere Sweet, Slade, Smokie und Pussycat hörten. Als Korrektorin achtete sie streng darauf, wie ich schrieb. Jedes Wort musste richtig sein, einen Fehler ließ sie nicht durchgehen. Sie las mir aus Büchern vor, und ich musste ein Diktat schreiben. Ihr Rotstift malträtierte mich. Heute besitze ich ein Gefühl für Sprache, jeder fehlende Punkt in einem Text, jedes zu viel gesetzte Komma springt mir sofort ins Auge.

Meine Mutter kann jede Grammatik- und Orthografieregel im Schlaf herbeten, ich konnte zwar von früh an richtig schreiben, aber nie erklären, warum. Dafür verfasste ich im Alter von zehn Jahren die ersten Artikel für die Schulzeitung. Später trieb das meine Mutter fast in den Wahnsinn: Solange ich in den eigenen vier Wänden und für die Schublade schrieb, förderte sie mich und regte mich an. Ich durfte lesen und Papiere voll kritzeln, so spät ich wollte und so oft ich mochte. Aber als sie bemerkte, dass mein Leben mehr werden sollte, als nur die Texte anderer Menschen auf ihre orthographische Richtigkeit hin zu kontrollieren, blockierte sie mich. »Du wirst nie Journalistin, du kannst gar nicht schreiben«, beteuerte sie immer. Ich versuchte ihre Worte zu überhören und meinen Weg zu gehen. Meine Intuition und meine Hartnäckigkeit gaben mir Recht: Heute verdirbt sie sich in einem Satzbüro an einem schlechten Computer die Augen. Und ich bin die erfolgreiche Autorin.

Mein Vater sah sich das Trauerspiel viele Jahre mit an. Mein Pendelleben zwischen Mutter und Großmutter und die Erziehung, die ich bei meiner Großmutter genoss, müssen wie ein Dolchstoß in seiner Brust gewirkt haben. Der letzte Mann meiner Großmutter verkörperte das Gegenteil des Dichters und war ein treuer Staatsdiener. In der Familie meiner Mutter und Großmutter sah mein Vater das Kleinbürgertum zu Haus. Er hingegen entstammte einer Aristokratenfamilie, aus der Philosophen, Künstler und Intellektuelle kamen. Sein Vater starb während der Resistance in Frankreich. Mein Vater hätte mich lieber in seinem Milieu gesehen als in der kleingeistigen mütterlichen Welt. Immer wieder drängte er meine Mutter und meine Großmutter, ich möge vom Dorf an der Küste wenigstens zurück in die Kleinstadt zu meiner Mutter gehen und später zum Studium nach Berlin, Dresden oder Leipzig. Auch mich bedrängte er. Und so wurde irgendwann beschlossen, dass ich zu meiner Mutter ziehe. Meine Mutter stimmte sogar zu, obwohl ich ihr eine Last war, die zu tragen sie nie freiwillig auf sich genommen hätte. Ich war 14 und stand erneut vor einer tiefgreifenden Veränderung.

Ich bezog eine Mansarde über der Wohnung meiner Mutter und ihres Mannes. Ein winziges Zimmer, im Winter eiskalt und im Sommer ein Hochofen. Die Toilette eine halbe Treppe tiefer, nur ein Waschbecken und keine Küche. Wenn ich etwas essen und trinken oder baden wollte, musste ich in die Wohnung meiner Mutter. Doch zu dieser besaß ich keinen Schlüssel. Ich lebte mit meiner Mutter unter einem Dach und war doch ausgesperrt. Legte sich die Nacht über die Stadt, klapperten im Hinterhof die Töpfe und Teller und setzten sich die Familien an ihre Esstische, klopfte es an meiner Tür: »Essen ist fertig.« Der Ritus diente der Kontrolle über mich: Wenigstens einmal am Tag wollten sie so tun, als sei es wichtig für sie zu erfahren, was ich treibe. Aber sie zeigten kein ernsthaftes Interesse an mir, sondern taten es aus dem Wissen der Macht heraus. Gab es Streit – und den gab es häufig, weil ich die Schule nicht so ernst nahm, wie es sich meine Mutter wünschte –, reichte mir meine Mutter einen Teller aus der Tür, den ich mit in mein Zimmer nahm.

Weder meine Mutter noch ihr Mann hatten Lust, mit einem pubertierenden, entwurzelten Mädchen umzugehen. Sie bekamen mich aufgetischt, von einem Tag zum anderen. Wird man mit seinen Kindern älter, erlebt, wie sie reagieren, kennt sie, weiß ihre emotionalen Ausbrüche zu deuten und zu werten, sind Kindheit, Pubertät und alle Gefühlszustände der Kinder zu ertragen. Kennt man all dies nicht und wird plötzlich mit einem Kind konfrontiert, das kein Kind mehr ist, steht man einem scheinbar unlösbaren Problem gegenüber.

Mein neuer Vater versuchte sich dennoch in seiner Erzieherrolle. Wenn ich nicht so funktionierte, wie er es für mich bestimmte, zog er mich zu sich heran und redete auf mich ein. Wie ein unendlicher Wasserschwall ergossen sich seine Worte über mich, die wohl Kritik und Erziehung in einem sein sollten. Ich verdrehte die Augen, die irgendwann starr an der Decke kleben blieben. »Schau mich gefälligst an, wenn ich mit dir rede«, schrie er, außer sich vor Wut. Ich wollte ihm gerecht werden und blickte ihm fortan direkt und durchdringend in die Augen. »Starr mich nicht so an«, wetterte er erneut. Als ich schließlich auf den Boden schaute, forderte er erneut: »Guck mich an, wenn ich mit dir rede.« Ich war das Synonym für Aufsässigkeit. Ich trug kurze Haare und eine speckige Lederjacke. Auf Partys tauchte ich auf mit meiner Gitarre und meiner tiefen Stimme und rockte mir die Seele aus dem Leib. Ich war der Schrecken jeder Fete. Meine Extrovertiertheit war mein Zuhause und meine Art von Elternliebe.

Vielleicht hätte ich meine Mutter und ihren Mann ernst nehmen, vielleicht hätte ich seine Erziehungsversuche akzeptieren können, wenn ich nur ein klein wenig das Gefühl gehabt hätte, ich würde angenommen und spielte für sie eine Rolle. Aber sie drehten sich nur um sich selbst und entschieden sich für ein Dasein ohne Tochter. Das sie schließlich leben durften, als ich 16 wurde. Einmal stritten wir so heftig, dass ich ihnen vorschlug, mir künftig ein kleines Kostgeld und uns gegenseitige Ruhe zu überlassen. So würden sie von mir nicht mehr belästigt, weil ich ja dann nicht mehr zum Essen erscheinen müsse. Sie stimmten sofort zu, und ich war mit einem Schlag zum Erwachsensein verdammt. Das Stückchen Freiheit, das ich gewann wie einen Sechser im Lotto, genoss und verfluchte ich gleichermaßen. Niemand war da, der mich gängelte und bevormundete, aber es hielt mich auch niemand im Arm, wenn mir zum Heulen zumute war.

Zwei Jahre später verlor ich meine Mutter endgültig. Sie klopfte an meine Tür und sagte: »Morgen kommt der Möbelwagen. Wir gehen in den Westen.« Es war, als zertrümmerte jemand eine Flasche auf meinem Kopf. Sie gehen in den Westen und damit einen Schritt, der irreversibel ist. Meine Mutter schneidet alle Wurzeln zu ihrem alten Leben ab, sie köpft die letzten Bindungsglieder zu ihrer Tochter und sagt: »Morgen kommt der Möbelwagen.« Mit keiner Silbe, mit keinem Gedanken weihte mich meine Mutter in ihre Pläne ein, sie beschloss wieder einmal für sich und ihr Leben und ließ mich nicht hinein.

Als meine Mutter weg war, blieb mir nur meine Großmutter. Ich fühlte mich losgelöst und heimatlos und war verwirrt. Aber ich flehte nach meiner Mutter, wie man nach einem Stück Erkenntnis lechzt. Ein ambivalentes Gefühl: Ich lehnte sie ab, weil sie war, wie sie war, aber ich suchte sie und sehnte sie herbei, weil sie meine Mutter war. Ein Stück von mir und ich ein Stück von ihr. Doch mein Sehnen wurde nicht belohnt, mein Warten nicht befriedigt. Eines Tages gewöhnte ich mir ab, die Liebe meiner Mutter gewinnen zu wollen. So wie man am Abend seines 40. Geburtstages sagt: »Heute höre ich mit dem Rauchen auf.« Ich beendete meinen Kampf um ihre Zuneigung. Ich lief ihr nicht mehr hinterher, sondern durchschritt eine Katharsis, so wie ein weidwunder Liebeskranker plötzlich begreift, dass seine Verzehrung nie erwidert werden wird. Meine Versuche würden stets im Nichts enden, ihre Anerkennung und ihre Aufmerksamkeit zu erringen.

Meine Mutter braucht mich nicht. Wenngleich ich die Hoffnung nicht aufgeben will, dass sie mich mehr liebt, als sie vorgibt, es zu tun. Aber sie kann es nicht zeigen und sie kann es nicht ausdrücken. Sie versagt sich jegliche Emotion und damit das Wichtigste in ihrem Leben. Sie vermochte ihr Leben lang nicht, sich von ihrer überstarken Mutter zu emanzipieren, sich gegen sie zu wehren und sich von ihr abzunabeln. Bei Stephen King las ich den Satz: »Die Schuld liegt immer am selben Ort, bei dem, der schwach ist, sie auf sich zu nehmen.« Meine Mutter hat sich eingerichtet in ihrer kleinen Welt, in die ich nicht hineinpasse. Ich kam auf die Welt als etwas, das sie nicht wollte: Sie war zart und ätherisch, und ich fühlte mich ihr gegenüber wie ein Monstrum. Ihre Welt besteht aus ihrer Person und der ihres Mannes.

Im vergangenen Jahr wollte ich sie zwei Tage besuchen. Zwei lange kurze Tage, 48 Stunden, in denen ich viel von mir er- und einiges zwischen uns aufklären wollte. Zwei Tage, die uns gehören sollten. Nach zwei Stunden fuhr ich wieder fort. Bereits zehn Minuten nach meiner Ankunft jagten Aufregung und Unkonzentriertheit in meine Mutter, sie wurde fahrig und nervös. Ein Zeichen für ihre Überforderung, die Anstrengung, mit mir zusammen sein zu müssen – mit mir, ihrer inzwischen 41-jährigen Tochter.

Eines Tages wird sie bedauern, dass sie mich nicht hatte, dass sie sich den Schatz, den sie mit einem Kind geschenkt bekam, nehmen ließ. Nicht von irgendjemandem entreißen ließ, sondern von der Person, der sie ihr ungnädiges und gefühlloses Leben verdankt: ihrer Mutter. Meine Geschichte und die meiner beiden Mütter gleicht auf den ersten Blick dem »Kaukasischen Kreidekreis« von Bertolt Brecht: Zwei Frauen stehen um einen weißen Kreidekreis herum, in dessen Mitte ein Kind hockt. Beide Frauen zerren jeweils an einem Arm des Kindes, und jede behauptet, das Kind gehöre ihr. Welche von den beiden Frauen am stärksten zieht, die es auf ihre Seite zerren kann, der gehört auch das Kind, sagt ein Richter. Und diese Frau soll das Kind bekommen. Beide Frauen mühen sich aus Leibeskräften, das Kind auf ihre Seite zu ziehen, sie reißen an den Armen des Kindes. Bis eine Frau plötzlich loslässt und das Kind zur anderen fällt. Die Frau, auf deren Seite das Kind nun ist, glaubt, sie habe gewonnen. Doch der Richter überließ der Frau, die losließ, das Kind. Weil sie ihm nicht weh tun wollte, muss es ihr Kind gewesen sein, sagte der Richter.

Meine Großmutter ließ mich nicht los – und bekam mich deshalb. Und meine Mutter kämpfte nicht und verlor mich. Meine Großmutter war nicht meine Mutter, bekam mich aber trotzdem. Das Gleichnis des »Kaukasischen Kreidekreises« geht in unserem Fall nicht auf. Gelitten aber haben wir alle.

Ich verdamme meine Mutter nicht, und ich verdamme meine Großmutter nicht. Beide handelten in dem Rahmen, den sie selbst nur geliehen bekamen. Sie taten das für sie Unabänderliche, sie gaben weiter, was sie erlernt hatten, sie produzierten das Mögliche ihrer Zeit und ihres Geschicks. An meiner Großmutter, meiner Mutter und mir wird deutlich, wie stark die Prägung der Mutter ist, wie schwer Herkunft und Mutterliebe wiegen, wie stark Blutsverwandtschaft sein kann. Stärker, als man gemeinhin glaubt. Viele Probleme beginnen dadurch, dass Mütter ihre Töchter in Situationen bringen, in denen sie nicht sein wollen. Und lösen eine Kette von Verstrickungen aus, die später nur schwer zu entwirren sind. Dabei wollen Kinder immer nur eines: Liebe und Aufmerksamkeit.

Auch ich wollte nur geliebt werden, ich wollte, dass meine Mutter mich versteht – und versuchte, sie viele Jahre zu umgarnen. Doch sie war nicht bereit, in mich hinein zu schauen wie in einen Spiegel, um ihr eigenes Schicksal zu suchen und zu erkennen. Nun liegt der Spiegel unbeachtet und verstaubt im Keller. Man müsste ihn putzen, er könnte poliert werden, bis er wieder glänzt und ein Bild zu erkennen gibt. Doch an unserem Spiegel mag man noch so sehr reiben, er würde nicht mehr sehend werden. Der Spiegel ist blind geworden.

SIE HAT MIR MEINE KINDHEIT GERAUBT

Wie Franziska P. und ihre Mutter um ihre Beziehung kämpften

Heute haben wir ein gutes Verhältnis zueinander. Heute können wir stundenlang gemeinsam bummeln gehen, Eis essen, reden, ohne dass wir uns gegenseitig Vorwürfe machen und uns mit spitzer Zunge und auf subtile Weise tiefe Verletzungen zufügen. Heute hören wir zu, was die andere zu sagen hat, nehmen ihre Worte ernst und denken lange darüber nach. Heute sind wir Freundinnen, richtige Freundinnen, so wie es meine Mutter all die Jahre zuvor gegenüber anderen stets behauptet hatte. Aber das stimmte nicht, das war ihre Sicht auf unsere Beziehung. Meine ist anders und unterscheidet sich von der Perspektive meiner Mutter.

Meine Mutter und ich haben eine gemeinsame Geschichte, aber dennoch gibt es zwei verschiedene Versionen. Meine Mutter hat ihre, ich kenne sie nicht genau, und ich habe meine. Es gibt einen Unterschied zwischen Wirklichkeit und Wahrheit, sagen die Buddhisten.

Bis ich 18 war, wollte ich immer im Mittelpunkt stehen, mich trieb ein drängendes Bedürfnis, von allen beachtet und bewundert zu werden. Auf jeder Party sammelte ich Frauen und Männer um mich, die über meine Scherze und meine Albernheiten lachten, manchmal krümmten sich alle vor Lachen, ich genoss es, wie sie an meinen Lippen klebten. Ich erfuhr Aufmerksamkeit und war für Stunden das Wichtigste. Bevor andere für eine Party zusagten, versicherten sie sich: »Wird Franziska auch da sein?« Meine Anwesenheit galt als Qualitätsmerkmal für einen kurzweiligen und gelungenen Abend. So lebte ich, so liebte ich es. Bis ich ein Jahr später von Rostock nach Leipzig zog, um dort zu studieren. Ich hatte mich in der Pädagogischen Fakultät der Uni eingeschrieben.

Das erste Mal in meinem Leben wohnte ich allein und hatte plötzlich unendlich viel Zeit. Ich konnte nachdenken: über mich, meine Kindheit, meine Jugend, meine Freunde, meine Eltern, meine Mutter. Meine Mutter. Eine starke Frau, klug und dominant. So dominant, dass ihre Tochter keinen anderen Ausweg sah, sich Gehör zu verschaffen, als sich in die Mitte jedes Geschehens zu drängen. »Wie siehst du denn aus, geh dich mal schminken«, sagte meine Mutter oft, wenn ich aus meinem Zimmer in die Küche kam. »Deine Nase ist zu lang«, hörte ich. »Ich habe viel längere Beine als du«, schoss sie einen Stachel in meine Brust. Wir holten das Bandmaß und überprüften ihre Behauptung. Sie hatte Recht, sie war zwar kleiner als ich, aber besaß die längeren Beine. Lange Beine – der Inbegriff körperlicher Vollkommenheit und eleganter Erhabenheit. Lange Beine – die hatte meine Mutter. Ich hatte sie nicht. Und das sagte mir meine Mutter. Ich nahm ihre Worte als Allgemeingültigkeit und glaubte fest daran, hässlich zu sein. Damals war mir zwar unwohl bei dem Gedanken, aber meine vermeintliche Hässlichkeit gehörte zu mir wie die langen Beine zu meiner Mutter. Ich reflektierte die Worte meiner Mutter ebenso wenig wie ihr Verhalten mir gegenüber, mir fiel nicht auf, dass sie mich unterdrückte und klein hielt. Ich sah ihre Dominanz nicht und nicht die Macht, die sie damit über mich gewann. Erst, als ich in Leipzig in meiner kleinen Wohnung saß und die Muße mein Leben vor meinem inneren Auge an mir vorüberziehen ließ, begriff ich, wie intensiv meine Mutter mich und mein Leben bis dahin geprägt hatte. Und das mächtiger, als mir lieb war.

Die Stärke meiner Mutter brauchte ein Äquivalent, und das ist ihre Schwäche. So sicher und selbstbewusst meine Mutter sich gab, so anfällig und unsicher ist sie. Daraus resultierte ihre Konkurrenz mir gegenüber. Wir maßen einander, wie es nicht mehr zuträglich ist für das Verhältnis zwischen Mutter und Tochter. In den Stunden meines Alleinseins sah ich das erste Mal, dass meine Mutter nicht die überbordende Sicherheit und Gelassenheit war, die sie spielte, sondern dass sie einen Mangel an Selbstbewusstsein und Schutzlosigkeit verkörperte. Sie war nicht mehr nur der Stein in der Brandung, sie war ebenso ein leichtes Stück Treibholz, das von einer kräftigen Welle ganz leicht und ganz weit weg gespült werden kann.

Als ich vier Jahre alt war, trennten sich meine Eltern. Zwölf Jahre habe ich meinen Erzeuger nicht gesehen, ich wusste zwar, wer er ist und wo er wohnt, aber ich kannte ihn nicht. Mit sechzehn wollte ich wissen, wer er ist, und sagte meiner Mutter, dass ich ihn besuchen werde. Bis dahin war er immer »der Egoist«, der nicht imstande war, sein Leben zu organisieren. Meine Mutter hasste ihn, glaube ich. Wenn sie von ihm sprach, dann stets in den schlimmsten Farben der Gefühlspalette. Trotzdem wollte ich das »alte Arschloch« kennen lernen, ich wollte meine Wurzeln erfahren, wollte die zweite Seite meiner Herkunft wenigstens gesehen und gesprochen haben. Ich fuhr zu ihm – und war verletzt. Inzwischen hatte er eine neue Freundin, die fünfte damals. Heute ist er zweimal geschieden und hat insgesamt fünf Kinder mit vier verschiedenen Frauen. Ich bin das dritte Geschöpf im Reigen seiner bewiesenen Fruchtbarkeit. Ich war getroffen, weil ich keine Verbindung zwischen uns spürte, weil ich hautnah erlebte, dass er kein Gefühl für mich besaß. Ich war seine Tochter – und war es nicht.

Zwei Jahre später trafen wir erneut aufeinander. Damals besuchte ich ihn, weil er als mein leiblicher Vater für mein Studium hätte aufkommen müssen. Ich benötigte seine Gehaltsbescheinigung, um meinen BaföG-Antrag stellen zu können. Diesmal blieb ich drei Tage. Warum, weiß ich heute nicht mehr. Ich hätte fahren können, fahren müssen. Er redete wie ein Wasserfall, holte kaum Luft zwischen seinen Sätzen, die aus ihm herauspurzelten wie Perlen, die von einer zerrissenen Kette kullern. Er plauderte von seinen Erlebnissen der Tage, mischte Anekdoten darunter, er fand immer wieder ein neues Thema, aber er sagte nichts. Ich erfuhr nichts über ihn, über das, was er wirklich denkt, woran er glaubt, wonach er sich sehnt.

Fortan trafen wir uns einmal im Jahr. Er versprach viel, aber keines seiner Versprechen hielt er. Darüber empfand ich tiefe Enttäuschung, und auch darüber, dass er nach wie vor keine Beziehung zu mir aufbaute. Er blieb distanziert, und ich wusste, es würde immer so sein. Vor drei Jahren entschied ich, ihn nicht mehr zu sehen. Er sollte mir nicht mehr weh tun können. Seitdem hat er sich nicht gemeldet.

Bevor meine Mutter ihren späteren Mann, meinen sozialen Vater, kennen lernte, hatte sie verschiedene Männerbekanntschaften. Einige davon bekam ich mit, andere nicht. »Männer wechseln«, sagte sie, »Kinder nicht.« Wenn ich mich mit einem Mann nicht verstand, zwang sie mich nicht, mit ihm umzugehen, sondern trennte sich von ihm. Dafür danke ich ihr. Noch heute. Andere Mütter erzwingen ihr Glück mit einem bestimmten Mann, ungeachtet dessen, wie sich die Kinder fühlen. In diesem Punkt war meine Mutter selbstlos.

Auch als meine Mutter längst mit meinem Vater verheiratet war, hatte sie Affären. Mein Vater arbeitete eine Zeit lang an der Trasse in Sibirien. Das bedeutete, dass er Monate lang von zu Hause weg und meine Mutter mit mir allein war. Dieses Leben genügte ihr nicht. Sie war agil und kulturell interessiert, viel mit Freunden unterwegs, ging oft ins Kino und ins Theater, schaute sich Ausstellungen an. Auch sexuell war und ist sie eine aktive Frau. Lange Zeitspannen ohne Sinnlichkeit bekommen meiner Mutter nicht. Mitunter erlebte ich ihre Lust hautnah. Wir wohnten in einer Zweizimmer-Wohnung mit einem Durchgangszimmer. Nebenan hörte ich das Stöhnen und Wimmern, Juchzen und Jauchzen. Ich war sieben oder acht und wusste genau, was wenige Meter neben mir passierte. Am nächsten Morgen war der Mann weg.

Ich bin ein gebranntes Kind. Heute kann ich Sex ohne Liebe nicht akzeptieren. Vor kurzem hatte ich eine Affäre mit einem Mann, der gleich zu Beginn unserer Bekanntschaft sagte, er sei seit vier Jahren Single und gedenke, diesen Zustand in absehbarer Zeit nicht ändern zu wollen. Auf Sex müsse er trotzdem nicht verzichten. »Ich kann schönen Sex haben, ohne die Frau zu lieben, mit der ich ins Bett gehe«, sagte er mir ohne Umschweife ins Gesicht. Zwei Wochen später haben wir uns getrennt. Ich hätte es nicht verstehen und tolerieren können, dass er mit anderen Frauen schläft. Allein der Gedanke daran, dass er sich bei einer anderen Frau holt, was er auch bei mir bekommen könnte, hätte mich heftig irritiert. Ich würde mich verletzt und gedemütigt fühlen. Das hat meine Mutter erreicht: Dass ich Treue wünsche und fordere, ohne sie empfinde ich eine Beziehung als nicht ehrlich genug.

In meine erste langjährige Beziehung nahm ich meine Mutter mit hinein. Unbewusst zwar, aber meine Mutter war häufiger anwesend, als mir lieb war. Mein Freund war sehr zärtlich und anschmiegsam, aber ich oft unfähig, seine Zärtlichkeiten zu erwidern. Ich hatte nicht gelernt, seine Zuwendung als das anzunehmen, was sie war: ein ehrliches Zeichen seiner Liebe, unabhängig von Stimmungen und Launen. Meine Mutter gab mir auch Streicheleinheiten, aber stets nur dann, wenn es ihr gut ging, in dieser Abhängigkeit war ich verfangen und konnte nichts dagegen tun. Selten stimmte ihre Bereitschaft, mir körperlich nahe zu sein, mit meinem Verlangen überein. In der Beziehung zu Robert, meinem Freund, musste ich mich erst an die bedingungslose Nähe gewöhnen, solche Art Annäherung war mir fremd. Seine Hingabe konnte ich zwar annehmen, aber selten meine ausdrücken. Vor allem in der Öffentlichkeit baute sich vor mir eine unsichtbare Mauer gegenüber Berührungen und Küssen auf, mein Körper wurde steif und kantig. Bevor ich Robert kennenlernte, damals war ich einundzwanzig, glaubte ich, beziehungsunfähig zu sein. Ich schien kein Talent für längerfristige Beziehungen zu besitzen, sondern verstrickte mich regelmäßig in Affären. Meist mit Männern, für die ich nicht die Einzige und schon gar nicht »die Eine« war. Viele Frauen umschwirrten diese Männer, von ihnen ging etwas Verruchtes und magisch Anziehendes aus. Gleichzeitig waren sie schwer greifbar und legten sich nie auf eine Frau fest. Aber ich wollte diese Männer, so wie ich etwas besitzen wollte, das ich nie bekommen konnte. Ich wollte mir beweisen, dass ich sie alle haben kann, dass ich kriege, was ich anstrebe, und für mich und alle anderen klar ist: Ich bin nicht hässlich und kann mir die besten Männer »leisten«. Wenn ich die Männer »hatte«, fand ich keinen Gefallen mehr an ihnen. Der Reiz des Eroberns war verflogen und damit für mich der Reiz der Männer an sich. Die Ursache dafür ist eindeutig in meinem damals gering ausgeprägten Selbstwertgefühl zu suchen. Wem stets gesagt wird, dass er nicht gut aussieht und mit zahlreichen Mängeln behaftet ist, der sucht sich just dort Bestätigung, wo er sie am wenigsten erwartet.

Der Drang, Männern gefallen zu wollen, die Objekte der Begierde sind, treibt mich manchmal noch heute. Ich fordere die Männer heraus und lasse mir meine Attraktivität und meinen Charme »attestieren«. Im Grunde ist dies lächerlich. Wird mir das bewusst, schmunzle ich über mich selbst.

Mit Robert war ich fünf Jahre zusammen. Obgleich wir eine Fernbeziehung zwischen Leipzig und Rostock führten, sahen wir uns regelmäßig im Abstand von vierzehn Tagen. Meine Mutter glaubt, ich hätte ihre vordergründigen Beziehungsmuster adaptiert. Aber sie täuscht sich. Während sie gern auf Konfrontation geht, weiche ich Konflikten eher aus. Verbale und körperliche Auseinandersetzungen erlebte ich zu Hause in ausreichendem Maße, solche Art »Verständigung« wollte ich vermeiden. Meine Mutter reizt meinen Vater nicht selten bis aufs Blut. Ich drehe mich um und gehe. Die Jahre mit Robert waren geprägt von Ausgeglichenheit und Harmonie. Diese Ruhe in unserer Beziehung bedeutete schließlich ihr Ende. Wie meine Mutter bin ich aktiv und gern unterwegs, liebe Kino, Theater, Museen. Roberts Eltern haben sich ihr Leben in ihren vier Wänden eingerichtet und verlassen diese selten. Vor dreizehn Jahren waren sie das letzte Mal im Kino. Zu ihrer Silberhochzeit haben wir ihnen einen Kinogutschein geschenkt. Roberts Dasein ist eng mit dem Leben seiner Eltern verwoben, und so vermochte ich es kaum, ihn zu mehr Aktivität zu bewegen. In den ersten Jahren versorgte ich unsere Wochenenden mit kulturellem Futter und erwartete, diese Rolle irgendwann an ihn abgeben zu können. Doch er fing den Ball nicht auf, sondern ließ ihn ungeachtet zur Seite plumpsen. Unsere letzten Wochen verbrachten wir vor dem Fernseher.

Ausgeblieben waren letztlich auch die kleinen Aufmerksamkeiten, die die Liebe beschreiben und nähren. Eine Schokoladenfigur in meinem Schuh oder ein Taschenbuch in meiner Jackentasche als Zeichen »Ich hab' an dich gedacht«. Als sie ausblieben, nahm ich das nicht als eingeschliffenen Alltag, sondern als Umkehrschluss ihres Ursprungs: Er bedenkt mich nicht mehr mit Kleinigkeiten, also liebt er mich nicht mehr.

So friedfertig unsere Beziehung war, so friedfertig verlief unsere Trennung, wenngleich nicht schmerzlos. Unsere Abnabelung voneinander tat weh und hinterließ ihre Spuren. Aber wir schrien uns nicht an oder warfen uns Teller an den Schädel, sondern redeten und redeten. Heute ist Robert für mich nach wie vor einer der wichtigsten Menschen, ich habe ihn fünf Jahre in mein Leben gelassen und möchte es auch die nächste Zeit mit ihm teilen. Er weiß alles über mich, ich fast alles über ihn. Wenn wir etwas in unserer gemeinsamen und der Zeit danach möglich machten, dann die Schaffung einer kompromisslosen Offenheit und Ehrlichkeit.

Ehrlichkeit ist eines der höchsten Güter in der Beziehung zwischen zwei Menschen. Auch meine Mutter und ich waren stets ehrlich zueinander, wenngleich diese Ehrlichkeit schmerzhafter sein konnte, als wir beide beabsichtigten. Auch offen war meine Mutter immer. Sogar so offen, dass ich mich heute frage, ob mir das gut tat. »Wir machen jetzt Mittagsschlaf und wollen nicht gestört werden«, sagten meine Mutter und mein sozialer Vater. Auf unserem Wohnzimmertisch lagen Pornos herum, und Mutter unterhielt sich mit mir über Vibratoren.

Mit dreizehn hatte ich das Gefühl, alles über Sex zu wissen, mit zwanzig war ich immer noch nicht neugierig. Alle Mädchen aus meiner Klasse hatten längst mit Jungen geschlafen, nur ich nicht. Mich trieb kein Verlangen, mich reizte nicht das Unbekannte. Ich war einundzwanzig, als ich das erste Mal mit einem Jungen schlief.

Es ist nicht gut, wenn Kinder zu viel von der Sexualität ihrer Eltern miterleben. Zurzeit liegt das Buch »Sex Gags« auf dem Küchentisch, ein Ratgeber für eine erfülltere Leidenschaft. Mitunter widern mich die Texte und Fotos an. Obwohl ich inzwischen siebenundzwanzig und nicht verklemmt bin. Aber eine zur Schau getragene Sinnlichkeit kann leicht ins Abstoßende abgleiten. Die Beziehung meiner Eltern ist mehr als in anderen Familien von Sexualität geprägt. Viele meiner Freundinnen erleben ihre Eltern als asexuelle Wesen. Thematisieren wir das, ist es oft das erste Mal, dass meine Freundinnen darüber reden. Sex kommt bei ihnen zu Hause nicht vor. Menschen, die ihr Begehren demonstrieren, kommen meist aus Familien, wo Prüderie und Bigotterie regierten. Meine Mutter hat ihre Mutter nie nackt gesehen und sich vermutlich viele Jahre gefragt, wie sie entstanden ist. Meine Großmutter war die Inkarnation der Verklemmtheit.

Als ich elf war, wurde mein Bruder geboren. Ich war sehr reif, selbstständig und erwachsen für mein Alter. Irgendwann war ich für meinen Bruder eine zweite Mutter. Meine Mutter war viel unterwegs und ließ meinen Bruder allein. Sie lebte ihr Leben, oft kompromisslos. Dann konnte sie vergessen, dass sie eine Familie hatte und dass diese sie brauchte. Eines Abends – mein Bruder war gerade ein halbes Jahr alt – schlug meine Mutter die Tür hinter sich zu und ging. Mehrere Tage blieb sie verschwunden. Meine Mutter und ihr Mann hatten sich gestritten, äußerst heftig, so wie es häufiger vorkam. Sie schrien sich an, ich verkroch mich in meinem Zimmer, irgendetwas schepperte und krachte. Meine Mutter schloss sich im Schlafzimmer ein, mein Vater hämmerte gegen die Tür und brüllte, sie solle öffnen. Doch meine Mutter blieb stur, bis mein Vater die Tür eintrat. Dann krachte es erneut, diesmal war es die Wohnungstür, die heftig zuschlug. Mit dem Knall war meine Mutter weg. Sie dachte nicht an mich, sie dachte nicht an ihr Baby, sie blieb verschwunden. Mein Vater suchte sie, ich kümmerte mich um meinen halbjährigen Bruder. Ich war selbst noch ein Kind und hatte plötzlich Verantwortung für ein Kleinkind. Ich fütterte meinen Bruder, wickelte ihn, ging mit ihm spazieren. Ich war seine zweite Mutter.

»Ich möchte gern mit dem Kulturschiff segeln«, sagte meine Mutter fünf Jahre später. Das Kulturschiff lag im Rostocker Hafen vor Anker und sollte in wenigen Wochen über die Meere schippern und überall dort anlegen, wo es gebraucht würde. Die Mannschaft bestand aus Künstlern, Intellektuellen und so genannten Kulturschaffenden, die Musik, Theater und Bildende Kunst in die Hafenstädte brachten. Mein Bruder ging in den Kindergarten, ich war sechzehn. »Ein halbes Jahr würde ich unterwegs sein, ihr müsstet hier ohne mich klarkommen. Das schafft ihr doch, oder?«, warf meine Mutter rhetorisch in den Raum. Ich schaute sie erschrocken an: »Mama, das kannst du nicht machen, das geht doch nicht. Du kannst nicht einfach für ein halbes Jahr verschwinden und uns hier allein lassen. Ja, Papa ist da, aber das ist nicht dasselbe«, erwiderte ich. »Es wäre die Chance, mich mal wieder richtig verwirklichen zu können. Was ist schon ein halbes Jahr?«, meinte meine Mutter. »Aber dann werde ich an deine Stelle treten und alles machen müssen«, nahm ich ihre Idee als gegeben hin, als sie sie kaum ausgesprochen hatte. Und hätte auch diese Rolle kompromisslos und ohne nachzudenken bewältigt.

Sie fuhr nicht, aber glücklich war sie mit dieser Entscheidung nicht. Ich sah ihr an, dass sie gern an Bord gegangen wäre. Damals verstand ich ihre Sehnsucht, ich verstehe sie heute ebenso. Aber ich verstehe nicht mehr, wie eine Mutter so egoistisch handeln kann. Später, als ich in meinem Leipziger Zimmer auf meinem Bett lag und über alles nachdachte, wurde mir in vollem Ausmaße bewusst, welche Verantwortung meine Mutter mir aufgebürdet hatte. Jede Selbstverwirklichung hat Grenzen: Kinder. Meine Mutter erkannte die Demarkationslinie oft nicht – oder verleugnete sie. Mein Vater mischte sich in unsere Auseinandersetzung nicht ein, er schwieg, wie so oft. Er ist ein Mecklenburger, wie er im Buche steht: knorrig, still, manchmal mürrisch. Er hielt sich stets zurück, wenn meine Mutter und ich Streit hatten, er hielt sich immer aus der vordergründigen Erziehung der Kinder heraus. Das war das Beste, was er tun konnte. Er hätte mich nicht gewonnen, hätte er versucht, an mir Erziehungsmaßnahmen auszuprobieren. In seiner trotzigen Art lernte ich ihn achten und lieben. Er würde alles für mich tun, wenngleich er es nicht laut sagt. Er ist der schweigende Beobachter und registriert genau, was passiert. Er redet nicht, er agiert. Seine Handlungen sind seine Sprache. Wenn ich jetzt für ein Jahr nach Neuseeland gehe, um dort zu arbeiten, überlässt er mir eine Kreditkarte für sein Konto. »Nimm sie, sie soll dir eine Hilfe sein, wenn du in Not gerätst«, sagte er und drückte mir die Karte in die Hand.

Aber manchmal verstehe ich ihn nicht. Meine Eltern streiten oft, fast immer ist Alkohol im Spiel, viel Alkohol. Einmal saßen wir um ein Lagerfeuer, eine leere Flasche nach der anderen rollte in den Sand. Und wie so oft gab ein Wort das andere und binnen weniger Sekunden brach ein Streit los. Die gegenseitigen Angriffe meiner Eltern wurden immer lauter. Mein Bruder war gerade zehn und saß daneben. »Hört auf, hört doch auf«, versuchte ich die beiden Kampfhähne auseinander zu bringen. Ich blickte zu meinem Bruder und dachte, dass er nicht miterleben sollte, wie sich seine Eltern in den Haaren liegen. Ich wollte von ihm fernhalten, was ich oft genug ertragen habe. Mutter und Vater verwickelten sich immer tiefer in ihre Vorwürfe, irgendwann schien es ein Streit des Streits wegen zu sein. Keiner von beiden konnte nachgeben, keiner von beiden ein Einsehen zeigen. Sie waren wie zwei verbiesterte Kinder, die kein Ende finden. Beide sind sturköpfig und nicht selten uneinsichtig. Ich schaffte es nicht, sie zu beruhigen, und machte meiner Mutter Vorwürfe, dass sie sich vor ihrem Sohn so gehen ließ. »Kinder können ruhig mitkriegen, wie eine Ehe funktioniert und welche Probleme sie mit sich bringt. So klein ist dein Bruder nicht mehr, er versteht das schon, er kann damit umgehen.« Er konnte nicht damit umgehen und zog sich in sich selbst zurück. Auf alles, was lauter und heftiger auf ihn darnieder prasselte, reagierte er mimosenhaft. Er weinte oft, wenn er kritisiert wurde, und zeigte sich äußerst sensibel. Das nahm ich meiner Mutter sehr übel. Sicher, Kinder sollten nicht von allem Unheil der Welt ferngehalten werden, sonst zerbrechen sie später an ihrem eigenen Leben. Aber sie sollten herausgehalten werden aus den Ehekrächen ihrer Eltern. Ansonsten schadet man ihnen mehr, als man in dem Moment glaubt.

An meinem Bruder sah ich, was meine Mutter mit mir gemacht hatte, wie sie mich behandelt hatte, wie sie mit mir umgegangen war. An ihm konnte ich meine vergangenen Jahre ablesen. Und sagte zu meiner Mutter: »So geht das nicht, so kannst du mit Paul nicht umspringen. Das bekommt ihm nicht.« Doch meine Mutter wischte meine Anklage vom Tisch und erwiderte: »So schlimm ist es doch gar nicht.« Aber Paul stand zwischen den Fronten, wenn sich meine Eltern lauthals stritten, so, wie ich einst versuchte, zwischen ihnen zu vermitteln und zwischen ihnen Frieden zu stiften. Schon als pubertierendes Mädchen spielte ich die Schlichterin und setzte alles daran, dass sich meine Eltern wieder vertragen. »Sei nicht so stur«, forderte ich meine Mutter auf, nicht stets ihren Willen durchsetzen zu wollen. »Nun sag doch was«, ermunterte ich meinen Vater zum Reden. Ich nahm eine Rolle ein, für die ich einerseits viel zu jung war und die andererseits nicht für eine Tochter vorgesehen ist. Egal, was es war, ich bewegte mich ständig in den Schussbahnen von Mutter und Vater, ich war der Seismograph ihrer Partnerschaft. Ich gewöhnte mir an, auf jeden Ton und jeden Unterton zu hören, jede Stimmung vorauszuahnen, um darauf zu reagieren. Die Tür zu meinem Zimmer ließ ich stets nur angelehnt, um die Tonlagen in mir aufnehmen zu können. Selbst durch die geschlossene Tür vernahm ich jeden Seufzer, jedes Flüstern, jeden unterdrückten Vorwurf, erst recht jedes laute Wort. Ich spürte an den Schritten, ob gute oder schlechte Laune in der Küche lag. Danach richtete ich mich und entschied, in meinem Zimmer zu bleiben oder es sorglos zu verlassen. Ich hasste die Übellaunigkeit und die Zänkereien meiner Eltern, ihre Angriffslust und ihre Kämpfe, aber ich konnte mich ihnen nicht entziehen. Und beschloss, nur noch selten nach Hause zu fahren. Doch selbst, wenn ich nach Wochen aus Leipzig anreiste, hörte ich kein warmes Wort meiner Mutter, als ich durch die Tür trat, sondern einen einzigen Satz: »Franziska, kannst du mal die Spülmaschine ausräumen!« Weil sie wieder einmal mit meinem Vater am Küchentisch kämpfte. Keine Begrüßung, keine Umarmung, nur diese nebenbei hingeworfene Aufforderung, die mich am liebsten kehrt machen ließ.

Weglaufen ist keine Lösung, erkannte ich, es wird unser Verhältnis nur verhärten, anstatt klären. Jahrelang bin ich davongerannt und habe meine Wünsche nach den Bedürfnissen anderer ausgerichtet. Das sollte jetzt vorbei sein, und ich beschloss die Negation meiner bisherigen Federführung von Familienpolitik, die stets hieß: Es ist nicht, was nicht sein darf. Ich blieb und stellte meine Mutter zur Rede. Unter Tränen und mit schlotternden Schultern brachte ich heraus, was mich viele Jahre unter Druck gesetzt, was mich verletzt, was mich enttäuscht hatte. Ich hatte kein Gefühl für Zeit, als ich sprach, ich hatte kein Schätzungsvermögen für die Anzahl meiner Sätze, aber das war egal. Wichtig war, dass ich endlich sagte, was mich zutiefst berührte und an meiner Seele nagte, wie sonst nichts auf der Welt. Meine Offenbarungen wurden jäh beendet, mit einem Satz meiner Mutter, wie ich ihn nicht erwartet hatte: »Ich seh' das nicht so.« Kurz und knapp, lässig und lapidar.

Was folgte, war Schweigen. Viele Monate lang. Ich weiß nicht mehr, wer von uns beiden den ersten Schritt tat, aber irgendwann begannen wir, umeinander herum zu tänzeln und vorsichtig den Kontakt zur anderen zu suchen. Mutter und Tochter bleiben immer Mutter und Tochter, eine Verbindung, die vollständig zu lösen unendliche Schmerzen bereiten würde. Ich wollte meine Mutter nicht verlieren, im Gegenteil, ich wollte sie das erste Mal richtig gewinnen. Vermutlich trug sie sich mit ähnlichen Gedanken. Mit Alibi-Fragen und vorgeschobenen Gründen tasteten wir uns vor, mal waren es wenige Sätze, die wir aussandten, ein anderes Mal der Versuch, mit winzigen Problemchen Aufmerksamkeit zu erringen: Hört sie mir zu? Nimmt sie mich ernst? Wir nahmen all unsere Kraft, all unseren Mut zusammen und stiegen über unseren Schatten, erst vorsichtig und versuchsweise, später immer sicherer und selbstbewusster. Vier Jahre brauchten wir, bis wir wieder miteinander reden konnten und gegenseitiges Vertrauen gefunden hatten.

Unsere »Aussprache« wurde nie wieder aufgenommen, weder als offene Diskussion noch als unterschwelliges Thema. Wir umschifften sie gekonnt oder streiften sie nur flüchtig. Schritt für Schritt, Stück für Stück näherten wir uns einander an. Heute sind wir Freundinnen, heute haben wir wirklich das, was meine Mutter schon vor Jahren glaubte zu besitzen: eine gute Beziehung. Wir erzählen uns alles und fragen stets, was die andere denkt, glaubt, fühlt. Ich habe mich von meiner Mutter emanzipiert und falle nicht mehr so leicht in meine frühere Rolle der Untergebenen, der Schwankenden, der Vermittelnden. Zwar habe ich meine Sensibilität gegenüber Stimmungen nicht verloren und mein Gehör arbeitet zu Hause nach wie vor auf Hochtouren, aber ich nehme mich zurück, wenn meine Eltern wie zwei Kampfhähne übereinander herfallen. Ich spiele nicht mehr so häufig die Schlichterin, für diese Dauerfunktion müssen sie sich jemand anderes suchen, dafür möchte ich nicht mehr zuständig sein. Weil ich diese Rolle nicht mehr einnehme, biete ich meiner Mutter weniger Reibungsfläche und seltener Angriffspunkte für ihre spitze Zunge. Inzwischen bin ich fähig, »gegen zu halten«. Meine Mutter kann unglaublich verletzend sein. Selbst, wenn ich ihr im Streit mit meinem Vater zur Seite sprang, konnte sie sich manchmal nicht beherrschen und ließ ihren Worten freien Lauf, oft ohne genau zu wissen, was und wie sie es sagt.

Heute werfe ich ihr unsere Vergangenheit nicht mehr vor, ich habe verziehen, dass sie mir meine Kindheit genommen hat. Ich denke nicht mehr daran, dass meine Kindertage schöner, erfüllender und unbeschwerter hätten sein können, wenn meine Mutter für mich dagewesen wäre und nicht ich für sie. Aber ich werde nicht vergessen, dazu saß der Stachel einst zu tief, dazu bin ich zu stark durch die vergangenen Jahre geprägt. Andererseits weiß ich, dass sie ihr Bestes gegeben und immer versucht hat, mich kulturell zu prägen. Sie tat alles, wie sie glaubte, es richtig zu tun – sie ist ein Mensch aus Fleisch und Blut, mit Fehlern und Makeln. Heute bin ich imstande, unsere schwierige Zeit gelassen zu betrachten und ihr sogar etwas Ironisches abzugewinnen. »Ich habe zwar die kürzeren Beine, dafür aber den schöneren Busen«, begegne ich augenzwinkernd ihrer Kritik. Aber auch sie hat gelernt, nicht über mich hinwegzublicken, sondern mich wahrzunehmen: »Gut siehst du heute aus.« Und manchmal tröstet mich einer der wichtigsten Sätze meiner Mutter über unser Verhältnis: »Die Menschen mit einer schwierigen Kindheit werden die interessantesten.«

SIE WAR EIN STAR.
UND ICH IHRE TOCHTER

Vera S. hat eine prominente Mutter

Als Schülerin gab ich mit ihr an, als Teenie war sie mir peinlich, und heute weiß ich sie als Mensch zu schätzen. Meine Mutter ist eine bekannte Schlagersängerin, die Mitte und Ende der achtziger Jahre einige Hits gelandet hatte. Damals war ich auf einer ganz normalen Schule, ein Kind von acht oder neun Jahren. Wer damals gern Schlager hörte, kannte meine Mutter vorher schon, aber zu jener Zeit war sie ständig im Fernsehen präsent: Hitparade, Starparade, Die aktuelle Schaubude, Disco, Auftritte in Sendungen wie »Drehscheibe« oder »Dalli Dalli«, die keine Musiksendungen waren, aber zu Beginn oder am Ende immer einen Überraschungsgast präsentierten.

Ich trage denselben Namen wie meine Mutter, aber da sie mit einem Künstlernamen auftritt, weiß zunächst niemand, der mich außerhalb meiner Familie kennen lernt, wer ich bin und wer meine Mutter ist. Als Schülerin war ich stolz auf sie und plapperte meist sehr rasch aus, welchen Namen sie auf der Bühne trägt. Erwachsene reagierten meist mit »So so, das ist ja interessant« oder mit »Ah ja, ich habe sie neulich im Fernsehen gesehen«, Kinder wollten gleich ein Autogramm. Ich sonnte mich in der Rolle als Tochter einer berühmten Künstlerin, wenngleich ich nicht die Kunst meinte, wenn ich mit meiner Mutter angab, sondern einzig die Tatsache hervorhob, dass meine Mutter auf der Bühne stand und im Fernsehen zu sehen war. Sie war ein Star. Und ich ihre Tochter. Das wertete mich auf, machte mich zu etwas Besonderem und Außergewöhnlichem. Glaubte ich. Ich meinte, besser zu sein als andere, und erwartete, dass mit mir »standesgemäß« umgegangen würde. Jeder Wunsch sollte mir erfüllt und jeder Befehl sofort ausgeführt werden. Ich sonnte mich im Licht meiner Mutter und wollte später auch so werden, so sein wie sie. Wurde ich gefragt, was ich werden wollte, schoss es aus mir heraus wie aus einer Pistole: »Schlagersängerin, wie meine Mama.«

Ich bin keine Schlagersängerin geworden, nicht einmal Musikerin. Ich wurde gar nichts. Meine Ausbildung zur Einzelhandelskauffrau habe ich abgebrochen, als ich merkte, dass dieser Beruf nicht zu mir passt. Zahlen und Daten hin- und herzuschieben hatte ich nicht vor, ich wollte Dinge unter die Leute bringen, die sie schön finden, gebrauchen können oder brauchen könnten. Ich wollte Kleider und Designerklamotten in einem kleinen, hellen Laden anpreisen und Frauen und Männer beraten. Das empfinde ich als sinnlich. Ich hätte gern eine Boutique gehabt, eine von jenen, in denen nicht viele Kleider hängen, sondern nur ein paar spezielle, extravagante. Auf einer langen verchromten Kleiderstange, die von der Decke herunterschaukelt. Im Laden sollte leise Musik laufen, St. Germain oder Nick Cave, auf jeden Fall etwas Spirituelles, Verschwörerisches, Übersinnliches. Als sich in mir das Bild meines Ladens formte, gab es solche Schuppen nur in New York, London und Mailand, Deutschland hinkt stets etwas hinterher. Heute gibt es sie hier haufenweise, selbst in Osnabrück oder Aachen kann man sie finden. Sie sind nichts Besonderes mehr. Etwas Besonderes aber, das sollte es sein, wenn ich es mache, etwas Herausragendes, das wollte ich sein. Und das will ich immer noch sein. Aber ich definiere es heute anders.

Die Ausbildung bestand nicht aus dem Gestalten von Läden und Ladeneinrichtungen, sondern in erster Linie aus Mathematik, Saldo- und Inkasso-Definitionen, aus dem Begreifen, was ein Kreditor und was ein Debitor ist. Das hatte mit dem, was ich machen wollte, nichts zu tun. Die Ausbildung war nicht sinnlich, nicht greifbar für mich. Ich schmiss sie – und Mama war sauer. Sie ist sehr ehrgeizig und ringt um jede Note, kämpft um jeden Auftritt und fordert alles. Von sich und von anderen.

Ich sollte nie ihr Ebenbild werden, aber ich sollte alle Chancen bekommen, alles machen und aus allem wählen zu können. Mama suchte die besten Schulen für mich aus, bis auf die Grundschule und später das Ausbildungshaus kenne ich nur Privatschulen. Ich bekam Klavier- und Flötenunterricht, ging zum Ballett und spielte Tennis. Wenn wir in der Nähe von Reiterhöfen gewohnt hätten, hätte ich wahrscheinlich auch noch Reitstunden genommen. Ich kenne das gesamte klassische Programm, mit dem Eltern aus ihren Kindern weltgewandte Bildungsbürger machen wollen und ihnen dadurch Freizeitstress organisieren.

Heute gehört mir ein kleiner Laden, der eine Mischung aus Copy-Shop und Künstlerbedarf ist. In einem 30 mal 40 Quadratmeter großen Raum in einem Eckhaus, das seine Jugend längst eingebüßt hat, stehen nicht nur Schwarz-Weiß-Kopierer, mit denen die Leute Zeugnisse und Noten ablichten, sondern auch Farbkopierer, aus denen sie sich die Welt in Bunt in ihre Tristesse ziehen. Ich habe die Skyline von New York auf ein fünf Meter langes Transparent gebannt, damals standen die Twin Towers noch, und ich sah, wie sich die weißen Strände Thailands aus dem Drucker schoben. Es lassen sich Verliebte, Mütter und Angestellte T-Shirts bedrucken, mit den Fotos ihrer Angebeteten, ihrer Kinder oder Aufschriften wie »Too old to die young«. Es ist nicht die Welt der Kunst, die ich täglich begutachte und versorge, es ist auch kein Designergeschäft, dessen künstlich produzierte transzendente Luft mit jedem Türschwung ein wenig durchgewirbelt wird. Es ist nur ein kleiner Laden in einer kleinen Stadt im mittleren Westen des Landes. Aber es ist mein Laden. Bis ich an dem Punkt war, sagen zu können: »Das Geschäft gehört mir und ich mache den Job gern«, hat es Jahre gebraucht. Ich musste erst zu mir finden und lernen, keine Rolle zu spielen, sondern ich zu sein. Das mag gestelzt und überheblich klingen, ruft man sich mein Alter ins Bewusstsein. Ich bin 25, aber bis vor kurzem habe ich vor allem den Ansprüchen meiner Mutter genügen wollen und nicht mir selbst. Als zweites Gesicht meiner Mutter wäre ich immer gescheitert, jetzt scheitere ich höchstens an mir selbst und meinen eigenen Ansprüchen.

Meine Mutter arbeitete viel. Ich kenne sie fast nur in Aktion. Die Momente, in denen sie still saß, kann ich an einer Hand abzählen. Das ist auch der Grund, warum die Ehe meiner Eltern nach Jahren auszehrenden Kampfes scheitertet. Mein Vater ruht in sich, er ist unangefochten von jeglicher Hektik und Nervosität. Betritt er einen Raum, nimmt er ihn unweigerlich vollständig ein, die Wände saugen seine Besonnenheit und Unerschütterlichkeit in sich auf. Wer ihn kennen lernt, ist fasziniert vom Gleichgewicht und der Behaglichkeit, die er ausströmt. Er ist wie ein Sofakissen, in das man sich unablässig kuscheln möchte. Aber er vermochte es nie, meine Mutter zu mehr Ruhe zu bewegen. Nicht, dass er sie in ihrer unermüdlichen Arbeitslaune, ihrem Eifer und Freude an allen möglichen Tätigkeiten nicht verstanden hätte, dass er sie hätte anders haben wollen. Aber er suchte auch nach einem Funken Ausgeglichenheit in seiner Frau. Doch den Gefallen, ihm auch diese Seite von sich zu zeigen und sie ihm womöglich zu überlassen, tat meine Mutter ihm nicht. Ebenfalls nicht, weil sie ihn provozieren oder reizen wollte, sie trägt sie einfach nicht in sich, diese friedenstiftende Facette. Wo meine Mutter auftaucht, wird geschnattert, oft lauter als es nötig und länger als es gut ist. Meine Mutter kennt kein Ausruhen oder Sich-baumeln-Lassen. Meine Mutter kennt nur Aktionen und Anti-Aktionen. Alles ist im Fluss, alles in Bewegung. Vor allem mit und in meiner Mutter.

Allein meine Geburt erzählt mehr über sie als jedes Psychogramm. Noch zwei Wochen vor dem Entbindungstermin stand sie im Studio und nahm eine Platte auf. Alle rieten ihr davon ab, ihr Arzt, mein Vater, Kollegen. »Du kannst auch nach der Entbindung weiter machen«, sagten sie. »Gönn dir doch mal ein wenig Ruhe.« Meine Mutter wiegelte ab: »Wer weiß, wie sich meine Stimme durch die Geburt verändert. Viele Frauen erzählen, sie hätten danach eine dunklere Stimme. Wie hört sich das denn an? Mal singe ich einen Song in meiner jetzigen Stimmhöhe und darauf einen, der im Bariton daherkommt.« Sie ließ sich nicht beirren und sang und sang. Ein Plattenstudio ist gewöhnlich auf hochschwangere Frauen nicht eingerichtet und beschäftigt in der Regel keine Krankenpfleger und Hebammen. Meine Mutter war für das Studio eine Herausforderung. Einige der Techniker blieben gelassen und meinten, meine Mutter wisse wohl selbst am besten, was für sie gut sei. Meinen Geburtstermin ignorierte sie einfach. Sie war mit einigen Songs ins Stocken geraten, die Aufnahmen befand sie für nicht gelungen und wollte die Titel erneut machen. Der Perfektionsanspruch meiner Mutter sorgt nicht selten für Turbulenzen. Doch letztlich setzt sie sich damit durch und ist stets dankbar dafür. Ein Produkt abzuliefern, hinter dem sie nicht vollständig steht, ist ihr nicht nur peinlich, sondern in höchstem Grade unangenehm. Sie tanzte also in dem Studio den Tanz der Übermächtigen, als sie eine leichte Übelkeit beschlich. Sie setzte sich kurz auf einen Stuhl, um nach Luft zu schnappen. Und konnte nicht mehr aufstehen. Ihre Beine waren blockiert, wie gelähmt. Die Wehen hatten den Körper meiner Mutter bereits fest im Griff, und alles sollte schneller gehen, als meine Mutter und das Studio geglaubt hatten. Im Studio gab es keine Couch oder Liege, also wurde meine Mutter kurzerhand auf die Erde gelegt und ein Krankenwagen gerufen. Als einer der Tontechniker sagte, es handle sich um eine Entbindung, bei der die Wehen gerade eingesetzt hatten, wurde am anderen Ende Entwarnung gegeben. Vermutlich haben die beiden Krankenwagenfahrer auch das Blaulicht wieder ausgeschaltet. Entbindungen rufen unter Klinikpersonal nicht die größte Panik hervor. »Das dauert mir alles zu lange«, begann meine Mutter zu schimpfen. Und befahl einem der Studio-Mitarbeiter, sein Auto zu holen und sie ins Krankenhaus zu fahren. »Es erscheint mir zwar reizvoll, mein Kind an dem Ort zur Welt zu bringen, an dem ich mich am zweitliebsten aufhalte, aber ich traue keinem von euch zu, mit mir zu pressen und zu hecheln, den Anblick von Blut zu ertragen und die Nabelschnur zu durchtrennen«, versuchte sich meine Mutter auch unter Schmerzen noch mit Witzen. An jenem Tag war nur ein Techniker mit seinem klapprigen R 4 da, und er wird diesen nie in seinem Leben vergessen. Meine Mutter hockte hinten im Wagen und klammerte sich an den Haltegriff über dem Fenster. Sie jaulte jedes Mal laut auf, wenn eine Wehe sie packte, und schrie dem Fahrer von hinten ins Ohr: »Fahr schon schneller, ebenso wenig wie im Studio will ich auf einer Rückbank entbinden.« Dabei raste der arme Mann bereits mit 90 durch die dunklen Straßen und hielt schließlich schweißgebadet und mit quietschenden Bremsen vor dem Klinikum. Eine halbe Stunde später schrie ich aus vollen Lungen.

Später kam mein Vater angehetzt, man hatte in der Hektik vergessen, ihn sofort zu benachrichtigen. Es war wenige Stunden nach der Entbindung, und er glaubte, meine Mutter sei erschöpft und wolle sich ausruhen von den Strapazen und den Schmerzen. Aber sie sagte einfach, als sei sie soeben eine kleine Runde in einem Teich geschwommen und wolle nun an die Kaffeetafel schreiten: »So, und jetzt fahren wir nach Hause.« Mein Vater muss sie wohl wie ein Trottel angeblickt haben, so überrascht war er von ihrem Satz. »Aber du kannst doch nicht ...« »Doch ich kann, ich kann sehr wohl.« Zu Hause schlief sie die Nacht durch, den darauffolgenden Tag und die nächste Nacht. Sie stand nur auf, um auf die Toilette zu gehen und etwas zu trinken und ein wenig zu essen. Es war wohl das einzige Mal in ihrem Leben, dass sie mehrere Tage hintereinander nicht aktiv war.

Von ihrer Aktivität habe ich nicht viel abbekommen. Ich kümmere mich zwar um mich und bin weder phlegmatisch noch faul.

Aber die Unermüdlichkeit, die meine Mutter an den Tag legt, lehne ich ab. Als Kind litt ich sehr unter ihr. Denn Mutters Aktionismus hieß permanente Abwesenheit und quälendes Alleinsein. Besonders nachts empfand ich es als unerträglich, wenn ich allein im Bett in meinem Zimmer lag, an die Decke starrte, an der foreszierende Sterne aus Plastik leuchteten, die Mama mit mir dort angebracht hatte, damit ich mich nicht so einsam fühlte. Ich begann mit meinem Teddy zu sprechen, erzählte ihm Geschichten von einer Familie, in der immer alle zusammen blieben. Die Drei – es waren Mutter, Vater, Tochter – trennten sich nicht einmal, wenn sie einkaufen gingen. Gemeinsam gingen sie in den Supermarkt und wählten aus, was sie in den Korb taten. Gemeinsam gingen sie ins Kinderkino, und gemeinsam aßen sie zu Abend. Meine Mutter war fast jeden Abend unterwegs: Konzerte, Auftritte in Fernsehsendungen, Partys. Als ich klein war, blieb ab und zu mein Vater bei mir, später bekam ich eine Kinderfrau vorgesetzt. Kelly war um die fünfzig, damals erschien sie mir uralt, sie kam aus Irland und sprach Deutsch mit dem typisch harten Akzent. Sie hatte dicke Brüste und verströmte stets einen leichten Schweißgeruch, der aus ihren Achseln stammte. Manchmal wischte sie sich Schweißtropfen von der Stirn, mit einem Taschentuch, fast so groß wie eine Babydecke. Sie zauberte es aus ihrer Schürze, die sie täglich trug und offensichtlich nie auszog. Ich mochte Kelly, ich gewöhnte mich an sie, und wenn sie da war, fürchtete ich mich nicht. Aber sie konnte meine Eltern nicht ersetzen. Das merkte sie und erzählte mir irische Märchen und Schauergeschichten, die mich von mir und meinen Gedanken ablenkten.

Später, als ich in die Pubertät kam, sagte ich meiner Mutter, Kelly sei zwar nett und ich mochte sie gern, aber es sei inzwischen unnötig, dass sie auf mich aufpasste. Kelly verstand und war nicht böse auf mich. Zum Abschied umarmten wir uns und beschlossen, uns nicht zu vergessen. Ich besuche sie heute hin und wieder. Inzwischen lebt sie von einer kläglichen Rente, aber sie bekommt viel Besuch von ihrer großen Familie. Sie hat drei Töchter, einen Sohn und neun Enkelkinder. Kelly wuchs mir ans Herz und wurde so etwas wie eine zweite Mutter. Aber gebraucht habe ich meine richtige Mutter.

Wenn ich sie am nötigsten hatte, war sie allerdings da. Ich weiß nicht, ob es normal ist und ob die meisten Mütter, die ihre Kinder kaum sehen, zur Wahrnehmung deren Befindlichkeiten fähig sind. Mama und ich haben immer geredet, viel geredet. Auch wenn wir uns selten sahen. Ihr verdanke ich meine Fähigkeit, Konflikte auszuhalten, sie zu besprechen und ihnen dadurch etwas von ihrer Bedrohlichkeit zu nehmen. Ich hatte nie das Gefühl, meine Mutter vernachlässigt mich. Sie war zwar kaum zu Hause, aber ich konnte sie jederzeit anrufen, im Studio, im Hotel, beim Fernsehen. Natürlich gab es Situationen, in denen sie genervt reagierte, etwa wenn ich das fünfte Mal bei Probeaufnahmen störte. Dann sagte sie schon mal: »Vera, so geht das nicht. Ich muss arbeiten, und du behinderst den gesamten Probenablauf. Wenn etwas Schlimmes ist, kannst du gern anrufen, aber nicht mehr jetzt.« Ich kompensierte und schrieb Tagebuch. Das fand ich kürzlich in einer Kiste mit alten Heften, Fotomappen und Alben. Einerseits war es belustigend, mich zu erinnern, was damals passierte, wie ich mich erlebte und wie ich auf die Ereignisse reagierte. An einigen Stellen fand ich es peinlich zu lesen, mit welch großer Naivität ich die Dinge bewertete, mitunter jedoch staunte ich über meine Sprache. Schon damals vermochte ich es, mich genau und zielgerichtet auszudrücken. Das verdanke ich ebenfalls meiner Mutter. Nein, nicht nur meiner Mutter, auch meinem Vater. Beide achteten peinlich genau darauf, wie zu Hause gesprochen wurde. Schimpfwörter waren zwar erlaubt, aber lediglich in einem bestimmten Rahmen. »Arschloch« und »Scheiße« waren gelitten, verboten indes waren Vulgarismen, jene Worte, die in einem bestimmten Teenie-Alter stündlich von Mund zu Mund wanderten. In der Schule wollte ich mithalten und plapperte dort wie meine Klassenkameraden.

Zu Hause fiel es mir oft schwer umzudenken. Irgendwann aber entwickelte ich einen Automatismus, mich zu Hause anders zu bewegen als draußen auf der Straße.

Das hatte auch und vor allem mit dem Bekanntheitsgrad meiner Mutter zu tun. Im Alter von 14 und 15 hören Jugendliche keine Schlager, schon gar nicht die meiner Mutter. Sie hören Rock, Metal, House, Techno oder HipHop. In dieser Zeit schämte ich mich für meine Mutter. Immer wenn ich gefragt wurde, was meine Eltern beruflich machen, tat ich so, als hätte ich die Frage überhört. Manchmal kam ich damit durch, manchmal nicht. Dann antwortete ich: »Mein Vater ist im technischen Bereich tätig, meine Mutter ist Musikerin.« Stand jemand aus meiner Klasse oder meinem Freundeskreis neben mir, reichte mein Satz für die planmäßig folgende Bemerkung aus: »Ihre Mutter ist ...« »Waaaassss?« Es folgten Kichern und Gejohle. Erst als ich etwa 17 war, nahmen die Anspielungen ab. In jenem Alter begann ich ein Selbstbewusstsein zu entwickeln und meine Mutter öffentlich zu verteidigen. Es nagte an mir, wenn sich andere über meine Mutter lustig machten. Dazu hatte niemand ein Recht. Viele mögen das, was meine Mutter macht, nicht ernst nehmen, sie mögen sie verlachen und ihre Musik nicht als Kunst bezeichnen, aber das verleiht ihnen keinesfalls das Recht, schlecht über sie zu reden. Meine Mutter ist eine wunderbare Frau und ein toller Mensch. Andere Töchter und Söhne können vielleicht über ihre Mutter sagen »Sie ist Ärztin« oder »Sie ist Geigerin«, aber wird sie dadurch zur besseren Mutter?

Ich habe eine Freundin, deren Mutter ist eine bekannte Theaterschauspielerin. Die Freundin hatte kein Problem zu sagen, aus welcher Familie sie stammte. Und als Kind kämpfte die Freundin mit ähnlichen Problemen wie ich: Die Mutter war viel unterwegs, auf Tourneen, zu Gastspielen, im Theater. Und sie kümmerte sich kaum um ihre Tochter. Oft wusste sie gar nicht, wo sich das Mädchen aufhielt, was sie machte, mit wem sie unterwegs war. Meine Freundin war wirklich allein. Damals fand ich es aufregend, mit ihr zusammen zu sein. Es fand keine Kontrolle statt, keine Nötigung, es gab keine Regieanweisungen. Aber es gab auch keine Liebe. Mit 18 versuchte die Freundin das erste Mal, sich das Leben zu nehmen. Sie schnitt sich die Pulsadern auf. Nicht sehr tief, sie wollte wohl gefunden werden. Ihre Mutter war schockiert, wir alle waren schockiert. Die Bestürzung der Mutter hielt zwei Tage an. Dann war sie wieder weg, irgendwo auf einem Gastspiel. Die Freundin machte eine Therapie nach der anderen. Heute ist sie verheiratet, hat zwei Kinder – und ist unglücklich. Alles an ihr ist zwanghaft, jede Bewegung, jedes Wort, jeder Gedanke. Alles hat nur ein Ziel: es festzuhalten. Damit engt sie ihren Mann ein, behindert ihre Kinder und schnürt der Ehe den Atem ab. Ihr Mann kennt ihre Geschichte und nimmt auf sie Rücksicht. Aber eines Abends, wahrscheinlich wenn die Kinder größer sind, wird er sagen: »Ich geh' nur mal schnell Zigaretten holen ...«

Meine Mutter hat mich gelehrt, Respekt zu üben. Wenn ich aus der Schule plauderte und beispielsweise sagte: »Herr Lehmann ist doof, der hat heute so gestunken aus dem Mund«, nahm meine Mutter meine Gefühle ernst, hat aber auch Herrn Lehmann verteidigt: »Stinken ist wirklich nicht schön, aber vielleicht hat er Magenprobleme, da kommt es manchmal vor, dass jemand aus dem Mund riecht.« Heute erscheint mir diese Episode lächerlich, aber meine Mutter hat stets versucht, mir alle Seiten eines Problems vor Augen zu führen und mich dahin zu bringen, mir alle Ecken anzuschauen und meine Perspektive zu wechseln – zugunsten meines Standpunktes. Man hat die Wahl: Erweiterung seines Horizonts oder Verengung. Aber meine Mutter beging nicht den Fehler, wie er vielen Eltern von Jugendlichen heute vorgeworfen wird, dass ich schließlich alles selbst entscheiden durfte. Sie setzte Grenzen, die klar und fest, aber für mich durchsichtig waren. Als kleines Mädchen bekam ich Klavierunterricht. Aber ich hatte keine Lust, täglich zu üben. Wenn andere Gummihopse spielten oder baden gingen, hockte ich vor dem Instrument und trichterte mir Noten und Stücke ein. Irgendwann sagte ich zu meiner Mutter: »Ich will nicht mehr so oft üben, ich will mehr draußen spielen.« »Na gut, dann hörst du mit dem Klavierspielen auf«, antwortete sie. »Nein, das will ich auch nicht, ich will ja üben, nur nicht so oft.« Dann erklärte sie mir, dass entweder nur das Eine oder das Andere ginge: Üben oder Nichtüben. Etwas dazwischen gab es für meine Mutter nicht. Sie macht etwas ganz oder gar nicht. Als Jugendliche wollte ich Gitarre lernen. Sie sagte zu mir: »Den Unterricht musst du von deinem Taschengeld bezahlen.« Damit wollte sie verhindern, dass ich wieder einmal etwas anfange und es nicht zu Ende führe. Ich habe nie mit dem Gitarrespiel begonnen.

Sie ärgerte sich oft, wenn sie meine Unstetigkeit sah, und sie litt darunter. Sie ist anders. Was sie in die Hand nimmt, bekommt Form und Gestalt und kennt ein Ende. Aber sie zwang mich nie, etwas zu machen, was mir widerstrebte. Und sie hat mir zu allen Zeiten und in allen Situationen gesagt, dass sie mich liebt. Ich glaube, es kann und darf vieles schief gehen in der Erziehung, solange die Liebe lebt, solange sie gezeigt und verbalisiert wird, ist alles halb so schlimm. Ich habe noch keine Kinder, aber ich würde sie so erziehen, wie mich meine Mutter erzogen hat, unter den Gesichtspunkten der Liebe. Eines würde indes anders aussehen: unser Alltag. Ich würde zu Hause sein.

Richtig heftig gestritten haben wir nur, als ich in der Pubertät war. Da flogen oft die Türen, weil ich ihren Gesang nicht ertrug. Ich schämte mich für sie und ihre Musik. Schlager, Volksmusik. In meinem Urteil ließ ich mich stark von meinen Freundinnen leiten. Wenn sie sagten: »Deine Mutter macht so richtige Scheißmusik«, fand ich plötzlich meine Mutter scheiße. Nicht etwa ihre Musik, nein, ich stellte sie als »Gesamtkunstwerk« in Frage. Die ersten Male, als ich zur ihr sagte: »Du bist so peinlich«, reagierte sie nicht. Vermutlich hoffte sie, das Problem löse sich von selbst, indem sie meine Kritik einfach überhörte. Beim vierten Mal jedoch griff sie mich am Oberarm, hielt mich fest und schaute mir in die Augen: »Du bist auch peinlich, und zwar nicht zu knapp. Weil du gar nicht darüber nachdenkst, was du sagst.« Dann ließ sie mich gehen und ich knallte die Tür zu. Sie kam mir hinterher, setzte mit ruhiger Stimme an, um ein klärendes Gespräch zu führen. Aber ich steigerte mich in meine Anti-Haltung immer weiter hinein und raunzte sie an, sie möge sofort mein Zimmer verlassen. Ein Wort gab das andere, und am Ende brüllten wir beide. Schließlich schlug auch sie mit den Türen und sagte, wenn ich wolle, könne ich getrost gehen. Mit einer peinlichen Mutter zusammenzuleben, muss wohl schlimmer sein, als kein Dach über dem Kopf zu haben. Ich ging. Ich packte ein paar Sachen in eine Tasche, schnappte meine Zahnbürste und verschwand. Die Eltern meiner Freundin schauten nicht schlecht, als ich vor ihrer Tür stand und um Asyl bat. »Eine Nacht«, sagten sie, »kannst du hier bleiben. Aber dann musst du wieder zurück.« Sie riefen meine Mutter an, als die Freundin und ich im Bett lagen. Einen Tag später war ich wieder zu Hause, und meine Mutter schien relativ gefasst zu sein. Ich hatte mich auf eine Schimpfkanonade vorbereitet und bereits nach Gegenargumenten gesucht. Aber sie sagte zunächst gar nichts, sondern fragte nur, wie es gewesen sei. So ganz allein und mit dem Wissen, alles, was nun komme, würde auf Zeit sein? Mit ihrer Ruhe hatte ich nicht gerechnet. Wir hatten uns im Krieg getrennt, warum sollte sie mich im Frieden wieder aufnehmen? An den kommenden Abenden haben wir ausführlich geredet – wenn sie zu Hause war.

Sie hat mir oft gefehlt, ich hab' sie schon vermisst, da hatte sie die Wohnung noch gar nicht verlassen. Oft wünschte ich mir eine Mutter, die ganz normal ist, die morgens zur Arbeit geht und abends nach Hause kommt, die mir mein Mittag kocht und die Schnürsenkel zubindet. Aber ich musste früh selbstständig sein und beneidete meine Freundinnen, die »richtige« Mütter hatten. Erst später begriff ich, dass ich eine außergewöhnliche Mutter habe. Die anderen waren in der Regel Hausfrauen und nicht selten frustriert von ihrem Dasein. Meine Mutter war eine wunderbare Ausnahme. Sie verdiente ihr eigenes Geld und machte Karriere. Bei den Müttern meiner Freundinnen kam dies gut an, die waren ohnehin immer neugierig, was bei uns zu Hause los ist. Sie wollten den Klatsch pur und schnüffelten, was das Zeug hielt. Als Grundschülerin gab ich gern bereitwillig Auskunft, damals war ich stolz auf meine Mutter. Manchmal tat ich entnervt und verdrehte die Augen, wenn jemand sagte: »Gestern habe ich deine Mutter im Fernsehen gesehen.« Ich gab mich gelangweilt, aber in meinem tiefsten Innern kitzelte es meine Seele. Es schmeichelte enorm, das Kind einer Prominenten zu sein. Allerdings begriff ich schon recht früh, dass es nicht immer gut ist zu sagen, dass die Mutter bekannt und wahrscheinlich auch wohlhabend ist. Also legte ich mir den Habitus des Genervtseins zu.

Finanziell ging es uns gut, wir kannten keine Not, überhaupt keine. Doch das spielte damals eher eine untergeordnete Rolle. Dort, wo ich groß wurde, haben alle viel Geld. Ob nun Schlagersängerin, Arzt oder Stadtverordneter – es war eine Gegend des Geldadels. Sicher gab es einige Kinder, deren Eltern weitaus vermögender waren als meine. Für mich gehörten Angestellte zum Haus wie die Musik zu meiner Mutter. Ich machte mir kaum Gedanken darüber, ob es mir nun besonders gut oder besonders schlecht geht. Ich stellte mein Leben nie in Frage. Im frühen Jugendalter war ich sogar regelrecht naiv und gutgläubig in Bezug auf die Lage der Welt. Meine Norm war der Maßstab für den Rest der Welt. Weil es mir gut ging, konnte es anderen nicht schlechter gehen. Als ich meine erste Reise nach England unternahm, eine siebenwöchige Sprachreise mit zahlreichen Freunden aus der Klasse, war ich regelrecht schockiert vom Elend in London. Ich sah Müllberge, Alkoholiker, Junkies, verdreckte Kinder und bettelnde Frauen. All dies gab es in meiner behüteten Welt nicht. Ich hatte davon gehört, im Fernsehen einige Bilder gesehen, in der Zeitung ein paar Artikel gelesen.

Aber bis in meine Wirklichkeit drangen Schmutz und Armut nicht vor. Meine Wirklichkeit sonnte sich im Liegestuhl neben dem Swimmingpool.

Ich bin froh, dass der Swimmingpool und nicht das öffentliche Stadtbad meine Kindheit füllte. Ich glaube nicht an jene stilisierten Sätze, nach denen jemand nur etwas wird, wenn er einer richtig beschissenen Kindheit mit richtig hartem Mangel ausgeliefert war. Sicher, es gibt immer wieder Beispiele, die diese These belegen. Aber im Grunde vermag es kaum jemand, sich aus sozialem Elend hinaus ans Licht zu schießen. In sein Milieu wird man hinein geboren, man wird nicht dazu gemacht.

»WOHNT DIE JETZT BEI UNS?«

Pia S. ist eine lesbische Mutter

»Dürfte ich meine Freundin zu deiner Abi-Feier mitbringen, wenn ich eine hätte?« fragte ich meine Tochter. »Nein«, antwortete sie. »Niemals.« Meine Tochter erteilte mir eine Abfuhr. Eigentlich hätte ich mir die Antwort selbst geben können, aber ich wollte wissen, ob sie noch immer so ablehnend auf Frauen in meinem Leben reagiert. Oder ob das nur an meiner letzten Freundin lag. Meine Tochter mochte sie nicht und hat es gehasst, wenn Petra und ich auf der Straße Hand in Hand gingen und uns küssten.

Zur Zeit bin ich solo, und meine Tochter ist froh darüber. Als Petra ging, atmete Ida erleichtert auf. Und nun frage ich sie, ob ich eine neue Freundin mit zu ihrem Abi-Ball bringen könne? Auf ihr Nein hätte ich noch vor einem Jahr verletzter reagiert, hätte mich getroffen und abgewiesen gefühlt. Heute verstehe ich meine Tochter besser und weiß, dass ihr Nein kein Nein gegen mich ist, sondern ein Schutz für sie. Sie bleibt in der Schule, ich gehe wieder. Mich sehen ihre Mitschülerinnen wenige Stunden, meine Tochter muss noch Monate mit ihnen auskommen. Ich gehe zurück in mein Leben, von dem ich ein kleines Stück im »öffentlichen« Leben meiner Tochter »präsentiert« habe. Meine Tochter aber steckt mittendrin und kann nicht ausweichen. Sie wird all die Fragen ertragen müssen, die sie so hasst und die ihr so peinlich sind: Warum kommt deine Mutter mit einer Frau? Warum küssen die sich? Ist deine Mutter etwa lesbisch?

Ja, ich bin lesbisch. Seit vielen Jahren lebe ich mit der Gewissheit, dass es kein Leben mit Männern mehr geben wird. Mein

Herz gehört den Frauen. Im Grunde schlug es schon immer für Frauen, aber ich nahm das Klopfen und Drängen nicht wahr, ich achtete nicht genug darauf. Ich verstand es ja selbst nicht. Bis sich meine Liebe zu Frauen selbstständig ihren Weg brach und ans Licht wollte. Für meine ältere Tochter war es ein Eintritt in eine neue Welt. Ida ist heute zwanzig. Für Dora, die jüngere Tochter, heute fünfzehn, war es ein Prozess, der fast nebenbei ablief. Sie war fünf, als ich mein Coming-out erlebte.

Meine Töchter reagierten sehr unterschiedlich auf mein Coming-out. Jede in ihrer Eigenheit, jede in ihrer Sicht auf die Welt. Ida ist still und in sich gekehrt. Sie möchte nicht auffallen und ruhig leben. Sie scheut die Aufregung. Sie kommt nie zu spät, denn dann könnte sie ja gesehen werden. Am liebsten hat sie es, wenn sie von Leuten, die sie nicht kennt, kaum wahrgenommen wird. Eine lesbische Mutter indes bedeutet Aufmerksamkeit, Aufsehen, Außendarstellung. Es bedeutet Fragen und Auseinandersetzung mit dem Nichtalltäglichen. Als Petra das erste Mal bei uns übernachtete, kam Ida morgens in mein Zimmer und fragte mit Grauen in der Stimme: »Wohnt die jetzt bei uns? Bist du jetzt lesbisch?« Oft fragte sie mich, ob ich nicht doch wieder Männer lieben könnte und ob ich nicht zu ihrem Vater zurückkehren wolle.

Dora ist anders. Aufgeschlossen, lustig, lebendig. Sie steht oft im Mittelpunkt und fällt gern auf. Eine lesbische Mutter bedeutet auch in ihren Augen Aufmerksamkeit, Aufsehen, Außendarstellung. Aber sie genießt das. Mit einer lesbischen Mutter ist sie etwas Besonderes, eine lesbische Mutter kann nicht jede aufweisen. Gern und oft erzählt sie, dass ihre Mutter Frauen liebt. Ihre ganze Klasse weiß das. Manchmal ist es mir fast unangenehm, wenn sie damit »angibt«. Ich möchte selbst entscheiden, wer von meiner Homosexualität erfährt und wer nicht.

Während meine große Tochter mit mir nicht gern über Themen spricht, die Beziehungen und Sexualität streifen, ist meine jüngere Tochter offensiv und forsch. »Wie du das nur aushältst ohne Sex«, fragte sie kürzlich, mehr rhetorisch als es wirklich wissen zu wollen. Meiner großen Tochter muss ich Gesprächsangebote machen und abwarten, wie sie reagiert. Ich werde keine Frau mehr so stark in unser Leben lassen, wie ich es bei Petra zuließ. Einige Monate nach der Trennung von Petra hatte ich eine lose Liaison mit einer Frau, die ich aber nie mit nach Hause brachte. Strikt trennte ich Familie und Liebesleben. So kurz nach meiner langjährigen Beziehung wollte ich nicht gleich wieder in die nächste stürzen, ohne vorher ausreichend durchgeatmet zu haben. Aber ich fragte Ida dennoch, ob sie die Frau mal kennen lernen wolle. Unerwartet entgegnete meine Tochter: »Sie kann ja mal vorbeikommen.« Mit ihrer Antwort überraschte mich Ida, ich war froh, dass sie sich allmählich für mein Beziehungsleben öffnete.

Später wurde mir klar, dass meine Tochter Petra nicht so sehr als Frau, sondern vor allem als Person ablehnte. Petra strahlte Autorität aus, Petra bestimmte, Petra gab den Ton an – obwohl es meine Kinder waren, der sie die Richtung wies, obwohl es sich um meine Familie handelte. Petra wollte immer Recht behalten und beherrschte unser Haus. Und ich ließ es zu. Damit kam Ida nicht klar, das lehnte sie ab, das verfluchte sie. Wie ein Eisenring, der von einem Weinfass springt, löste sich ihre Verspannung, als Petra die Tür zum letzten Mal hinter sich schloss.

Trotz aller Trauer, die sich über mich legte wie ein Schleier, war auch ich erleichtert, als sie weg war. Ich befreite mich von einem Beziehungsverhalten, das ich von klein auf gelernt hatte. Ob in der Liebe zu Petra oder früher in den Beziehungen zu Männern oder in meinem Verhalten zu meinen Eltern: Ich duckte mich und wurde passiv, bis ich mich selbst nicht mehr spürte. Ich war nie mutig genug zu sagen, was ich dachte und wollte, ich war nicht ausreichend widerstandsfähig für die Kraft meines Gegenüber. Mein ausgeprägtes Harmoniebedürfnis hinderte mich daran, zu streiten und zu fordern. Ich war der personifizierte Auseinanderfall von Verstand und Gefühl.

Dieses Modell übernahm ich von meinen Eltern, insbesondere von meiner Mutter. Stets waren wir die perfekte Familie: Mutter Lehrerin, Vater Lehrer, funktionierende Kinder. Wir wurden bewundert und beneidet um unser Glück. Bis sich meine Eltern scheiden ließen. Zu Beginn der siebziger Jahre keine Seltenheit in der DDR, dennoch spürte ich die Veränderung, die unser Leben deutlich durchzog. Ich litt unter der Scheidung, nahm es aber damals nicht wahr.

Der innerhäusige Frieden sah anders aus als das perfekte Bild, das wir abgaben. Vater gab den Ton an, Mutter verhielt sich still. Es wurde gemacht, was Vater sagte. Niemand wehrte sich dagegen, niemand begehrte dagegen auf. Alle fügten sich, es wurde Harmonie gepflegt. Mein Vater wollte dies so, er richtete sich in der friedlichen, kleinbürgerlichen Familienidylle ein, die er als Kind nie erlebt hatte. Er wurde adoptiert und vermisste stets Einmütigkeit, die er uns nun aufdrängte. In unserem Hause wurde nie gestritten und kaum ein lauter Satz gesprochen. Alle Probleme wanderten mit den Essensresten in den Müllschlucker oder wurden mit Alkohol aus dem Zimmer gespült. Wahrscheinlich hat meine Mutter schon damals unter der Situation gelitten, aber sie ertrug sie stoisch und sagte kein einziges Wort. Stets verhielt sie sich distanziert und abweisend. In den Sätzen, die an mich gerichtet waren, erkannte ich nie Sorge und nur selten Freude, aber immer Vorwürfe und Anweisungen. Manchmal erschien mir meine Mutter wie ein schweigender Eisblock. Sie ließ nichts von dem nach außen, was sie im Innersten bewegte.

Nur manchmal lockerte sie ihre Fesseln und erzählte, was sie quälte. Aber nie im Beisein meines Vaters, sondern immer, wenn er weit weg war. Sie sprach schlecht über ihn uns Kindern gegenüber und vor Freunden und Bekannten. Das verletzte mich. Wahrscheinlich dachte sie nicht daran, wie ich empfinden könnte, wenn sie es tat. Wahrscheinlich kam es ihr nicht in den Sinn, dass sich Kinder schuldig fühlen und traumatisiert werden, wenn die Mutter schlecht über den Vater spricht, den Kinder genauso wie die Mutter lieben, als zweite Ebene ihres eigenen Daseins. Und sie verbündete sich mit meinem Bruder gegen meinen Vater. In meinem Bruder suchte sie das gemeinsame Leid, mein Bruder litt noch stärker unter der Autorität meines Vaters als ich. Mein Bruder hatte im Gegensatz zu mir keine Freiheit, sich zu entscheiden. Er war der Sohn und unterlag noch stärker der Dominanz seines Vaters. Ich war die Tochter, die der Vater liebte und mit der er viel unternahm. Wir wanderten, waren schwimmen und hatten viel Spaß miteinander. Das gefiel meiner Mutter nicht, aber sie lehnte sich nie offen und direkt dagegen auf, sondern drückte ihren Unmut in Körpersprache aus. Sie sagte nicht: »Ich will nicht, dass du mit deinem Vater wegfährst«, sondern verzog ihre Mundwinkel, legte sich schlechte Laune ins Gesicht und sprach gar nicht mehr. So stand ich zwischen meiner Mutter und meinem Vater. Ich wollte von beiden geliebt werden, aber beide hegten einen Alleinanspruch an mich. Beide zerrten an mir herum, und ich wusste oft nicht, zu wem ich mich mit welchem Gefühl verhalten sollte. Wie gelähmt kam ich mir manchmal vor, ich wollte es beiden recht machen und wusste nicht, wie. Selbst Jahre nach ihrer Scheidung, als ich eine erwachsene Frau war, ging das Spiel weiter. Während der Vorbereitungen für meine eigene Hochzeit stellten mich meine Mutter und mein Bruder vor die Entscheidung: »Entweder wir oder er! Wenn du deinen Vater zur Feier einlädst, kommen wir nicht.« Ich wusste nicht, wohin ich gehöre. Wie zerrissen war ich, als Erwachsene noch und erst recht als Kind. Wenn mein Vater früher einen Ausflug ankündigte und ich in Mutters trauriges wie wütendes Gesicht blickte, war die kurze Reise keine Reise in die Erholung, sondern eine in Anspannung und Unsicherheit.

Meine Zerrissenheit machte es mir schwer, eine eigene Individualität, eine eigene Identität zu entwickeln. Viele Jahre schlitterte ich identitätslos durch das Leben, ich schwebte irgendwo, ohne Boden unter den Füßen. Ich konnte mein Leben nicht greifen, manchmal glaubte ich, es zerrinne mir zwischen den Fingern. Und noch heute frage ich mich manchmal, wer ich eigentlich bin, jenseits der einstigen Erwartungen meiner Eltern. Oft sollte ich Ansprüche erfüllen, dass ich noch heute mitunter nicht weiß, welches Bedürfnis ich eigentlich habe. Was will ich, was brauche ich?

Ich hätte gern Religionswissenschaften studiert, habe es aber nicht getan, weil ich es meiner Mutter und meinem Bruder recht machen wollte. Ihren Singsang in meinen Ohren wäre ich niemals losgeworden, wäre ich meiner inneren Stimme gefolgt: »Du bist wie dein Vater, du wirst immer so sein wie dein Vater.« Diesen Satz hörte ich oft und immer als Vorwurf. Allein deshalb wollte ich nie so sein wie er, wäre es aber andererseits auch gern ein wenig gewesen. Ebenso wollte ich die Liebe meiner Mutter.

Aber auch mein Vater wollte, dass ich nie so werde wie meine Mutter. Vielleicht wurde ich deshalb keine Lehrerin? Weil ich es meinem Vater recht machen wollte? Oder doch eher aus Opposition gegen meine Mutter? Ich weiß es nicht. Im Grunde ist es egal, da ich meinen Weg gefunden habe. Mehr oder weniger. Dennoch erwische ich mich immer wieder dabei, wie ich mir eine kleine heile Welt wünsche, die heilige Familie, obwohl ich weiß, dass es sie nicht gibt. Ich sehne mich nach einem Zusammenleben mit einer liebevollen Freundin und meinen beiden Töchtern. Aber ich strebe keine oberflächliche Harmonie an, sondern eine Liebe, in der jede sein darf, wie sie ist. Eine Liebe, die an der Existenz rührt, ohne an ihr zu rütteln. Vielleicht beruht mein Wunsch nach Einigkeit und Frieden auf meiner Suche nach Identität und Individualität, darauf, einmal so sein zu dürfen wie Mutter und Vater und auch wie ich selbst. In sich verschiedene Personen vereinen, ohne zerrissen zu sein, ohne sich aufgeben zu müssen. Einmal ganz zu sein.

Als ich Petra kennenlernte, glaubte ich, all das gefunden zu haben. Ich fühlte mich aufgefangen und angenommen als diejenige, die ich war. Petra nahm mich mit all meinen Fähigkeiten, Defiziten und Ängsten wahr, sah mich als Ganzes. Anders als meine Eltern, die Liebe nur gegen Leistung verabreichten. Doch nach und nach verfingen wir uns beide in einem Beziehungsgeflecht, das uns und unsere Liebe zerstörte: Petra war die Leutselige, ich die Schweigende. Sollte ich eine Filmsequenz unserer Beziehung entwerfen, hätte es klare Konturen und sähe überschaubar aus: Petra und ich sitzen in der Küche am Tisch, darauf steht eine Flasche Wein. Die Luft im Raum ist geschwängert vom Zigarettenqualm und Petras erhitztem Gemüt. Sie wedelt und rudert mit den Armen, während sie erzählt. Ihr Mund kennt kaum Pausen, ununterbrochen purzeln die Worte von ihren Lippen. Selbst wenn sie an der Zigarette zieht, spricht sie. Und ich hocke ihr gegenüber und schaue sie an. Ich höre ihr zu, zunächst aufmerksam und beteiligt, später ist es nur noch meine physische Anwesenheit, die aus mir spricht.

Petra wurde immer größer und gewaltiger, wie ich in gleichem Maße schrumpfte und mich immer mehr in mir verkroch. Und darüber manchmal meine Kinder vergaß. Vor allem Ida litt unter dieser Situation. Wahrscheinlich sah sie mich, wie ich einst meine Mutter sah: in einer demütigen Haltung und zurückgenommen. Wahrscheinlich spürte sie keine Liebe, so wie ich als Kind keine spürte. Und anstatt mich hinter meine Kinder zu stellen, verteidigte ich Petra, wenn es zu Konflikten kam. So wie meine Mutter ihre Tochter verriet. An Männer. Nach ihrer Scheidung tauchten immer mal wieder fremde Männer im Schlafzimmer meiner Mutter auf. Sie hatten stets Vorrang vor mir, ihrer Tochter, auch wenn es nur flüchtige Begegnungen waren. Die Erinnerung an das Gefühl, das sich damals in mir breit machte, schnürt mir noch heute die Kehle zu: Ein Fremder ist wichtiger als das eigene Kind, ein Mann verdrängt die Liebe zur Tochter.

Ich hätte mir dieses Gefühl zurückrufen müssen, als Petra bei uns lebte. Aber ich ließ weder die verschüttete Emotion an mich heran, noch stellte ich Petra in Frage. Im Gegenteil, ich kopierte meine Mutter in jenem Verhalten, das ich als Kind zutiefst ablehnte. Petra waren die Mädchen meistens im Weg, auch wenn sie sich um sie kümmerte. Aber es war mehr ein Mechanismus, der in ihr ablief, als eine wahre Anteilnahme. Petra hat die Kinder zwar gelten lassen, doch nur dann und so lange, wie sie es selbst wollte. Zu Beginn unserer Beziehung sah ich ihre Abneigung gegen die Kinder nicht, vielleicht wollte ich sie nicht sehen. Ich war dankbar für Petras Existenz, für ihre Zuneigung und ihre Kraft, die sie mir lieh. Erst als ich Idas Veränderung spürte, begann ich genauer zu beobachten und zu fragen. Und tat dennoch einiges, was ich heute nie wieder tun würde. Ich stellte mich nicht deutlich genug an die Seite meiner Kinder und blieb verstrickt in der Beziehung, die keiner von uns mehr gut tat. Eines Abends setzte ich mich zu Ida ans Bett und sagte: »Ich glaube, Petra hat Probleme mit Kindern, weil sie selbst keine glückliche Kindheit hatte.« Ich wollte Ida Verständnis abringen, für Petra, für ihre gelegentliche Härte, für uns. Doch Ida distanzierte sich und fühlte sich vermutlich ungeliebt. So wie ich mich stets ungeliebt gefühlt hatte.

Oft fragte ich mich, warum meine Mutter mir gegenüber keine Wärme ausstrahlte und keine Güte zeigte. Wahrscheinlich liegt es an ihrer eigenen Geschichte, die so bitter und schmerzhaft ist wie die Geschichte einer jungen Frau nach Kriegsende nur sein kann. Als Neunzehnjährige musste sie ebenfalls in die Scheune, in die die Russen alle Frauen zerrten. Vermutlich war es das erste Mal. Wie sie »es« überstand, was sie fühlte, weiß ich nicht. Sie hat nie darüber gesprochen, ihre Gefühle hat sie nie in Worte gefasst. Ein einziges Mal erzählte sie von der Scheune und den Russen, dabei war ihre Stimme tonlos und ihr Körper drückte Abwesenheit aus. Vermutlich eine Abwehrreaktion und ein Schutz, um die Vergewaltigungen und Qualen nicht wieder aufleben zu lassen. Wahrscheinlich spaltet ihr Hirn die Vergangenheit von der Gegenwart ab, um nicht verrückt zu werden. Wahrscheinlich hätte sie gern lustvoller gelebt, aber ihr Körper und ihr Gedächtnis ließen es nicht zu.

Vermutlich wollte sie sich in ihrem Leid mit mir verbünden, von meiner Not indes blieb sie relativ unberührt. Eine Stütze war sie nur selten. Sie wollte nie wissen, wie es mir geht, sie fragte nie. Einmal, ich war etwa dreißig Jahre alt, erzählte ich ihr, dass ich als Kind von einem Freund meines Bruders sexuell missbraucht worden bin. Ich war fünf, er fünfzehn. Er hat mich nicht festgehalten oder geprügelt, mich aber überredet, mit ihm zu schlafen. Die Schmerzen blendete ich aus. »Ich finde, du solltest das wissen«, sagte ich zu meiner Mutter. Jahrzehnte habe ich den Missbrauch verschwiegen und verdrängt. Wie alle Mädchen und Frauen, denen diese körperliche und seelische Pein widerfährt. Als Erwachsene wagte ich mich an diesen Schmerz heran und wollte ihn mit meiner Mutter teilen. Es hatte mich unbändige Kraft gekostet, den Missbrauch mir selbst gegenüber zu gestehen, und noch größere Anstrengung, den Mann, der mir das antat, damit zu konfrontieren. Als ich meiner Mutter davon erzählte, schaute sie mich mit großen Augen an und fragte nur: »Kannst du dir vorstellen, wie es dem armen Kerl jetzt wohl geht?« Ihre Reaktion war wie eine Holzkeule auf meinen Schädel.

Heute glaube ich, dass sie aus reinem Selbstschutz so hart reagierte. Sie hätte nicht gewusst, wie sie ihren und meinen Schmerz aushalten sollte, sie hätte die Ohnmacht nicht ertragen. Mittlerweile sehe ich meine Mutter als verzweifelte Frau, die ihr Leben nicht in der Hand hatte. Das Leben, zu dem sie verdammt war, war nicht ihres, sie hätte gern ein anderes gehabt.

Bis zu meinem Coming-out sah meine Mutter in mir eine Konkurrentin. Wir waren Kontrahentinnen und buhlten um meinen Vater. Er machte all die Dinge mit mir, die er seinem Empfinden nach mit seiner Frau hätte machen sollen und auch gern mit ihr gemacht hätte: Wandern, Ausflüge in die Natur, Museumsbesuche, Skilaufen, Essen gehen. Er machte mich zu seiner mentalen Partnerin. Und verdrängte damit seine Frau von seiner Seite und setzte mich statt dessen an ihren Platz. Er schob sich zwischen Mutter und mich. Unserem Verhältnis bekam dies keineswegs gut, meine Mutter war eine eifersüchtige Frau.

Mit meinem Bekenntnis zu Frauen stellte sich die Frage nicht mehr, ob die Männer, die das Leben meiner Mutter streiften, auch mich interessant finden könnten. Ohnehin empfand ich die Männer meiner Mutter stets ausdruckslos und langweilig, die meisten mochte ich nicht. Mein Interesse schlug eine andere Richtung ein: meine Mutter. Ich hatte gehofft, dass wir uns nach der Trennung von meinem Vater näher kommen und hatte mir gewünscht, dass sie mich an sich heranließe und ihre Distanz aufgebe. Doch sie tat all dies nicht, und so blieb unser Verhältnis weiter schwierig.

Schon als Mädchen spürte ich, dass es nicht Jungs sind, die meine Gedanken flirren lassen, sondern Mädchen. Das Geschlechterbild meiner Eltern, der damaligen Zeit und der ostdeutschen Kleinstadt, in der wir lebten, war heterosexuell. Um so erstaunter war ich, dass meine Mutter weder erschrocken noch entsetzt war, als ich ihr mein Coming-out »beichtete«. Ich war verblüfft, dass sie plötzlich offen und »modern« war. Überrascht, dass ich mich problemlos vor ihr und ihren Bekannten zu meinem Lesbischsein bekennen konnte. Dafür war und bin ich ihr dankbar.

Vielleicht aber lag die Ursache ihrer Offenheit und Souveränität gegenüber meinem neuen Lebensentwurf auch in der Tatsache begründet, dass es von ihrem Dasein weit entfernt war und sie kaum traf. Sie war stets auf sich bezogen. Ohne jedoch richtig glücklich zu sein. Sie hat zu oft geschwiegen und zu viel getrunken. Sie hörte und sah nicht anderer Leute Not. Sie schwieg auch, als mein Bruder, ihr Lieblingskind, sich das Leben nahm. Und dachte an ihr Wohlbefinden. Er kündigte seinen Selbstmord an, und sie sagte: »Das kannst du mir nicht antun.« Heute weiß ich, dass sie unfähig war, anders zu reagieren. Sie konnte sich ja nicht einmal selbst helfen, geschweige denn ihrem Sohn.

Er erhängte sich. An einem Sommertag an einem Kirschbaum in seinem Garten. Seine Frau fand ihn. Es hätten aber auch seine Kinder sein können, die aus der Schule kamen und ihren Vater im Haus vermuteten. Mein Bruder muss heftig gelitten haben in der Zeit vor seinem Selbstmord. Dennoch empfinde ich seine letzte Tat als verantwortungslos – vor allem seinen Kindern gegenüber.

Obwohl mein Bruder seinen Suizid mehrfach angedeutet hatte, glaubte ihm niemand. Auch ich nicht. »Ich halte es nicht mehr aus, ich bring' mich um«, sagte er einige Male. Niemand nahm ihn ernst, niemand vermochte in seine Seele zu blicken und zu erkennen, wie leer, trostlos und dunkel es dort bereits ausgesehen haben musste. Er erlag seiner Hilflosigkeit und vermutlich seinen Statusvorstellungen. Kurz nach der Wende zog er mit seiner Frau und den beiden kleinen Kindern in den Westen, im Kopf *sein* Bild von Glück und Zufriedenheit: Haus, Garten, Auto. Zunächst konnte er diesem Bild gerecht werden, er arbeitete, verdiente gut, baute ein Haus, legte einen Garten an, hatte ein großes Auto. Doch dann wurde er krank und arbeitslos. Seine Ehe ging kaputt, und er schien in seinem Leben keine Zukunft zu sehen, keine, die seinem Statusglauben entsprach. Er konnte nicht um Hilfe bitten, und so verschloss er sich einem Ausweg, der möglich gewesen wäre.

Sein Selbstmord war schlimm, die Trauer war schlimm, am schlimmsten aber waren Mutters Worte: »Und was machen wir jetzt?« Ob nach dem Tod meines Bruders oder früher, als ich klein war und sie vor einer Entscheidung stand. »Was machen wir jetzt?« Das fragte sie mich, ihre Tochter, die erst recht keine Antwort auf die Frage wusste, ob und was sie einkaufen sollte, wie man Wunden behandelt und Tränen trocknet. Sie konnte ihr Leben nicht lieben und verrannte sich in einer Ratlosigkeit, die ich oft zu spüren bekam. Nichts ist schlimmer für ein Mädchen als eine unentschlossene Mutter. Ihre Unentschiedenheit hat mich stärker geprägt, als mir lieb ist, sie hat auch aus mir eine Frau werden lassen, die sich schwer entscheiden kann.

Eine Zuflucht fand meine Mutter im Alkohol. Früher habe ich es nicht wahrhaben wollen, ich hätte es nie über meine Lippen gebracht: »Meine Mutter ist Alkoholikerin.« Aber ich versuche, der Wahrheit stets ins Gesicht zu blicken, und möchte die Fehler meiner Mutter nicht wiederholen. Ich versuche, aufrecht zu gehen, gegebenenfalls auch zu stolpern, aber ich will mich und meine Kinder nie belügen. So wie es meine Mutter ihr Leben lang tat. Wahrscheinlich hat sie schon getrunken, als ich noch klein war. Anstatt sich offen auseinanderzusetzen und um ihr Leben zu kämpfen, verschloss sie sich in Feigheit und Jammern. Und wurde deshalb so unnahbar und abweisend. Niemand sollte wissen, wie es ihr geht, wie es in ihr aussieht.

Ich werde nie erfahren, wer ich hätte sein können, wenn meine Mutter nicht getrunken hätte und wenn ich nicht missbraucht worden wäre. Nach wie vor macht mich diese Wahrheit traurig, aber sie ist Teil meiner Biographie. Aber nicht mehr das Einzige, was zählt. Ich sehe mich nicht mehr als Opfer, als Leidtragende mütterlichen Handelns. Ich genieße mein Leben, laufe auf festem Boden, trinke nicht und habe zwei wundervolle Töchter. Seit ich das erkannt habe, seit ich mit mir nicht mehr hadere und nicht mehr meiner Mutter die »Schuld« gebe, hat sich unser Verhältnis grundlegend verändert: Ich habe ihr verziehen. Jetzt sehe ich sie nicht mehr nur als Mutter, sondern auch als eigenständige Frau in ihrer Zeit, in ihren Grenzen und Zwängen. Und Möglichkeiten. Ich mache ihr keine Vorwürfe mehr, so wie früher, als ich viele meiner Probleme ihr zuschob. Ich werfe ihr nicht mehr meine Kindheit vor und klage nicht darüber, was sie versäumt hat, für mich zu tun. Mein Blick hat sich geweitet und lässt das Gute erkennen, das sie mir zukommen ließ. Über diesen Wandel, über meine Veränderung, bin ich selbst überrascht.

Jetzt ist meine Mutter unheilbar krank. Sie hat Alzheimer und lebt in einem Pflegeheim, in dem ich sie regelmäßig besuche.

Das erste Mal in meinem Leben begegne ich meiner Mutter ohne Furcht und Scheu, sondern mit einem unerschütterlichen Selbstbewusstsein. Das hat einen einzigen Grund: Meine Mutter ist nicht mehr in der Lage, Forderungen zu stellen. Ich kann zu ihr gehen, und sie erwartet nichts. Ich kann tun und lassen, was ich will, ich mache alles richtig. Ich kann bei ihr sein, so wie ich bin.

Einerseits bin ich froh über diesen Zustand. Endlich treibt mich keine Angst mehr, etwas falsch zu machen und den Verlust ihrer Zuneigung zu riskieren. Andererseits bin ich auch tieftraurig. Ihre Krankheit nahm uns die Chance, über unsere versteckte Liebe zu reden. Jetzt weiß ich, dass es sie gab, wir haben sie nur nicht an uns herangelassen. Die Diagnose war wie der Tod. Als der Arzt mir sagte, meine Mutter hätte Alzheimer, sah ich sie das erste Mal sterben. In diesem Moment wurde mir klar, dass ich meine Mutter liebe, dass ich sie immer geliebt habe. Und dass es mir egal wäre, wenn sie mich in gesundem Zustand fertig machen würde für all meine Fehler, obwohl sie selbst fast alles falsch gemacht hatte. Als ich ihre Wohnung ausräumte, erschien es mir, als würde ich meine Mutter lebendig begraben müssen.

Seit dem Ausbruch ihrer Krankheit änderte sich mein Verhältnis zu ihr grundlegend. Jetzt kann ich Nähe zulassen, soweit sie überhaupt möglich ist. Jetzt kann ich offen sein und herzlich. Vor der Krankheit hätte ich all das nicht leisten können, ich war in gleichem Maße um Distanz bemüht. Wir waren beide nicht in der Lage, diese Entfernung zwischen uns aufzugeben, und in einem Muster verstrickt, das uns keine Veränderung ermöglichte. Ich war und blieb stets das Kind, in ihren Augen und in meinen. Das ist vorbei.

Plötzlich ist alles so leicht geworden, nicht federleicht, dazu steckt die Geschichte zu stark in meinen Gliedern, aber leichter, als ich es mir jemals hätte ausmalen können. Erst seit meine Mutter krank ist, spüre ich, dass ich eine Mutter habe, empfinde ich positive Gefühle für sie. Sie spricht mit mir, das erste Mal in ihrem Leben ohne den insistierenden Vorwurf in der Stimme, das erste Mal, ohne Befehle zu erteilen. Wahrscheinlich stehen wir das erste Mal auf einer Stufe.

Jetzt gehört sie zu meinem Leben, wie es vorher nie war. Aber ohne jegliche Dramatik. Ich halte ihr heute nicht mehr vor, dass sie ihr Leben so lebte, wie sie es lebte, dass sie getrunken hat und nicht so war, wie ich es gern gehabt hätte. Als ich allein in ihrer Wohnung stand, nachdem sie ins Heim eingeliefert worden war, das erste Mal ohne ihre Gegenwart, ohne ihre Präsenz, die meinen Blick vernebelte, spürte ich, dass sie ein eigenes Leben geführt hatte, dass sie ein eigenständiger Mensch war.

Ich leide nicht mehr an ihr. In dieser Erkenntnis liegt ein großes Maß an Lebensqualität. Mir würde es heute nicht gut gehen, hätte ich mich auf diesen Gedanken- und emotionalen Quantensprung nicht eingelassen. Früher achtete ich beispielsweise streng darauf, nicht zu dick zu sein. Weil meine Mutter ein wenig korpulenter war. Ich wollte nie so aussehen und nie so sein wie meine Mutter. Heute, da ich meinen Frieden mit ihr geschlossen habe, stört es mich nicht, wenn ich Ähnlichkeiten zwischen uns feststelle. Ich bin nicht mehr abhängig von ihr. Ich war es, als sich meine Welt stark um sie drehte. Ich arbeite mich nicht mehr an ihr ab und sehe mich nicht genötigt, mich von ihr abzugrenzen. Ich habe mich befreit von ihr und sie dadurch neu gewonnen. Vor allem Liebe gewonnen. Die Versöhnung mit ihr hat mich zur Ruhe kommen, meinen inneren Frieden finden lassen.

Es geht mir gut. Was fehlt, ist eine Beziehung. Eine Liebe, wie sie mir gut tut und mich nicht zerstört. Mit meinem jetzigen Wissen ist die Hoffnung verknüpft, dass meine nächste Frau mich nicht verschwinden, sondern strahlen lässt, dass ich mit ihr – wie ich jetzt mit meiner Mutter – auf einer Stufe stehe. Diese Frau würde ich dann auch meinen Töchtern vorstellen.

KONTROLLE HAT EIN GESICHT – MEINE MUTTER

Konstanze S. ist nicht einmal bei der Suche nach einem Mann frei

»Ist er Christ?«, fragte meine Mutter, als ich ihr sagte, dass ich schwanger bin und mit einem Mann zusammenlebe. Die Frage, ob jemand in die Kirche geht, entscheidet bei meiner Mutter in hohem Maße darüber, ob sie ihn akzeptiert. Ein gläubiger Mensch kann nicht schlecht sein, denkt sie, ein gläubiger Mensch ist ein besserer Mensch. Mit meiner Antwort versetzte ich meine Mutter in hellen Aufruhr: Der Vater meines Kindes sitzt mitnichten jeden Sonntag in der Kirche, kommt aus Bolivien und ist schwarz. »Das kann ja nicht gut gehen«, raunte sie nur. Und schlug in einem Lexikon nach, wie hoch der farbige Anteil der Bevölkerung in dem lateinamerikanischen Land ist.

Die Gottesgläubigkeit meiner Mutter ist bigott und falsch. Sie beruht auf einem Mangel. Dem Mangel an Selbstliebe und Vertrauen. Andere Menschen sind in den Augen meiner Mutter dubios, minderwertig und dumm. Mit dieser Haltung tritt sie ihnen gegenüber auf. Niemand kann es ihr recht machen, mit Kritik weiß sie zu handeln wie andere mit Gewürzen. Und sie verlangt nicht viel für ihre Vorwürfe, Anfeindungen und bösen Worte – die gibt sie gratis. Jeder bekommt etwas davon, ob er will oder nicht, ob er es verdient hat oder nicht. An niemandem lässt sie ein gutes Haar. Es sei denn, er ist Christ. Einem Christen sieht sie alles nach, ein Christ darf so manches, wofür andere die Guillotine erfahren hätten. Sie teilt die Welt in Gut und Böse und malt sie sich in Schwarz und Weiß. Grau- oder gar Bunttöne kommen in der Philosophie meiner Mutter nicht vor. Farbigkeit würde ihr Dasein unnötig verkomplizieren und sie nicht begreifen lassen, was vor sich geht. Für meine Mutter ist es gut, wenn es einfach ist. So einfach wie ihr Glaube an Gott.

In und für diesen Glauben hat sich alles und jeder unterzuordnen. Ihre Frömmigkeit, gepaart mit einer ungewöhnlichen Portion Naivität, wiesen ihr den Weg, ihr Leben zu gestalten. Und dies hat nur einen Sinn: Jeder muss sich opfern. Jeder Mann hat sich dem Herrn zu opfern. Und jede Frau nicht nur dem Herrn, sondern auch ihrem Mann und ihren Kindern. Richtet eine Frau ihr Tun und ihre Gedanken darauf aus, ist sie eine gute Frau. Glaubt meine Mutter. Sie verschanzt sich hinter diesem Glauben, der im Grunde aber nur eine Ausrede ist. Eine Ausrede für nicht gelebtes Leben und ihre Angst vor dem Leben.

Mit dieser Ausrede wurde ich groß, und ich muss sie immer noch ertragen. Ich bin 38 Jahre alt, aber in den Augen meiner Mutter noch immer ihr kleines Mädchen, das nicht weiß, welche Überraschungen das Dasein bieten kann. Wäre ich das geworden, was meine Mutter versucht hat aus mir zu machen, wäre ich heute wirklich noch das kleine Mädchen, das der Welt hilflos gegenübersteht. Doch die Erziehung meiner Mutter sprengte mir – Gott sei Dank – nicht die Füße weg, sondern produzierte in mir einen so starken Gegenwillen, der mich vor meiner Mutter und vor mir selbst rettete. Und ich begriff frühzeitig, dass ich mich aus den Klauen meiner Mutter befreien muss, will ich ein selbstständiger und glücklicher Mensch werden.

Meine Mutter ist eine bestimmende Person. Sie regiert jeden, der es zulässt. Aber das sind nicht mehr viele Menschen. Eigentlich ist es nur noch mein Vater. Alle anderen haben sich zurückgezogen oder den Kontakt abgebrochen. Meine Schwester lehnt jede Begegnung mit ihr ab. Auch ich treffe mich nur widerwillig mit meiner Mutter, weil sie jedes Mal von neuem versucht, mir ihre Autorität und ihre Bestimmtheit überzustülpen. Doch ich wehre mich, ziehe mich zurück oder weise sie verbal von mir. Das ist nicht immer leicht. Mein Vater sagte mir einmal, dass er meine Mutter nur erträgt, weil er Christ ist. Sein Glauben lässt ihn ausharren und ertragen. Wäre er kein Christ, hätte er für die Ehe nicht garantieren können.

Freunde hat meine Mutter nicht. Das Wort kennt sie nur aus dem Duden, ein Gefühl für Freundschaft wahrscheinlich nur aus dem Fernsehen. Sie geht nie aus, ob allein oder gemeinsam mit meinem Vater. Meine Mutter ist unfähig, eine gleichberechtigte, harmonische Beziehung zu führen, egal zu welchem Menschen. Darf sie nicht bestimmen und die Dinge nach ihrem Willen geschehen lassen, bekommt sie Migräne. Ihre Jahre spiegeln einen Wechsel aus Bestimmen und Kopfschmerz. Damit malträtierte sie meine Kindheit und Jugend.

Ich kann mich nicht an ein anderes Gefühl meiner Kindheit erinnern als an das ihres Absolutismus. Beherrschtwerden durchzog meine Kindertage wie Wollfäden einen Teppich. Meine Mutter schirmte meine Schwester und mich von der Außenwelt ab und sperrte uns in ein Gefängnis, das Zuhause hieß. Sie untersagte uns den Kontakt zu anderen Kindern, wir durften nicht draußen spielen, wir waren auf uns selbst beschränkt. Meine Mutter arbeitete nicht, sondern blieb wegen uns Kindern zu Hause. Meine Schwester ist vier Jahre älter ich. Als ich fünf wurde, begann meine Mutter endlich wieder in ihrem Beruf als Lehrerin zu arbeiten. All die Jahre hatte sie absolute Verfügungsgewalt über uns und überwachte uns auf Schritt und Tritt. Warum sie ausgerechnet Lehrerin wurde, begriff ich erst später. Denn im Grunde hätte sie mit ihrer Angst vor Menschen nie vor eine Klasse treten können. Ihre Suche nach Kompensation wurde ihr nur in der Schule erfüllt. Von Kindern ging keine Gefahr aus. Im Gegenteil, Kinder konnte sie befehligen, kommandieren, herumscheuchen. Sie hatten sich ihr zu fügen und sich ihren Anweisungen zu beugen. In der Klasse konnte meine Mutter ihr Wesen ausleben.

Ich wurde in eine Kindereinrichtung in der Nähe der Schule gesteckt, die etwas auswärts der Stadt lag, in der wir wohnten. Zunächst fühlte ich mich unwohl unter den fremden Kindern, ich hatte keine Erfahrung im Umgang mit anderen, ich ertrug ihre Nähe nicht und vor allem nicht die Anzahl der Kinder, die mich plötzlich umgaben und auf mich einstürmten. Ich hatte das Gefühl, ich würde erdrückt. Und abends hörte ich meine Mutter dann Sätze sagen wie: »Die sind alle doof, das sind doch nur Dorfkinder.« Sie qualifizierte alle Kinder ab, per se und ohne Unterscheidung.

Auch später, als ich in der Schule war, waren alle Kinder in meiner Klasse »dumm, widerlich, unerträglich« und vor allem »nicht gut genug für meine Tochter«. Niemand, der mit mir Umgang hatte, konnte ihren Ansprüchen genügen, ihren verschrobenen Ansichten, die überkandidelt, ungerecht und kleingeistig waren. Damals lernte ich es nicht, ein Gefühl für Menschen zu entwickeln, und so schleppte ich in der Tat die merkwürdigsten Freunde mit nach Hause. Ich wusste nicht zu unterscheiden zwischen wahren Freunden und absonderlichen Kreaturen. Wenn meine Mutter sich dann über sie erhob und über sie schimpfte, mochte sie sogar ein wenig Recht gehabt haben. Nur vergaß sie benennen, dass meine Wahl einzig und allein in der Erziehung meiner Mutter ihre Ursachen hatte.

Bis ich sechzehn war, tat ich mich schwer im Umgang mit Menschen. Unbeschwert auf andere zuzugehen und mit ihnen zu plaudern, fiel mir nicht nur nicht leicht, ich war regelrecht unfähig dazu. Ich strahlte Unsicherheit aus, die niemanden sonderlich anzog. Ich konnte nicht mit anderen reden, mich mit ihnen verabreden und einfach nur zusammen mit ihnen sein. Dies auszuprobieren war mir einst verboten worden. Erst, als ich von zu Hause wegging, lernte ich, wie es ist, jemanden kennen zu lernen, sich aneinander heranzutasten, sich zu verabreden. Ich begann eine Ausbildung zur Krankenschwester und konnte wählen, ob ich in Frankfurt lernen wolle oder in der Nähe meiner

Eltern. Ich würde in einem Schwesternheim wohnen, die ohnehin alle gleich aussahen. Ich wusste sofort, wohin es mich zieht: so weit weg wie möglich. Nur möglichst weit entfernt aus dem Blickfeld meiner Eltern und dem Zugriff meiner Mutter. Ich entschied mich für Frankfurt.

Später sagte meine Mutter, sie hätte nie zugelassen, dass ich nach Frankfurt ziehe, wenn sie gewusst hätte, wie sehr sie unter der Trennung von mir leidet. Mit diesem Satz legte meine Mutter ihre Psyche ganz und gar offen, sie breitete sie aus, so klar und deutlich, dass man in ihr lesen konnte wie in einem offenen Buch: Unter Liebe versteht meine Mutter Kontrolle, Beobachtung und Zugriff. Liebe, die auch loslassen kann, kennt meine Mutter nicht.

Lange Zeit wusste ich nicht, was Liebe bedeutet. Für diese Empfindung, die sich im Grunde von allein einstellt, musste ich erst ein Gefühl entwickeln. Brachte mir jemand, als Jugendliche und später als junge Frau, Emotionen entgegen, konnte ich sie nicht differenziert erwidern. Ich kannte keine Stufen auf der Skala der Gefühle, ich hatte keine Ahnung, wie sich Liebe in Herz und Bauch regt, stets war ich nur Gast an der Tafel der Emotionen. So fühlte ich mich auch nie ungeliebt, wie andere Kinder, die glauben, von ihren Eltern nicht angenommen zu sein. Ein eigener Raum, Empfindungen zu gebären, blieb mir verwehrt. Stattdessen wurde ich in ein Gehege mit überfrachteten und falsch verstandenen Empfindungen geschubst. Als ich klein war, musste ich vor Verwandten stets sagen, wen ich am meisten mag. »Los, Konstanze, sag deiner Tante Rosi, wen du am liebsten hast«, forderte mich meine Mutter auf. Ich spürte größtes Unbehagen, aber nie eine positive innere Regung, schon gar keine Liebe. »Jesus«, erwiderte ich brav, »Jesus habe ich am liebsten.« Denn eines hatte ich begriffen: Mit der Zuneigung zu Gott mache ich auf keinen Fall etwas falsch, Gott bietet sich mir als praktikabelste und glücklichste Ausrede, mit der ich weitere Fragen umschiffte.

In einem kalten Winter starb mein Großvater an einem Heiligabend. Er starb einen Bilderbuchtod. Die gesamte Familie war versammelt, wie es mein Großvater so sehr liebte. Der Baum war bunt geschmückt, wir aßen Gans und Ente mit Rotkohl und Klößen, später sangen wir gemeinsam Weihnachtslieder. Ich war zwanzig Jahre alt und konnte für diese wenigen Stunden das unangenehme Gefühl, das mein Elternhaus in mir produzierte, ganz tief unten in den Keller sperren. »Mir ist nicht gut«, sagte irgendwann mein Großvater, der zweite Mann meiner Großmutter, und legte sich ins Bett. Eine Stunde später war er tot. »Konstanze, du hast einen medizinischen Beruf, du musst seinen Tod feststellen.« Mit diesen Worten schickte mich meine Mutter an das Sterbebett meines Großvaters. Großvater und ich hatten stets ein inniges Verhältnis zueinander, und nun sollte ich seinen noch warmen Körper berühren und aussprechen, wovor wir uns alle fürchteten. Aber ich tat es, machte, was von mir verlangt wurde und suchte seinen Puls. Ich fühlte ihn nicht und schloss daraus, dass er nicht mehr lebte. »Ich glaube, er ist tot«, sagte ich, als ich wieder aus dem Zimmer trat. Meine Stimme muss trocken und klar geklungen haben, ich schluckte nicht und war nicht betreten. Ich konnte nicht heulen. Ich stand nur da und sagte meinen Satz: »Ich glaube, er ist tot.« »Du hast ihn nie geliebt«, schrillte plötzlich die Stimme meiner Mutter, sie überschlug sich und drehte gleich hinterher noch eine Pirouette. »Du hast ihn nie geliebt.« Welche Blasphemie, dachte ich nur. Wie kann ich heulen, wenn ich meinen Großvater friedlich in seinem Bett liegen sehe, mit dem Gedanken im Kopf an einen Tod, wie er glücklicher nicht sein kann? Als Krankenschwester in einem Altersheim habe ich senile und überalterte Menschen gesehen, die sich gegenseitig ihr letztes Stückchen jämmerlichen Lebens nahmen oder Badewasser tranken, um daran elendig zu Grunde zu gehen. Ich habe sie schreien und winseln hören, habe sie sich winden und leiden sehen. Jene Bilder arbeiteten in meinem Kopf. Das Bild von meinem schlafenden Großvater war dagegen ein Stilleben mit Totenbett. Ich liebte meinen Großvater, meine Trauer jedoch drückte sich nicht in meinen fehlenden Tränen aus.

Ich weiß nicht, ob meine Mutter das Gefühl von Liebe kennt. Sie hatte nie einen anderen Mann als meinen Vater. Sie kennt Männer nicht. Aber sie schimpft auf sie, als hätten sie ihr alles Unglück dieser Erde angetan, als hätten sie sie ausgebeutet, benutzt und beschmutzt. Schlechte Erfahrungen mit Männern als Partner, wie sie die meisten Frauen und verstärkt die in meiner Generation erleben, kennt meine Mutter nur aus Erzählungen. Mit meinem Vater hat sie einen Mann an ihrer Seite, der sie einst auf Händen getragen hat und auch heute kein schlechtes Wort über sie sagen würde. Er erträgt meine Mutter – und das ist seine größte Leistung. Jeder andere Mann wäre längst gegangen. Als ich etwa dreizehn war, sprach mich ein Nachbarsjunge von der Seite an: »Ich weiß, wer bei euch zu Hause die Hosen anhat.« Ich wusste nicht, wovon der Junge sprach. In diesem Alter war ich naiv und blauäugig und hatte von Beziehungsfragen ohnehin keinen blassen Schimmer. Da ging es mir nicht anders als meiner Mutter. Mit einem Unterschied: Sie war über zwanzig Jahre älter und verheiratet.

Ihre Unwissenheit und ihre Ahnungslosigkeit halten sie indes nicht davon ab, mir Ratschläge in Bezug auf Männer zu geben. »Du musst nur genau hinschauen, dann merkst du schon, ob einer der Richtige ist. Das mit der Liebe kommt dann schon von allein.« So lautete einer ihrer Lieblingssätze. Und der zweite: »Hauptsache, er ist Christ.« Einmal bot sie mir einen Mann aus ihrer Kirchengemeinde an, sie schob ihn mir regelrecht unter. Ich kannte diesen Mann von früher, als wir noch Kinder waren. Aber schon damals war er einer der merkwürdigsten und ekligsten Typen des Kreises. Niemand wollte etwas mit ihm zu tun haben, sein Gesicht war von Pusteln und Akne übersät, seine Hände waren schweißig, er dünstete den Geruch von Gülle aus und war einer der dümmsten Jungen, die mir jemals begegnet sind. Später, als er erwachsen war, wurde öffentlich, dass er für den Geheimdienst gearbeitet hat. Das war für ihn die einzige Möglichkeit, Anerkennung und Zuspruch zu finden. Er spionierte alle aus, die er kannte, trug jedes Detail weiter, nichts kannte bei ihm eine Grenze von Privatheit und Abgrenzung. Dieser Typ vereinte alle Negativismen, die überhaupt jemand in sich tragen kann. Aber er ging jeden Sonntag in die Kirche. Das allein gereichte meiner Mutter als Argument, ihn mir als Mann vorzuschlagen: »Das wäre doch mal einer für dich.« Mir verschlug es nicht nur die Sprache, ich empfand ihren Vorschlag als demütigend, entwürdigend und beleidigend. Bin ich in ihren Augen ein armseliges Geschöpf, dem man einen Mann verordnen muss?

Ich lebe seit über neun Jahren mit meiner Tochter allein. Als Katia ein Jahr alt war, ging ihr Vater zurück nach Bolivien. Er hatte keine Aufenthaltsberechtigung und lebte illegal hier. Als er hier war, lebten wir zusammen in einer kleinen Wohnung. Er liebte seine Tochter sehr, es war eine schöne Zeit. Erst später, als er zurück in seiner Heimat war, erfuhr ich, dass ich nicht die einzige Frau in seinem Leben war. Da gab es in Bolivien eine Frau, mit der er bereits Kinder hatte. Nach Katia bekam sie noch zwei weitere von ihm. Meine Tochter ist also umringt von mehreren Halbgeschwistern, die sie nicht kennt. Auch ihren Vater kennt sie nicht. Ich besitze einige Fotografien, die schaut sie sich oft an und fragt nach ihm. Ich antworte ihr auf alle Fragen, kann ihren Vater aber weder zur Stelle bitten noch ihn ersetzen. Ich möchte ihr auch nicht irgendeinen Mann als »Ersatzvater« vorsetzen, nur um uns die Illusion einer kleinen heilen Familie zu schaffen. Aber genau das möchte meine Mutter.

Meine Mutter liest regelmäßig die Kirchenzeitung, die wöchentlich erscheint. Wie in jedem anständigen Wochenblatt breiten sich auch in Mutters Zeitung Seiten mit Partnergesuchen und Heiratsannoncen aus. In der Liebe können auch Christen sehr irdisch sein. »Konstanze, ich lese für dich immer die Anzeigen, irgendwann ist auch für dich etwas Passendes dabei«, frohlockte sie eines Tages. Jede andere Tochter mit jeder anderen Mutter hätte diesen Satz vermutlich als Scherz aufgefasst, aber meine Mutter meint es ernst. Ich überging ihr »Angebot« mit Schweigen und mochte mir nicht ausmalen, was sie täte, wenn ich ihr nur den geringsten Anlass gäbe zu glauben, dass ich gern in den Genuss ihrer »Hilfe« käme. Allein die Vorstellung an Männer, die in Kirchenzeitungen annoncieren, lässt meine Poren unter meinen Achseln Liter von Ekel- und Angstschweiß produzieren. Einmal bekam ich – dank meiner Mutter – eine Ahnung von dieser Sorte Mann, die dringend eine Frau sucht, aber keine findet. Meine Mutter hatte eine verschlüsselte Anzeige aufgegeben, mit der sie mich als alleinstehende, arme und bedürftige Mutter ausgab, die sich nach nichts mehr sehnt als nach einem emotionalen Heim und einer sozialen Absicherung. Die Annonce war codiert, und meine Mutter schickte mir die Briefe der Anwärter und Interessenten. Als ich den ersten Brief in den Händen hielt, wusste ich zunächst nicht, wer mir da schreibt, und konnte die Zeilen und die Person, die sich anbot, in mein Leben zu schleichen, nicht einordnen. Den Brief meiner Mutter las ich erst wenige Minuten später. Der Mann, der mich ungesehen heiraten und das Kind an Vaters statt annehmen wollte, war Organist, 57, und lebte noch bei seiner Mutter. Er hatte ein Foto in den Umschlag gesteckt: Mir sprang ein pausbäckiges und milchiges Knabengesicht entgegen, dem anzusehen war, dass der dazugehörige Mann bisher nicht viele glückliche Stunden erlebt haben konnte. Ich stellte meine Mutter zur Rede und untersagte ihr strikt, mir weitere Briefe zu schicken und noch einmal eine solche Anzeige in die Zeitung zu setzen. Ich weiß nicht, ob sie erkannte, welche Grenze sie überschritten hatte.

Offensichtlich existieren für meine Mutter keine Demarkationslinien. Wo es Anfänge einer vagen Vorstellung von Abgrenzung gab, reißt sie sie nieder. Besuchen meine Tochter und ich meine Eltern, geben wir unsere Intimsphäre und unsere Identität an der Wohnungstür ab. Nicht einmal in unserem Koffer können wir ein Stückchen Eigenheit hinterlegen. Meine Mutter kramt sie hervor, zwischen Pullovern, Schlüpfern und BHs. »Ich habe nach Katias Sachen gesucht«, rechtfertigte sie sich einmal, als ich sie dabei erwischte, wie sie in meiner Unterwäsche wühlte. Mir blieben die Worte im Halse stecken, so sehr überraschte mich ihre Dreistigkeit und ihre Neugierde. Ein anderes Mal überprüfte sie meine Waschtasche. Jedes Stück nahm sie in die Hand: Zahnpasta, Deo, Bürste, Aspirin. Als ob sie mit jeder Berührung etwas von meinem Leben erführe, als könne sie es aus den Dingen quetschen. Im Hause meiner Eltern bin ich keine gleichberechtigte Partnerin, die erwachsen und selbst Mutter ist, sondern immer noch Kind, dem alle Rechte abgesprochen sind.

Wir schlafen im Wohnzimmer, wenn wir bei ihnen sind. Unser Rhythmus muss sich ihrem angleichen, auch wenn er völlig außer Tritt gerät. Wir müssen zu Bett gehen, wenn es meine Eltern anordnen, wir haben zu essen, was meine Mutter auf den Tisch trägt. Wir sind nicht mehr wir, sondern lösen uns auf. Meine Mutter platzt ins Bad, wenn meine Tochter vor dem Spiegel steht oder sich duscht. Inzwischen ist sie fast elf Jahre alt und ein vorpubertäres Mädchen. Sie hat Brüste und Schambehaarung, und es ist ihr peinlich, wenn fremde Menschen sie nackt sehen. Jeder sensible Mensch würde sich entschuldigen und die Tür rasch wieder schließen. Nicht aber meine Mutter. »Ich suche meine Taschentücher«, erklärt sie. Und es klingt nicht mal nach einer ehrlich gemeinten Entschuldigung. Katia mag nicht mehr allein zu ihren Großeltern fahren, sie stellt die Bedingung meiner Anwesenheit.

Ich frage mich, ob meine Mutter kein Gespür für Grenzen besitzt. Wenn es um die Grenzübertretung geht, die sie sich gestattet, ohne jemals gefragt zu haben, kennt sie keinen Instinkt. Ist indes ihre eigene Abgrenzung in Gefahr, wehrt sie sogleich den Anfängen. Telefoniert mein Vater, stellt sie den Lautsprecher an, so dass sie über jedes gesprochene Wort informiert ist. Führt sie ein Gespräch, nimmt sie den Apparat und verschwindet im anderen Zimmer. Sie schließt die Tür, durch die kein Laut dringt. Mein Vater ist nicht nur durch die geschlossene Tür ausgesperrt.

Oft suchte ich nach dem Sumpf der inneren Auseinandersetzungen, in dem meine Mutter steckt, und kam zu dem Schluss, dass ihre eigene Kindheit der Moder ist, aus dem sie sich speist. Wie oft erleben wir, dass elterliche Eigenheiten, auf die Kinder übertragen, diese zugrunde richten können. Die Mutter meiner Mutter, meine Großmutter, hat ihrer Tochter das Lachen verboten. Meine Mutter war ein Mädchen von sechs oder sieben Jahren und durfte ein Jahr lang Trauer tragen – mit ihren Kleidern und in ihrem Gesicht. Am Tage der Einschulung meiner Mutter kam die Nachricht, dass ihr Vater, der Mann meiner Großmutter, in Spanien gefallen ist. Für meine Großmutter brach offensichtlich eine Welt zusammen, und sie verbot sich und ihrer Tochter jegliche Lebensfreude. Meine Mutter hielt sich streng an das Verdikt und untersagte sich positive Gefühle. Vermutlich wurde sie durch diese Verinnerlichung ihr Leben lang getragen. Und lud sie und lädt sie heute immer noch bei anderen ab.

Bei mir landete unter anderem ein großer Haufen Heiratsunwille. Lange Zeit hielt ich es für völlig ausgeschlossen, jemals zu heiraten. Meine Angst, so zu werden wie meine Mutter, war mächtiger als jedes andere Gefühl. Ebenso wehrte ich mich gegen eine innere Stimme, die da von einem Kind sprach. Ich sträubte mich gegen den Gedanken, jemals ein Kind haben zu wollen. Erst als ich schwanger war, wagte ich den Schritt über die Schwelle zur Ehrlichkeit mir selbst gegenüber. Und erst durch meine Tochter erfuhr ich, wie es sein kann, bedingungslos geliebt zu werden und bedingungslose Liebe zu erwidern.

Etwas irritiert bin ich allerdings gegenüber der überaus starken Nähe, die meine Tochter einfordert. Ich bin es überdrüssig, in luftloser Enge zu agieren. Und plötzlich stampft jemand mit seinem Fuß auf und beharrt darauf. Mitunter weise ich meine

Tochter zurück, aber in dem Moment der Zurückweisung tut es mir bereits wieder Leid. Ihre Suche nach Nähe irritiert mich deshalb, weil meine Mutter in den vergangenen Jahren zu ihrer Mutter ein ähnliches symbiotisches Verhältnis aufgebaut hat und darunter viele Menschen leiden, vor allem mein Vater. Jedes Wochenende holt meine Mutter ihre Mutter zu sich, mein Vater wird erst gar nicht gefragt. Dieser Akt ist zur Selbstverständlichkeit geworden, zu einem Ritual, dem er sich nicht entziehen kann. Außer, er geht. Aber dazu ist er zu sehr Christ.

IHRE SCHLÄGE WAREN LEICHTER ZU ERTRAGEN ALS IHRE WORTE

Wenn Helen J. von ihrer Mutter etwas umsonst bekam, dann Prügel

Ich war zwei, als ich das erste Mal spürte, dass etwas nicht stimmte. Ich saß auf der Waschmaschine und sah zu, wie meine Mutter meine Schwester wickelte. Die war gerade ein paar Wochen alt und sah glatt und rosig aus. Damit ich nicht wild umherrenne und etwas umwerfe, griff mich meine Mutter und setzte mich neben das Baby auf die Waschmaschine. Ich blickte auf meine neue Schwester und meine Mutter, deren Arme sich weich und sorgend um sie schmiegten, ich blickte auf die Hände meiner Mutter, die sanft und vorsichtig den Babypopo salbten und ihm eine neue Windel verpassten. Meine Mutter und meine kleine Schwester gehörten zusammen, das spürte ich, obwohl ich erst zwei Jahre alt war. Die Arme meiner Mutter verschmolzen mit dem Bauch ihres zweiten Kindes, die Haut beider erschien wie ein glatter See. Das Bild strahlte Ruhe und Geborgenheit aus. Doch in diesem Bild hingen meine Schwester und meine Mutter, ich war draußen und ausgesperrt. Die Idylle war nicht für mich bestimmt, sie gehörte nicht mir. Ich war lediglich die Beobachterin.

Dieses Erlebnis brannte sich mir ein wie ein Feuermal, dieses Bild drückt meine Geschichte aus, die Geschichte mit meiner Mutter. Ich war ein ungewolltes Kind. »Du kamst zu früh«, sagte sie mir, als ich sieben war. »Ich wollte noch zwei Jahre leben.« Leben. Nur zwei Jahre noch. Doch ich prallte in ihr gerade begonnenes und unvollkommenes Dasein, wie so vieles in ihre

Jugend und ihre weiteren Tage krachte, das sie nicht zu bewältigen verstand. Dafür rächte sie sich. Aber nicht an ihrer Jugend, nicht an den Auslösern ihres Schmerzes, nicht an den Ursachen ihrer Leiden. Sie rächte sich nicht an sich selbst, sie rächte sich an mir. Meine Erinnerung an das Gefühl meiner Kindheit: Angst. Angst und Anspannung. Ich sehe mich als Dreijährige an der Hand meiner Mutter in einer düsteren Gasse in der Stadt stehen, in der wir wohnten. Mutter spricht mit einer Nachbarin. Mein Blick hängt an dem Kinderladen auf der gegenüberliegenden Seite, das Haus und das Lachen, das aus den Mauern dringt, ziehen mich magisch an. Ich möchte dabei sein, ich möchte mich unter die anderen Kinder mischen, mit ihnen spielen und ein Stückchen von ihrer Glückseligkeit bekommen. Doch es bleibt bei meinem sehnsüchtigen Blick. »Auf Wiedersehen«, sagt meine Mutter zur Nachbarin und zerrt mich ruckartig aus meinen Träumen. »Wir gehen nach Hause.«

»Ihre Mutter ist eine Sadistin«, sagte mir später eine meiner zahlreichen Therapeutinnen. »Ihre Mutter hat sie auf brutalste Weise misshandelt und gedemütigt.« Verdammt, so hätte ich es nie formuliert, ich hätte mich stets gescheut, solche Worte zu benutzen. Doch die Therapeutin hatte Recht. Meine Mutter war sadistisch.

Es ist Samstagmittag, unsere Familie sitzt am Mittagstisch. Mutter schaufelt mit einer riesigen Kelle Essen auf unsere Teller. Auf dem Teller, der vor mir steht, wachsen die Futterberge, deren Anblick mir starke Übelkeit bereitet. Ich stochere mit der Gabel darin herum, schiebe mir etwas davon in den Mund und ich habe das Gefühl, ich esse ununterbrochen, doch der Berg wird nicht kleiner. Mein Magen füllt sich in Windeseile, fast scheint er zu platzen. »Du bleibst so lange sitzen, bis du aufgegessen hast«, höre ich ihre Stimme an mein Ohr dringen. »... so lange, bis du aufgegessen hast ... bis du aufgegessen hast ... bis du aufgegessen hast ...« Wahrscheinlich starre ich nur noch auf den Turm aus Kartoffeln und Fleisch, der mich angrinst und verhöhnt. Ich würge an einem Brocken Fleisch in meinem Hals und glaube, daran zu ersticken. Das Stück zerfasert und klebt in meinen Backentaschen, es wird immer mehr statt weniger. Meine Mutter drückt mir die Gabel in den Mund und schiebt noch mehr Fleisch hinterher. »... so lange, bis du aufgegessen hast ...« Nach einer Stunde entreißt sie mir den Teller und stellt ihn in die Küche. Aber ich bin nicht erlöst – es gibt noch eine Kaffee- und eine Abendmahlzeit an diesem Tag. An jedem Tag. Eine Stunde später droht mir der Teller erneut. Das Essen ist kalt, glitschig und eklig. »... bis du aufgegessen hast ...« Der Berg wird kaum flacher, und es bleibt ja noch immer das Abendessen.

Ich muss gerade sitzen und darf nicht kleckern. Ich bin gestreckt wie eine überspannte Saite einer Gitarre, die zu zerreißen droht. Ich konzentriere mich darauf, dass die Kartoffel auf dem Weg zu meinem Mund nicht mit einem Platschen auf den Teller spritzt. Meine schweißigen Kinderhände umklammern die Gabel, so fest, dass meine Finger blau werden. Doch die Gabel bewegt sich, so als seien meine Finger mit Öl eingerieben. Ich bin fest und steif und will alles richtig machen und sauber lassen. Doch es passiert, es passiert immer und immer wieder: Die Kartoffel fällt zurück in die Soße. Es kleckert auf meine weiße Bluse, auf das helle Tischtuch, auf die Tapete. »Was machst du denn schon wieder?«, kreischt meine Mutter. »Los, runter.« Sie stellt meinen Teller auf den Fußboden, neben den Tisch. Wortlos hocke ich mich auf die Erde und beuge meinen Kopf über den Teller. Der Fußboden möge verschont bleiben, hoffe ich. Doch auch er bekommt seine Fettspritzer und Bratenstriemen ab und erinnert an meine Essweise. Von da unten ist es eine andere, eine merkwürdige Perspektive: Meine Mutter, mein Vater und meine zwei Jahre jüngere Schwester erscheinen größer als sonst, sie hängen über mir, und ich bin ihnen unterlegen. Sie haben Recht, und ich habe Schuld.

Schuldig bin ich auch, weil immer wieder etwas kaputt geht. Beim Abwaschen, beim Staubwischen, beim Einkaufen, einfach so. »Schon wieder hast du ein Glas zerschmissen. Komm her«, poltert meine Mutter. Ich tipple zu ihr und zerre wie automatisch meine Hosen von meinem Hintern. Ihr Griff zum Kochlöffel ist eine gewohnte Bewegung. Sie greift nach meinem Kopf, schiebt ihn zwischen ihre Knie und schlägt zu. Einmal, zweimal, dreimal. Ich konnte noch nicht zählen. Aber ich hoffte mit jedem Schlag, er möge der letzte sein. Es ist sinnlos, den Schmerz wegzuträumen, er ist da und bleibt. Minuten, Stunden, Tage. Der Kochlöffel saust auf mein nacktes Fleisch nieder, als klopfe er das frisch gekaufte Schnitzel, um es für die Bratpfanne platt zu machen. Das dumpfe Geräusch, jedes Mal, wenn das Holz auf meinem Hintern landet, überhöre ich. Es ist mir vertraut wie die hysterische Stimme meiner Mutter. Ich ertrage sie, die Schläge, ich ertrage alles, wie in Trance, um mich vor meiner Mutter zu schützen. Für die Schläge wählt sie immer den Hintern, er behält die Angriffe für sich, er verzeichnet nicht, was meine Mutter mir fast täglich antut. Mein Hintern schweigt. Nur nicht, wenn ich nach einer besonders harten Wucht nicht mehr sitzen kann. Dann schreit er, aber nur für mich. Doch ich beiße mir auf die Lippen und zerrede meinen Schmerz.

Mit sieben hörte ich auf zu weinen. Ich hatte wieder mal eine Tasse zerschmissen oder ein Tischtuch bekleckert oder einen Wassertropfen auf dem Klodeckel nicht weggewischt. Eigentlich ist es egal, was passiert war, denn die Anlässe, die meiner Mutter gereichten, um mich zu verprügeln und zu demütigen, waren nichtig. Ein realer Grund existierte nie. Sie packte mich und drosch auf mich ein, als sei ich ein Hauklotz, der danach schreit, bearbeitet zu werden. Mein Gesicht, das immer ängstlich war, schien sie zu provozieren. Im Moment des stärksten Schmerzes rasten nicht nur ihre Kraft und ihre Wut auf mich nieder, sondern fegte auch der Gedanke durch mein Hirn, ihr künftig nicht mehr den einen Gefallen zu tun zu heulen. Du wirst keine Träne von mir sehen, du wirst meine Angst nicht spüren, du wirst nie mehr erfahren, wie es in mir aussieht. Ab jetzt heule ich nicht mehr. Ich tat das, was Menschen in ausweglosen und Notsituationen gern tun: Ich drehte das Geschehene um, ich wendete das Negative zum Positiven. Prügel waren fortan keine Strafe mehr, sondern etwas Schönes. Ich brauche die Gewalt, um mich zu spüren, glaubte ich. Ihre Schläge sind leichter zu ertragen als ihre Worte. In den wenigen Minuten, die sich meine Mutter an mir abarbeitete, befand ich mich in einer anderen Welt. Ich träumte mich an fremde Orte, an denen es warm und weich und friedfertig war. Die wenigen Minuten waren leicht zu überstehen. Unverdaulicher waren die Sätze, die sie den Prügeln hinterherschickte. Es waren Predigten, die mich bekehren sollten, sie schienen kein Ende zu nehmen, aus ihnen war der Fluchtweg versperrt. Sie bauten sich bedrohlich vor mir auf und schnürten mir die Luft ab. Dann stand ich vor meiner Mutter, kerzengerade, steif und fest, wie gelähmt. Erstarrt durch ihre Brutalität und Kälte.

Wenn ich aus der Schule nach Hause kam, hoffte ich allein zu sein. Dann konnte ich die Wohnung ertragen und die Luft darin atmen, ohne zu ersticken. Ich stieg die Treppen zur Wohnungstür hinauf, schob den Schlüssel ins Schloss, drehte ihn herum und horchte. War da jemand, war sie da? Wie ein Schlag mit einem tonnenschweren Gummihammer auf den Kopf waren stets die Sekunden, wenn ich die Tür öffnete und sie in der Küche erblickte. Dann empfingen mich ihre Stimme und meine Angst. War das Glück mir gnädig gesinnt und meine Mutter einkaufen, schmiss ich meine Schultasche in den Flur und suchte mir eine Ecke. Ich hatte viele Lieblingsplätze: im Schrank, im letzten Winkel des Sofas, in der Kommode. Ich riss die Schubladen raus und wühlte die Sachen aus den Schränken, um Platz für mich zu schaffen. Ich schmiss alles auf den Boden und verkroch mich auf engstem Raum. Ich rollte mich zusammen, machte mich klein und spürte, wie Ruhe in mich einzog. Diese Momente gehörten ganz allein mir.

Einmal muss sie mich aus dem Fenster beobachtet haben, als ich die Straße zu unserem Haus entlangtippelte. Ich hielt ein Leberwurstbrot in der Hand und knabberte daran herum. Es war mein Schulbrot, das ich nicht gegessen hatte. Essen war mir zuwider, das Brot bröckelte in meinem Mund, es war trocken und schmeckte ranzig. Aber es durfte nicht mehr in meinem Ranzen sein, wenn ich nach Hause kam, meine Mutter durfte es nicht finden. Sie hätte mich geschlagen dafür, dass ich es wieder nicht gegessen hatte. Im Hausflur biss ich noch einmal ab, würgte den Bissen hinunter und warf den Rest hinter die Treppe. Kaum war ich zur Tür herein, herrschte mich meine Mutter an: »Wo ist das Brot?« »Aufgegessen«, antwortete ich in meinem unschuldigsten Ton. »Lüg nicht«, fuhr sie zurück, ihre rechte Hand landete auf meiner linken Wange. Sie stocherte und stocherte und prügelte die Wahrheit aus mir heraus. »Geh runter und heb es auf«, befahl sie. Ich musste das Brot holen, abwaschen und vor ihren Augen aufessen.

Mit vier Jahren verweigerte ich das Essen, ich magerte bis auf Haut und Knochen ab. Mit meinen kurz geschorenen Haaren ähnelte ich einem Kind aus einem KZ. Essen war für mich eine Qual, die größte, die mir jemand antun konnte. Sobald ich einen Krumen Brot im Mund hatte, kotzte ich. Alles brachte ich wieder heraus, mein Magen schien sich umzustülpen, am Ende war es bittere gelbe Galle, die aus meinem Mund floss. Ich wurde ins Krankenhaus eingeliefert, hing dort am Tropf und wurde über Infusionen künstlich am Leben erhalten. Nach einigen Tagen stabilisierte sich mein Zustand, und meine Mutter durfte mich mit nach Hause nehmen. Auf dem langen Gang des Krankenhauses nahm die Ärztin meine Mutter beiseite: »Sie muss essen, egal was, sonst wird sie richtig krank.« Zu Hause begann sich das Karussell erneut zu drehen, aber irgendwie schaffte es meine Mutter, mir etwas Essbares in den Mund zu stopfen. Es tat weh, so wie es schmerzte, zu Hause zu sein. In dieser Spannung, in dem Zustand ewiger Ungewissheit, was in der nächsten Minute passieren würde.

Um die seelische Pein zu ertragen, fügte ich mir selbst Schmerzen zu. Ich übte Selbstverstümmelung, um mich zu überlisten, um die Wahrheit und den Alltag zu verwischen, um mich selbst zu betrügen. Eines Tages zog ich einen Topf mit kochendem Wasser vom Herd und verbrühte meine gesamte rechte Körperhälfte, vom Gesicht bis zu den Füßen. Meine Mutter brachte mich erneut ins Krankenhaus. Vielleicht war es auch das, was ich wollte. Vielleicht wollte ich, dass sie mich ins Krankenhaus fährt. Vielleicht provozierte ich, um anderen endlich zeigen zu können, dass es mir zu Hause nicht gut geht: Selbstzerstörung als aufmerksamkeitserregendes Alarmsignal. Eine Zeit lang redete ich mir sogar ein, meine Mutter hätte den Topf vom Herd gezogen und mich absichtlich verletzt.

Heute kann ich essen, aber nur wenig. Und heute quälen mich Rückenschmerzen. Regelmäßig schleppe ich mich zum Arzt, weil sich mein Rücken verzieht und sich die Muskeln verdrehen. Nachdem ich eine lange Odyssee durch verschiedene Praxen angetreten bin, fand ich einen Naturheilkundler, der sich nur einmal über meinen Rücken arbeitete und so meine Biographie in seinen Fingern hielt. »Sie sind nicht verdreht, Sie sind steif. Die Ursachen liegen in ihrer Kindheit«, sagte er tonlos und ohne jegliches Erkennen in seiner Stimme, welche Schlussfolgerungen er aus seiner Deutung zog. »Sie sind steif.« Und dann fiel es mir wieder ein: Mehrere Male bin ich von Klettergerüsten gefallen, im Alter von drei bis fünf Jahren. Manchmal von ganz oben, mit dem Rücken längs in den Sand. Zwei oder drei Meter tief. Als mich meine Mutter aufheben wollte, war ich starr und fest wie ein Brett. Ich heulte nicht und krümmte mich nicht, sondern lag kerzengerade auf dem Boden, die Arme an der Hosennaht. Meine Augen sollen blicklos gewesen sein. Meiner Mutter riet später eine Ärztin, sie solle mir einen Klaps auf den Po geben, falls so etwas wieder auftrete. Sie solle mich schlagen, um meinen Krampf zu lösen. Bis heute weiß ich nicht, ob sich meine Mutter die Worte der Ärztin nur ausgedacht hat, um ihre Schläge zu legitimieren, oder ob die Frau tatsächlich sagte, meine Mutter möge mir wie einem Neugeborenen einen kurzen Klaps geben, damit ich nicht ersticke.

Aus irgendeinem Grunde – wahrscheinlich als Bestätigung für die Richtigkeit ihres Handelns und für die Außenwelt – strebte meine Mutter an, aus meiner Schwester und mir Damen zu machen. Ihr schwebte ein Bild von ihren Töchtern vor, und genauso sollte die Öffentlichkeit sie sehen: adrette, gepflegte Mädchen, die die Etikette kennen und wahren, die nicht auffallen und sich stets zu benehmen wissen. Monatelang klemmte sie uns beim Essen Geschirrtücher in die Achselhöhlen, die wir mit unseren Oberarmen festhalten mussten. In unseren Kleidern am Rücken steckte ein Stock. Wir sollten lernen, gerade zu sitzen und die Arme nicht auf den Tisch zu legen.

Mit sechzehn ging ich von zu Hause weg. Ich suchte nach der erstbesten Gelegenheit, mich aus der Tyrannei zu befreien. Egal wohin und egal wie. Eine Ausbildung als Lehrerin erschien mir ideal, denn sie war an die Bedingung geknüpft, in einem Internat zu wohnen. Es war ein Hauch ungeahnter Freiheit, der mich dort umgab. Hier kontrolliert dich niemand, hier prügelt dich niemand, hier kommandiert dich keiner herum. Endlich darfst du du sein und deine Kindheit hinter dir lassen. Glaubte ich. Niemand bringt dich von hier jemals wieder weg. Doch das Internat schloss am Wochenende, und alle mussten nach Hause fahren. »Ich freu' mich auf Samstag«, jammerten die ersten schon am Montag. Ich verstand nie, was die anderen zu ihren Eltern zog. Wärme? Heimat? Geborgenheit? Umsorgtsein? Ich wusste nicht, was das ist, die Vokabeln dafür waren für mich leere Hülsen. Sollte es mir gut gehen, musste ich den größtmöglichen Abstand zwischen mir und meiner Mutter wahren und darauf achten, dass wir Umgehungsstraßen befahren. Die Wochenenden bauten sich wie gewaltige Gewitterwolken über mir auf, brauten sich zusammen und zogen nicht weiter. Ich entfloh ihnen nur, indem ich davonlief. Einen Schirm besaß ich nicht. Samstagmorgens versteckte ich mich im Internat in der Toilette und ließ mich einschließen. Ich hockte mich auf den Toilettendeckel, zog die Beine an und horchte, was draußen auf den Fluren passierte. Die Mädchen packten ihre Taschen, plapperten, kicherten, sie waren schon nicht mehr hier. Als das letzte Licht gelöscht und der letzte Ton verstummt war, kroch ich aus meinem Versteck hervor und genoss zunächst die Stille und dann die Einsamkeit. Wie ein blinder Passagier streunte ich durch die Gänge, lief treppauf und treppab, als wollte ich für seelischen Vorrat sorgen. Mit einem Tauchsieder und einem zerbeulten Topf kochte ich Tütensuppen und steckte dabei fast das Haus in Brand. Jede andere hätte vor Angst geheult, die Einsamkeit verflucht und die Ruhe weggeschrien. Ich nicht, ich genoss – und hoffte auf das kommende Wochenende.

Mit zwanzig zog ich schließlich von zu Hause aus. Alles, was ich besaß, schaffte ich mit meinem Fahrrad weg. Einen Sack mit Kleidern, eine Kiste mit Büchern, eine Tasche mit persönlichen Utensilien. Meine Eltern hätten mir bei meinem Auszug helfen können, sie besaßen ein Auto und hätten die Sachen von der einen in die andere Wohnung fahren können. Aber sie schauten nur stumm zu. Ebenso stumm sammelte ich mein Hab und Gut zusammen. Die Kommunikation zwischen uns war auf dem Nullpunkt angekommen. Ich fragte sie erst gar nicht, ob sie mit anpacken wollten. Damals hatte ich einen Freund, dessen Mutter einen Kiosk besaß und dessen Vater Fliesenleger war. Sie hatten drei große Söhne, stämmige Männer mit brummigen Stimmen. Die Mutter war so dick, dass sie gerade in ihren Kiosk passte. Schaute sie aus dem Fenster heraus, füllte sie es vollständig aus. Sie und ihre Familie waren das Gegenteil meiner Eltern. Meine Mutter achtete streng auf ihr Äußeres und darauf, dass sie kein Gramm zu viel auf ihren Hüften trug. Sie war schlank und schön. Dafür kalt und unnahbar. Die Mutter meines Freundes schwitzte und hatte oft fettiges Haar, aber ich fühlte mich in ihrer Gegenwart zum ersten Mal in meinem Leben aufgehoben und angenommen. Morgens schmierte ich für die vier Männer Stapel von Broten. Dem Vater nähte ich ein Hemd. Als er es in die Hand nahm, bekamen seine Augen einen freudigen Glanz und er bedankte sich sichtlich beschämt. Die Erinnerung an seinen Blick jagt mir noch heute Schauer über den Rücken. Die Freude, die in seinem Gesicht und seinen kargen Worten lag, wärmte mich viele Wochen. Sie entschädigte für alles, was bisher geschehen war. Da waren plötzlich Zuwendung und Aufmerksamkeit, die ich bislang nicht kannte.

Meine Mutter beobachtete das Treiben mit Argusaugen. Und war eifersüchtig. Sie ließ keine Möglichkeit aus, mich weiter zu quälen. Jetzt, wo sie nicht mehr nach mir greifen konnte, suchte sich ihr Sadismus einen anderen Weg. Eines Tages schaute ich mit meinem Freund bei meinen Eltern vorbei, um noch ein paar Sachen zu holen. An der Tür blickte meine Mutter meinen Freund an und sagte: »Bestell deinen Eltern einen Gruß und sage deiner Mutter, wir finden es nicht gut, dass sich Helen bei euch so einnistet.« Draußen schnappte ich nach Luft, als hätte sie mich gewürgt.

Jahrelang verfolgten mich Träume. Sie kehrten immer wieder und lieferten stets die gleichen Bilder. Die Träume gehörten zu mir wie die prügelnde Hand zu meiner Mutter, deshalb gab ich ihnen Namen. Einen Traum nannte ich »Testbild«. Ich sehe eine graue, flackernde Wand. Sie flimmert so stark, dass es beim Hinschauen schmerzt. Wie das Testbild im Fernsehen, vom dem man blind zu werden droht, wendet man seinen Blick nicht ab. Die Unruhe drückt auf die Augäpfel und brennt wie Feuer. Plötzlich springen fünf weiße Linien ins Feld, sie knistern und vibrieren und verleihen der Projektion eine zusätzliche Spannung. Wenn der Schmerz am größten ist, erwache ich und bin schweißnass.

In einem anderen Traum bringe ich meine Mutter um. Ich will sie in mir töten, mich von ihr lösen, mein Leiden beenden. Ich stehe vor ihrem Bett, sie liegt darin und schläft. Sie ist ahnungs- und schutzlos. Mein Arm ist über ihrem Körper, in meiner Hand ein großes, scharfes Messer. Eines aus einem Messerblock, das man für große Fleischbrocken braucht. An der Wand hängt eine schwarz-weiße Küchenuhr, die die Zeit zerhackt. Es vergehen Sekunden, Minuten oder auch Stunden, das Messer schwebt über ihr. Eine Bewegung nur, ein einziger Ruck entscheidet über Leben und Tod. Bis sich meine Mutter im Schlaf bewegt und ich vor Schreck das Messer fallen lasse und davon renne, als ginge es um mein Leben. Im Moment des Einstichs schrecke ich hoch. Ich sehe nicht, wie das Messer sich ins Fleisch bohrt, ich höre nicht, ob meine Mutter schreit oder nur röchelt, ich weiß nicht einmal, ob das Messer sein Ziel überhaupt getroffen hat. Ich schrecke hoch und erschrecke mich jedes Mal selbst. Dieser Traum holt mich regelmäßig ein, manchmal wird er zum Tagtraum, und ich frage mich, ob der Ursprung dieses Ungetüms wirklich in mir liegt oder ob ich diese Vorstellung nicht irgendwo gelesen oder adaptiert habe. Im Grunde ist es müßig, die Quelle finden zu wollen – was bleibt, ist mein Traum.

Was bleibt, ist auch der Ring, der sich um meine Brust legt und mir die Luft abschnürt. So wie im Märchen »Prinz Eisenherz« hoffe ich auf jenen Moment, der den Ring sprengt, so dass er mit Karacho abfliegt und meine Lungen sich vollsaugen mit Sauerstoff, bis sie fast platzen. In Märchen flüchtete ich mich, wenn ich nicht mehr wusste, wohin meine Nerven jagen und wohin mit meiner Angst. »Die kleine Meerjungfrau« war mein Lieblingsmärchen: Sie wird zu Meerschaum, bevor sie die andere töten kann.

Hyperaktiv renne ich durch mein Leben und meinen Alltag. Bis vor zwei Jahren jagte ich allem hinterher, was sich vor meine Füße legte. Ich wollte leben, mich lebendig fühlen, aber ich spürte dabei nicht, was ich erlebte. Nur nicht passiv sein, nur nicht in den Ruhezustand eintauchen. Schlafen kann ich auch, wenn ich tot bin. Ich stürzte mich in meine Arbeit. Nachdem ich als Lehrerin kein Glück hatte, wurde ich Sprecherzieherin. Wahrscheinlich ist dieser Beruf der Ausdruck meiner Abwehr: Ich griff nach Sprache, nach dem Zwang zu reden, mit anderen zu reden, weil ich zu meiner Mutter keinen Zugang fand. Erst seit kurzem sage ich »Nein«, wenn ich nein meine. Denn erst seit kurzem weiß ich, wo die Wurzel allen Übels liegt, warum ich zerstört bin, warum mich meine Mutter zerstörte.

Sie rief mich an und sagte, sie wolle mich besuchen. Ich wunderte mich, sie besuchte mich nie. Sie setzte sich auf mein Sofa, sie zwängte sich auf eine Ecke, so als wollte sie nichts berühren, als sei sie nur auf der Durchreise und wolle schnell eine kleine, unwichtige Geschichte fallen lassen. Vielleicht, um sich rein zu waschen, sich zu erleichtern, vielleicht, um sich endlich einmal zu erklären. Sie sprach tonlos und sah mich nicht an, keine Erregung ließ ihre Stimme zittern, kein Schmerz ihre Lider flattern. Es war, als spräche nicht sie, sondern eine Person, die sich von ihr abspaltete. Doch das, was sie preisgab, nach Jahrzehnten, war so ungeheuerlich, dass ich es nicht glaubte, sondern in der ihr eigenen Kälte sagte: »Das erzählst du nur, um Mitleid zu erregen.«

Sie wuchs in einem kleinen Dorf im Süden auf, ihre Eltern waren Bauern und besaßen ein Haus, unter dessen Dach sich die Zimmer der Kinder gegenüberlagen. Ihr Bruder war fünf Jahre älter als sie und der Liebling der Familie. Ihre Mutter, meine Großmutter, sah in ihrem Erstgeborenen alles Heil und den Segen. Der Sohn wurde getragen, die Tochter musste laufen, der Sohn durfte ruhen, die Tochter musste schuften. Die Tochter war nichts wert, der Sohn alles. Schon früh litt meine Mutter unter einem Selbstwertmangel, den sie nie aufzufüllen vermochte. Sie huschte durch ihre Kindheit wie ein scheues Küken und durch ihre Jugend wie ein nie flügge gewordenes Huhn. Und wurde früh zur Frau gemacht. Als sie zwölf war, schlich sich ihr Bruder von seinem Zimmer in ihres und zwang sie, mit ihm zu schlafen. Einmal, zweimal, dreimal, viele Male. Der Bruder vergewaltigte seine Schwester. Doch sie war nicht dabei, sondern dachte sich weg, ihren Körper legte sie ab, übergab ihn dem Bruder, ihre Seele verschloss sie. Sie ertrug es, irgendwie – und vergaß. So, als sei sie aus der Zeit gefallen.

Als der Bruder achtzehn war, fuhr er sich mit dem Motorrad zu Tode. Nach seinem Unfall verehrten ihn die Eltern noch stärker und hievten ihn auf ein Silbertablett. Er schwebte über meiner Mutter wie ein Damoklesschwert. Und sie versteinerte, wurde hart und sadistisch. Und malträtierte später ihre Umgebung. Ihre Seele wehrte sich, und sie erfuhr als junge Frau erste panische Schübe. Ihr Herz wurde krank und ihre Haut blass, ihre Knochen wurden weich. Ihr Psyche streikte und ihr Körper reagierte. Wenn heute Wasser ihren Leib umfließt, stockt ihr Atem und sie droht zu ersticken. Sie hat tausend Krankheiten.

Es dauerte lange, bis die Ärzte erkannten, dass meine Mutter nicht an körperlichen Schäden, sondern an seelischen leidet. Und wiesen sie in die Psychiatrie ein. Erst dort erfuhr sie vom Missbrauch. Eine Therapeutin fand es heraus, doch meine Mutter leugnete. Sie gab es den Ärzten gegenüber nicht zu, nicht gegenüber der Therapeutin, nicht sich selbst gegenüber. Sie schloss den Missbrauch aus ihrem Leben aus.

Bis heute weiß niemand davon, nur sie und ich und meine Schwester. Nicht einmal ihrem Mann, meinem Vater, erzählte sie von den Grausamkeiten ihres Bruders. Vielleicht, um ihn zu schützen, vielleicht, um seinen Stand nicht zu brechen, vielleicht, um ihre Mutter zu schützen und die »Familienehre« nicht zu beschmutzen. Ganz sicher aber aus Scham und einem falsch verstandenen Moralkodex.

Der Missbrauch ist der Schlüssel zu aller Klarheit. Der Sadismus meiner Mutter ist die Folge eigener sadistischer Erfahrungen. Seit ich dies weiß, fühle ich keinen Hass mehr gegen sie. Aber auch kein Mitleid. Weil sie sich gegen die Angriffe auf sie mit ähnlichen Angriffen gegen ihre Tochter gewehrt hat. Sie hätte ihre Kinder vor sich schützen, sie hätte die Wahrheit an den Tag bringen müssen. Aber sie hat die erfahrene Brutalität nur weitergegeben. Selbst ihr Mann blieb nicht verschont. Was ich nicht abbekam, steckte er ein. Oft genug behandelte sie ihn wie einen Dreijährigen. Er entzog sich ihr und baute sich einen Hobbykeller aus. Später kauften meine Eltern ein Grundstück, und mein Vater zog das Haus, das heute dort thront, ganz allein hoch. Er setzte die Wände, zimmerte das Dach, schreinerte die Möbel. Nach der Arbeit schaute er nur kurz zu Hause vorbei, sagte »Guten Abend« und verschwand in seinem Leben.

Bis heute habe ich Probleme mit Männern. Ich suche den Prinzen auf einem weißen Ross, der mich rettet und meine Probleme löst. Ich stelle die Männer, mit denen ich eine Beziehung eingehe, auf einen Sockel, ich bete sie an und flehe, sie mögen an mich glauben. Ich reiche an sie nicht heran, ich kann nicht zu ihnen auf den Sockel steigen, von unten lese ich ihnen jeden Wunsch von den Augen ab, damit sie mich nicht verlassen. Ich fordere Unmögliches. Das verwirrt sie, und sie ziehen sich zurück. Ich bin verletzt und provoziere Streit. Oft sogar bis zur Gewalt. Einige meiner Männer haben mich geschlagen und später gesagt: »Du bist selbst schuld, du hast es so gewollt.« Das glaube ich ihnen, weil es das Muster ist, in dem ich mich seit Jahrzehnten bewege. Ich verabscheue dieses Muster, doch ich kenne es und fühle mich darin nicht verraten. Ich weiß im Vorhinein, was passiert, und füge mich ein wie ein Stein in eine Mauer. Ein Mann, der dieses Muster durchbricht, würde eine Bedrohung für mich darstellen. Das ist irre: Die Männer, die wirklich bedrohlich für mich sind, ziehe ich an wie das Licht die Motte. Und die, die mich erkennen könnten, stoße ich vor den Kopf.

Als ich mit einem Geliebten einen Sexfilm sah, in dem eine Frau geschlagen und gedemütigt wird, war ich sehr erregt. »Machst du das mit mir auch?«, fragte ich meinen Freund. Oft wünschte ich mir, vergewaltigt zu werden. In klaren Momenten bin ich froh, dass es mir bislang nicht passierte. Und doch schieben sich in den Sekunden höchster Erregung Gewaltphantasien in meinen Kopf, die mich Sex nicht genießen lassen. Ich möchte einen Mann zerfleischen, ihm die Haut von den Knochen ziehen, ein Messer zwischen seine Rippen stoßen, seine Eingeweide herausreißen, ihn kastrieren. Aber ich bin passiv und werde missbraucht. Das ist mein Muster. Es gibt Momente, in denen ich mich vor meiner Wut und vor mir selber fürchte.

Mich treibt eine panische Angst vor Nähe von jedem Mann weg. Niemals soll mich ein Mann weinen sehen. Was ich mir als Kind versagte, werde ich mir als Erwachsene nicht erlauben. Ein Mann war verheiratet, der nächste hatte ein Kind, ein anderer lässt mich nur auf Armeslänge an sich heran, wiederum ein anderer war behindert. Einmal versuchte ich mir das Leben zu nehmen. Welche Todesform ist die schönste und schmerzloseste? Vom Hochhaus springen? Zu brutal und zu unelegant. Pillen schlucken? Die würge ich wieder heraus. Gas? Gas, ja Gas. Ich zog den Schlauch aus meinem Herd, so wie ich es im Film gesehen hatte, baute irgendetwas herum, überlegte und bastelte weiter an meinem Tod. Nach einer Stunde gab ich erschöpft auf und musste plötzlich lachen. Selbstmord als Lösung aller Probleme? Nein, so viel Macht soll meine Mutter nie besitzen.

ROT TRUG SIE SELTEN

Uschi D. hat eine alte Mutter

Es gibt ein Foto von mir und meiner Mutter. Wir sitzen auf einer Bank auf dem Balkon unserer Mietwohnung und blicken nach links in die Kamera. Unsere Hausterrasse ist winzig, und die Bank steht vor dem Fenster, das zum Wohnzimmer gehört. Auf dem Balkon der Nebenwohnung, zu dem eine schräg geschnittene Markise die Sicht versperren soll, steht ein Sonnenschirm, der nicht aufgeklappt ist. Es ist ein ruhiges, auch ein lustiges Bild. Vermutlich hat es mein Vater aufgenommen. Ich bin etwa elf Jahre alt, meine Mutter ist vierundfünfzig. Man sieht nicht, dass sie dreiundvierzig Jahre älter ist als ich, sie sieht jünger aus. Sie ist schön. Wir schauen schmollend in die Kamera, und es scheint, als hätten wir unseren Spaß bei dem Entstehen des Bildes. Aber das ist es nicht allein, was ich gleichermaßen faszinierend und schrecklich an der Aufnahme finde. Es ist eher die Tatsache, dass ich angezogen bin wie meine Mutter, dass wir identisch sind. Sie trägt einen Rock und eine Bluse, ich habe mich ebenfalls in Rock und Bluse gesteckt. Sachen, die eine Elfjährige nicht trägt. Ich wollte aussehen wie meine Mutter, ich wollte sein wie meine Mutter. Damals, vor sechsundzwanzig Jahren, wollte ich alles dafür tun, damit es ihr gut geht. Und sei es durch den »Beweis«, sie habe einen guten Geschmack.

Meine Mutter ist patent, geschäftig, praktisch und ging in ihrem Beruf auf. Sie war Stationsschwester in dem Krankenhaus des kleinen Ortes in Hessen, in dem wir wohnten. Ich wollte ebenso patent, geschäftig und praktisch sein. Diese Eigenschaften bewunderte und liebte ich an meiner Mutter. So wollte ich auch werden. Eines wollte ich jedoch nicht: ihre Unzufriedenheit übernehmen, ihr Unbefriedigtsein und ihre Sehnsucht nach einem erfüllteren Leben. Als Kind wusste ich nicht, was meine Mutter quälte, aber ich spürte, dass sie nicht glücklich war. Und tat alles dafür, ihr den Alltag zu versüßen und sie zum Lachen zu bringen. Ich spielte den Kasper, alberte herum und machte Späße. Für sie. Manchmal quittierte sie es mit einem Lachen, ein anderes Mal bemerkte sie meine Anstrengungen nicht, Rollen für sie zu zaubern.

Ihre Unzufriedenheit lag vor allem in dem Leben an der Seite meines Vaters begründet. Als sich die beiden kennen lernten, war dieser Mann ein Versprechen. Er war ein Grand Charmeur, humorvoll und unterhaltsam. Er war Lebendigkeit und Lebensintensität. Er war alles für ein schwebendes Leben. Das zog meine Mutter an, darin verliebte sie sich. Aber irgendwann genügte ihr die Leichtigkeit des Seins nicht mehr. Sie wollte mehr, sie wollte jemanden an ihrer Seite, der Festigkeit versprach, einen sicheren Boden, auf dem sie festen Schrittes laufen konnte und keine Furcht vor Schwankungen haben musste. Sie wünschte sich männlichen Halt, einen Fels zum Anlehnen. Den hat ihr mein Vater nie geboten. Meine Mutter war eine starke Frau, einen ebenso starken Mann wünschte sie sich neben sich. Aber wäre ihr Glück dann vollkommener gewesen? Wahrscheinlich hätte sie einen starken Mann nie ertragen. Mit einem mächtigen Mann zusammenzuleben bedeutet auch, sich ihm hingeben zu müssen. Das hätte meine Mutter nie vermocht. Und sie hätte es nie getan.

Als Kind umkreiste mich stets das unangenehme Gefühl, meine Eltern waren nicht sehr glücklich miteinander. Weil sie sich gegenseitig nicht das gaben, was sie voneinander erwarteten. Mein Vater hat in meiner Mutter ein Zuhause gesucht, eine Frau, die ihn aufnimmt und umsorgt. Als jüngster Sohn wuchs er in einem Matriarchat auf. Männliche Rollen kannte er nur aus der Ferne, sein Vater war Küchenchef eines großen Restaurants und kaum zu Hause. Meinem Vater fehlten männliche Vorbilder, er konnte sich mit keinem Mann aus seiner Familie identifizieren. Es waren Frauen, die seine Kindheit und seine Jugend beherrschten. An ihnen richtete er sich aus, an ihnen machte er sein Leben fest. Doch er wurde kein Macho, kein Beherrscher und Bestimmer, wie viele Jungs, die nur mit Frauen groß werden. Er wurde das Gegenteil, das meine Mutter nicht gesucht, aber trotzdem gefunden hat. So haben sich zwei Menschen zusammengetan, die voneinander nie das bekamen, was sie ersehnten. Und konnten sich deshalb nicht richtig einander hingeben. Getrennt indes hätten sie sich nie. Eine Scheidung passte nicht in ihr Welt- und Geschlechterbild. Beide Kinder einer Generation, der Werte wie Moral, Ehrlichkeit, Sparsamkeit und Treue anerzogen wurden.

Mit einem »Ausrutscher«. Vor seinem Tod erzählte mein Vater einer meiner Schwestern, dass er eine Geliebte hatte. Wahrscheinlich. Er erzählte nichts Genaues und ließ alles nebulös erscheinen. Mit konkreten Fakten hielt er sich zurück, wir konnten nur rätseln, was er uns erzählen wollte. Vielleicht hätte dieses Verhältnis die Ehe aufs Spiel gesetzt. Kurzzeitig soll sogar von Scheidung die Rede gewesen sein. Meine beiden Schwestern waren groß, die ältere damals achtzehn, die andere vierzehn. Doch offensichtlich versuchten meine Eltern, ihre Krise nicht nur als solche, sondern auch als Chance zu begreifen – und machten mich. Ich wurde geboren, um meine Eltern zusammenzuhalten.

Damals war es unüblich und Aufsehen erregend, mit dreiundvierzig ein Kind zu bekommen. Vor allem, wenn die beiden ersten Töchter bereits erwachsen waren. Vermutlich schämte sich meine Mutter für diese Schwangerschaft. Sie verheimlichte sie – sogar vor meinen Schwestern. So lange, bis sie nicht mehr zu leugnen war. Für die Generation meiner Eltern war ein Nachkömmling eine Pein: In diesem Alter hat man keinen Sex mehr, Sex ist unanständig. Und wenn man welchen hat, gehört er verschämt ins Schlafzimmer und darf nicht nach draußen getragen werden als dicker Bauch.

Das höhere Alter meiner Mutter fiel mir nie auf. Auch weil ich meine ersten sechs Lebensjahre bei meinen Großeltern verbrachte. Ich war drei Wochen alt, als mich meine Mutter abstillte. Wenige Tage nach meiner Geburt bekam meine Mutter das Angebot, als Stationsschwester zu arbeiten. Sie überlegte nicht lange und sagte zu – und brachte mich zu ihrer Mutter. In ihrer Arbeit sah meine Mutter ihr Lebensideal, ihr Beruf war ihre Berufung. Meine Großmutter war bereits Rentnerin und wahrscheinlich froh über ihr »neues« Kind. Ich war ein »Pfand«: Immer hatte sie gewollt, dass eine ihrer Töchter bei ihr bleibt, aber alle gingen fort. Und nun kam ich. In meinen ersten Lebensjahren sah ich vor allem eine Frau und einen Mann, die noch älter waren als meine Eltern. Großmutter und Großvater waren über sechzig, als ich zu ihnen kam. Und sie waren in jener Zeit meine wichtigsten Bezugspersonen. Sie waren *mein* Maßstab für Alter, einer, der verschoben war und nicht der Wirklichkeit entsprach. Doch ich stellte ihn nicht in Frage, sondern nahm es als gegeben hin. Nur wenn andere Kinder mich fragten, warum ich so große Schwestern hätte, die auch meine Mütter sein könnten, kam ich ins Grübeln. Aber ich dachte nie: Ich habe eine alte Mutter. Im Alltag machten sich ihre Jahre nicht bemerkbar, der Tag lief bei uns ab wie in anderen Haushalten mit jüngeren Müttern und Vätern auch. Alltag kennt kein Alter. Nur wenn ich über Werte und Moral nachdachte und mich mit meinem Körper und meiner erwachenden Sexualität beschäftigte, stellte ich erschrocken und traurig fest, dass meine Mutter einer früheren Generation angehört als die Mütter der Mädchen meiner Klasse. Dass sie aus einer Zeit stammte, in der Prüderie den Ton angab.

Mit elf Jahren bekam ich meine erste Periode. Es passierte, als ich gerade eine meiner Schwestern besuchte. Meine Schwestern wohnten nicht mehr zu Hause und führten ihr eigenes Leben. Wie froh war ich, dass *es* mich ereilte, als meine Schwester in meiner Nähe war. Mit ihr konnte ich die Veränderung meines Körpers besprechen, sie nahm mir die üblichen Befürchtungen und Ängste, die Mädchen mit sich herumschleppen, wenn sie in die Pubertät kommen. Später wagte ich es kaum, es meiner Mutter zu erzählen. Eine merkwürdige Mischung aus Furcht und Verklemmung hielt mich zurück. Wahrscheinlich war ich ebenso unsicher und verschämt wie sie. Als ich nicht dabei war, legte sie ein Paket Binden in meinen Schrank. Meine Mutter hat mich auch nie aufgeklärt. All mein Wissen sammelte ich mir zusammen aus Büchern und Gesprächen mit Freundinnen und meinen erwachsenen Schwestern zusammen.

Doch die elterliche Moral war nicht nur begrenzt auf Sexualität. Unmoralisch waren in den Augen meiner Eltern auch jene Menschen, die Besitz anhäuften, sich teure Autos kauften und Häuser bauten. Besitz lehnten meine Eltern ab. Sie lebten in einer anderen Zeit und in einer anderen Welt, einer, die der Mentalität folgt: Wer anständig ist, wird nicht reich. Sie hinkten der Zeit hinterher. Obwohl sich beide den Buckel krumm schufteten, scheffelten sie nie Geld. Es hatte in ihren Augen keinen Wert. Unter Werten verstanden sie jene konservativen Moralvorstellungen, nach denen sie lebten. Als Kind fiel mir ihre materielle Anspruchslosigkeit nie auf. Heute tut sie mir weh, weil meine Eltern trotz immenser Arbeit nie im Wohlstand lebten. Sie besaßen kein Haus, fuhren nie ein großes Auto. Sie waren grundehrlich und haben nie nach ihrem Vorteil geschaut.

Als Mädchen vergötterte ich meine Mutter. Sie gab mir Sicherheit und wusste stets, was zu tun ist. Alles, was sie sagte und machte, war richtig. In meinen Augen. Damals. Selbst, wenn sie meinen Vater entwertete. Vor meinen Augen. Ich dachte: Ja, sie hat einen Besseren verdient, sie braucht einen Mann, der ihr ausreichend Liebe gibt, den sie respektieren und ernst nehmen kann. Sie braucht einen Mann, der ihr ebenbürtig ist und nicht unter ihr steht. Damals habe auch ich meinen Vater als schwach empfunden, wahrscheinlich durch die Suggestion meiner Mutter. Ich sagte ihr, sie solle sich scheiden lassen und fortan nur mit mir zusammenleben. Ich bin doch ein besserer »Ersatzmann«, eine gute Partnerin, dachte ich. Und: Wir wären glücklicher allein. Doch sie hielt zu ihrem Mann und stellte sich vor ihn. »Du wirst gehen eines Tages«, verwarf sie meine Idee mit einem einzigen Gedanken. »Aber er wird bleiben.« Ihre Loyalität bewunderte ich, obwohl ich nicht begriff, warum sie das tat, warum sie nicht auf mich hörte und weiter mit einem Mann verheiratet blieb, der auch in meinen Augen schwach war.

Heute weiß ich, dass mein kindliches Bild weder meinen Vater noch meine Mutter widerspiegelte, wie sie in der Realität waren. Heute weiß ich, dass mein Vater sein Bestes gab, um seine Frau und seine Kinder glücklich zu machen. Aber dass er seine Grenzen hatte. Wie meine Mutter.

Bis zur Pubertät war ich ein ruhiges, angepasstes Kind, das alles tat, um seine geliebte Mutter lachend zu sehen. Obwohl sich erste kritische Gedanken schon im Alter von sieben oder acht Jahren in meinen Kopf schoben. Meine Eltern arbeiteten lange und genügend, und so verbrachte ich viel Zeit bei meiner ältesten Schwester. Sie war verheiratet und wohnte unweit meines Elternhauses. Nach der Schule ging ich zu ihr, um dort zu essen und den Nachmittag zu verbringen. Abends ging ich nach Hause. In jener Zeit fiel mir das erste Mal auf, dass es einen Unterschied zwischen Müttern geben kann, einen, der gravierender ist, als Fernsehverbot zu bekommen oder nicht. Meine Schwester wurde meine zweite Mutter, aber eine jüngere und unkonventionellere. An ihr und den Gesprächen mit ihr stellte ich das erste Mal bewusst fest, dass meine Mutter alt war, zumindest älter als andere Mütter. Und das erste Mal beneidete ich andere Mädchen um ihre jüngeren Mütter. Vielleicht erhoffte ich mir mehr Verständnis und weniger Konventionalität und Konservatismus mit einer jüngeren Mutter? Vielleicht spürte ich erstmalig, dass ich trotz der festen Burg, die meine Mutter darstellte, in vielen Dingen allein gelassen wurde? Viele Entscheidungen traf ich selbstständig, ich war früh erwachsen, früher als andere Mädchen in meinem Alter. Den Weg zum Gymnasium habe ich allein mir zu verdanken, ich schrieb mich ein und fragte meine Eltern erst gar nicht. Die Bücher, die ich las, lieh ich mir aus der Bibliothek oder besorgte sie mir woanders. In unserem Wohnzimmer gab es kein Bücherregal mit Literatur, nach der ich dürstete. Mit der Bahn reiste ich allein, auch längere Strecken. Und versuchte, dem Kleinbürgertum meines Elternhauses davonzufahren. All die Wege, zu denen es mir keinen Zugang bot, eröffnete ich mir selbst und beschritt sie allein.

Als ich ab der fünften Klasse aufs Gymnasium ging, fuhr ich oft zu meiner zweiten Schwester. Sie wohnte etwa dreißig Kilometer entfernt in der nächsten Großstadt, eine Regionalbahn brachte mich zu ihr. Sie war ein Hippie damals und beeindruckte mich ungeheuerlich. Sie trug weite indische Batik-Kleider, war autonom und unabhängig. Sie stellte das Gegenteil meiner Eltern dar, und sie verachtete sie. Vater sei ein Nazi und Mutter nicht mehr als eine angepasste Frau, sagte meine Schwester. Ich glaubte ihr das, das von ihr vorgefertigte Bild fing ich auf wie einen scharf zugeworfenen Ball. Das Leben bei meiner Schwester erschien mir wie das Paradies, das bei meinen Eltern wie die Hölle. Doch nicht, weil ich dort gegängelt, bevormundet oder gedemütigt worden wäre, sondern weil es ein unlebendiges Haus war. Das Leben dort erschien mir alt und fad.

Damals machte meine Schwester eine Psychotherapie und befand sich in einer Phase ihrer inneren Auseinandersetzungen, in der sie für das gesamte Unglück, das sich in ihrem Leben breit machte, und all die schlechten Empfindungen, die sie hegte, unsere Eltern verantwortlich machte. Auch mir ging es schlecht. Nachts plagte mich Atemnot, die mich aus dem Schlaf riss. Ich wachte schweißgebadet auf, rang nach Luft, röchelte und glaubte ersticken zu müssen. Ähnlich einem Anfall bei Kleinkindern, die an Krupp erkrankt sind. Sie ringen nach Luft, japsen, weinen und steigern sich dadurch noch weiter in den Anfall hinein, bei dem sie keine Luft mehr bekommen und in härtesten Fällen tatsächlich ersticken. In solchen Momenten haben Kinder Todesangst. Todesangst hatte auch ich. Das war der eigentliche Grund meines Luftmangels, nicht die Atemnot an sich. Die Ärzte stellten keine körperlichen Erkrankungen fest. Meine Lunge war gesund, auch meine Bronchien wiesen keinerlei Diagnose auf. Meine Krankheit saß im Kopf. Und in meiner Seele.

Als ich das begriff, suchte ich freiwillig und selbstständig eine Erziehungsberatungsstelle auf. Ich erinnere mich nicht mehr, wie es dort war und was passierte, welche Fragen mir die Psychologin stellte. Aber ich weiß, dass ich in der Frau, der ich dort begegnete, eine Ersatzmutter sah, eine Frau, in die ich meine Wünsche und Sehnsüchte projizierte. Das befreite mich. Ich schleppte einen klaren wie schwierigen Konflikt mit mir herum: Mich trieb die Vorstellung von einer Familie, die ich zu Hause nicht vorfand. Mein Ideal war ein glückliches, fröhliches Haus, eine happy family, die aus intensiven Gesprächen, Nähe und Lebendigkeit ihren Zusammenhalt zieht, die geprägt ist durch Aufmerksamkeit und Kontakt zueinander. All das suchte ich bei meinen Eltern umsonst. In unseren vier Wänden herrschte keine Fröhlichkeit, sondern Schweigen. Jeder lebte für sich und an den anderen vorbei. Ich und meine Bedürfnisse verschwanden im Alltag, von mir nahm kaum jemand Notiz. Ich wurde beiläufig groß. Nach dem Abendessen setzten sich meine Eltern ins Wohnzimmer und schauten fern. Sie redeten nicht und wenn, in Fakten. Dann ging es ums Fernsehprogramm, Essen und um den nächsten Tag. Mutter und Vater tauchten nicht nur für mich ab, sie schlossen sich auch gegenseitig aus ihrem Dasein aus. Bei uns blieb jeder für sich allein.

Ich weiß nicht, ob ich damals gesagt hätte: »Ich bin allein.« Ich habe vergessen, wie stark ich spürte, dass ich schon von frühester Kindheit an auf mich selbst gestellt bin. Eines aber war deutlich: Selbst wichtigste Entscheidungen traf ich, ohne meine Eltern einzubeziehen. Andere Mütter schüttelten ihren Kindern die Federbetten auf, wenn sie ihnen eine gute Nacht wünschten. Vielleicht bekamen sie etwas vorgelesen. Diese Kinder durften

Kinder sein und sich als solche fühlen. Ich hatte nie das Gefühl, ein Kind mit kindlichen Bedürfnissen sein zu dürfen. Ich habe mich selbst kaum gespürt. Und war früh erwachsen. Mit einem Vorteil: All meine Entscheidungen setzte ich ohne Widerstand durch, meine Eltern legten mir niemals Steine in den Weg. Ob aus der Einsicht, was ich tat, sei richtig, oder aus Desinteresse, vermag ich nicht zu sagen. Meine Mutter fragte hin und wieder nach der Schule und meinen Zensuren. Ich erzählte ihr alles, spürte aber, dass sie nicht fragte, weil sie ernsthaft an meiner Antwort interessiert war. Eher besänftigte sie, dass ich funktionierte. Indem sie sich erkundigte, beruhigte sie ihr Gewissen: Mit Uschi läuft alles bestens. Vielleicht trieb sie auch die Angst, irgendwann einmal, wenn ich größer sein würde, von mir Vorwürfe zu hören, wie sie meine Schwester vorbrachte: Sie sei abwesend gewesen und das nicht nur physisch.

Was wäre wohl passiert, wenn ich kein angepasstes und unkompliziertes Kind gewesen wäre? Wie hätten sie reagiert, wenn ich verhaltensauffällig gewesen wäre? Ich opponierte zwar und blieb sitzen. Mit vierzehn rauchte ich und hatte Sex. Aber ich riss nicht von zu Hause aus und wurde nicht mit dreizehn schwanger. Ich funktionierte trotz meiner »Ausbrüche«. Wäre ich auf meinem Pfad ausgerutscht, vielleicht wären sie aus ihrer Erstarrung hochgeschreckt und hätten begonnen, sich endlich wieder selbst wahrzunehmen. Vielleicht aber wären sie mit einem Kind, das ihnen entgleitet, überfordert gewesen. Es ist müßig, diesen Konjunktiv mit Leben zu füllen, aber ich glaube, ein forderndes Kind hätte ihre Nervenstränge überstrapaziert. Stärker, als sie es hätten bewältigen können, und mehr, als sie es verdient hätten.

Ich fand keinen Platz. Und hatte keinen. Weder in ihrem Leben noch in ihrer Nähe. Denn ich war anders als sie. Ich war lebendig und munter, ich wollte rauslassen, was mich in meinem tiefsten Innersten bewegte, mich beschäftigte und mich trieb. Ich wollte einfach leben. Ich spürte unbändige Kraft in mir und den

Drang, mich auszudrücken und mich zeigen zu müssen, sonst würde ich ersticken. Es schien, als würde ich platzen. Für meine Eltern stellte meine Lebensintensität eine Bedrohung dar, sie wirkte auf sie wie eine Kraft, die sie nicht zu bändigen wussten. Dabei wollten sie mit Mitte fünfzig nur ihren Frieden und ihre Ruhe, jegliche Aufregung und Aufreibung war ihnen zu viel. Vermutlich spürte ich das und richtete mich nach den elterlichen Bedürfnissen aus. So wie ich es meiner Mutter stets recht machen wollte, weil sie glücklich sein und lachen sollte. In meiner Pubertät explodierte ich nicht, wie es sich für einen richtigen Reifeprozess gehört, sondern ich implodierte. Ich richtete mich nach innen und ließ nichts mehr nach außen. Nur selten kehrte ich mein Innerstes nach außen. Wenn ich mit meinem Vater stritt. Dann hatte mich meine Innerlichkeit nicht mehr im Griff.

Gewöhnlich gehen Jugendliche in der Zeit auf Distanz zu ihren Eltern, mit all ihren Gesten, Worten, Gedanken. Sie streiten sich mit ihnen, zeigen ihnen, dass sie mit ihnen nicht mehr übereinstimmen, sie nabeln sich öffentlich ab. Sie kämpfen mit sich, indem sie mit ihren Eltern ringen. Ich machte es anders, meine Pubertät verlief konträr zu den üblichen jugendlichen Kämpfen des Erwachsenwerdens. Meine Auseinandersetzungen führte ich mit mir selbst. Und drehte dabei fast durch. Wohin nur mit mir, meiner Lebendigkeit, meinen Ängsten, meinem Aufgewühltsein? Meine Innenwelt hatte keinen klaren Grundriss, sie bestand aus wirren, abstrakten Kritzeln, die keinem Gesetz folgten. Psychopharmaka sollten mich ruhig stellen. Eine Psychiaterin verschrieb sie mir. Ich sollte eine Tablette nehmen, bevor ich ins Bett ging. Die Medikamente waren mir suspekt, aber ich wollte auch meine nächtliche Unruhe loswerden und endlich wieder schlafen. Von den Pillen erzählte ich meiner Mutter. Die Tragweite der Situation hat sie nicht gesehen, in ihren Augen waren die Psychopharmaka Beruhigungsmittel, weil ihre Tochter ein wenig nervös war. Sie dachte nicht darüber nach, welche Ursachen hinter meiner Unruhe steckten, sie wiederum war beruhigt, dass es Hilfe in Form von Pillen gab. »Nimm am besten eine halbe«, sagte sie. Meine Mutter wollte und brauchte ihre Ordnung. Mit Johanniskraut und Baldriantee war diese Ordnung nicht herzustellen, die Hausmittel zeigten keine Wirkung. Für einen geregelten Zustand hätte meine Mutter wahrscheinlich vieles in Kauf genommen.

So wie das Leben meiner Mutter dahinfloss, so gleichmäßig und zahm war unser Verhältnis zueinander. Es trug nichts Wildes, nichts Atemberaubendes, nichts Aufwühlendes. Weil meine Mutter nicht wild, nicht atemberaubend und nicht aufwühlend war. Bei meiner Mutter fiel nichts aus dem Rahmen, meine Mutter fiel nicht aus dem Rahmen. Das liegt aber nicht daran, dass sie älter war als andere Mütter, sondern an ihren überholten Moralvorstellungen. Sie wäre nicht freier und unkonventioneller gewesen, wäre sie jünger. Sie war wie ihre Vorstellung vom Leben: ordentlich, ehrlich, adrett. Oft wünschte ich mir eine andere Mutter. Eine, die genau das war, was meine Mutter nicht verkörperte: charakterstark, wissend, fürsorglich. Immer wieder suchte ich Frauen, die mein Idealbild einer Mutter verkörperten. Irgendwann erkannte ich sie, sie zogen mich an wie Magnete. Immer wieder hatte ich Beziehungen zu Frauen, die gekennzeichnet waren durch eine starke Mutter-Tochter-Bindung. Die Frauen waren meist älter als ich, ich erwartete von ihnen, dass sie mich heilen, mich erlösen, dass sie eine Leerstelle stopfen, die meine Mutter nicht zu füllen vermochte. Das war mein Muster. Doch jedes Mal, wenn sich unsere Freundschaft auf dem Höhepunkt befand, ich stark und autonom genug war, vor allem durch die Frau, löste ich mich von ihr. Dann hatte die Frau ihre Funktion erfüllt. Aber ich war kein Stück weiter.

Kurioserweise beneidete ich niemals meine Freundinnen um ihre Mütter. Eher schaffte ich es, die Mütter recht schnell für mich einzunehmen. Meist fanden die Mütter mich sympathisch, und es entwickelte sich schnell – neben der Freundschaft zu dem Mädchen – auch ein Verhältnis zur Mutter. Die Frauen ähnelten sich: Sie waren selbstständig und gebildet. Sie vereinten das Wissen in sich, das auch ich gern angehäuft hätte. Auf literarischem, historischem, geographischem und kunstgeschichtlichem Terrain bewegten sie sich so sicher wie Läuferinnen auf dem Eis. Meine Mutter vermochte mich nur bis zum Alter von elf Jahren mit Wissen zu füttern. Danach überließ sie meinen Wissensdurst sich selbst. In den Müttern meiner Freundinnen schuf ich mir Ersatzmütter. Auch später hatte ich Freundinnen, die wesentlich älter waren als ich. Ohne sie fällte ich keine Entscheidung. Ich überließ mich ihnen, mehr als mir gut tat.

Meine Lehrerinnen für Deutsch und Englisch beeindruckte ich stets, weil ich reflektierter war als die übrigen Mädchen und Jungen aus der Klasse. Einmal glänzte ich mit einem Aufsatz über Kleists »Prinz von Homburg«. Ich setzte mich mit dem Bild der männlichen Autorität in einer Weise auseinander, die für Jugendliche in meinem Alter ungewöhnlich war. Oder »Draußen vor der Tür« von Wolfgang Borchert. Die Geschichte langweilte alle, nur mich begeisterte sie. Borchert beschreibt Erlebnisse der Kriegsgeneration, die an den Interessen der Mädchen und Jungen meines Alters vorbeigingen. Meine Deutschlehrerin versuchte, sie uns nahe zu bringen. Lediglich bei mir fiel das auf fruchtbaren Boden. Die Lehrerin war im Alter meiner Schwestern, und so fanden wir leicht eine gemeinsame Ebene: Geschichten, die wir beide kennen. Sie aus eigenem Erleben, ich aus den Erzählungen meiner Eltern. Ich wurde nicht nur früh erwachsen, weil ich relativ losgelöst von meinen Eltern meine Orientierung finden musste, sondern auch, weil ich selten mit Kindern zusammen war. Meine Gesprächspartner waren in der Regel Erwachsene. Ich war anderen Mädchen und Jungen immer einen Schritt voraus.

Und ich war ein unglücklicher Teenager. Ich glaubte, hässlich zu sein. Mein Leben empfand ich als tragisch und schwer, ich sah in ihm nichts Leichtes. Ich vermochte es nicht, mit dem Leben zu spielen, sondern nahm alles ernster als nötig. Krisen wie das Auseinandergehen meiner ersten Beziehung waren existenziell, und ich zog mich noch weiter in mich zurück. Und wurde zur Außenseiterin. Während andere Mädchen kichernd pubertierten, blieb ich ernst. Die Freundinnen, die ich suchte und die sich wahrscheinlich mich suchten, waren wie ich unterwegs nach sich selbst. Mit anderen kam ich nicht klar.

Ein Junge aus meiner Schule sagte: »Du siehst so schrecklich aus, dass mir die Brille beschlägt, wenn ich dich angucke.« Diesen Satz schleppte ich die gesamte Pubertät mit mir herum. Meiner Mutter erzählte ich davon nichts. Ich hätte nicht gewusst, wie ich es ihr sagen sollte. Sie hätte mich nicht ernst genommen. Also schwieg ich und schluckte meine Verletzung hinunter. Das war symptomatisch für unsere Beziehung. Andere Mütter hätten vielleicht gesagt, der Junge spinne und solle sich mal selbst anschauen. Ich hatte keinen seelischen Halt, weder in meiner Mutter, noch in meinem Vater. Niemals verdeutlichte er mir, dass er meine Weiblichkeit wahrnimmt. Statt mir beispielsweise zu sagen, dass er bemerke, dass ich kein Mädchen mehr bin, klopfte er mir auf die Schulter: »Ein tolles Schwimmerkreuz hast du.« Dabei wäre ich gern in den Arm genommen worden und hätte Worte gehört wie: »Was aus meiner Tochter für eine schöne Frau geworden ist.« Nirgendwo boten sich mir häusliche Reibungsflächen, deren Berührung mich weiterbrachten. Ich entwickelte mich völlig aus mir selbst. Als ich die ersten Freunde hatte, ignorierte meine Mutter sie. Sie wollte nicht wahrhaben, dass ihre Tochter erwachsen wird. Oder sie nahm es gar nicht auf. Obwohl sie lauter komische Sachen machte, wenn ein Freund bei mir zu Besuch war. Einmal schmierte sie Schnittchen für den Freund und mich und stellte sie vor meine Zimmertür. Sie klopfte nicht oder gab sonst ein Zeichen, dass sie uns etwas zu essen gebrachte hatte. Ich stolperte über den Teller, als ich auf die Toilette ging. Sonst stellte sie mir nie Brote vor die Tür, sie schmierte nicht mal welche für mich, wenn ich keinen Besuch hatte.

Mich trieb die unabänderliche Sehnsucht, von ihr beachtet und geliebt zu werden. Zwar fühlte ich mich nie ungeliebt, aber auch nicht geliebt. Sie verhielt sich emotionslos mir gegenüber und gab der Ambivalenz in meiner Brust ständig Futter: Es sollte ihr gut gehen, dafür fühlte ich mich zuständig, aber ebenso wollte ich, dass sie sich um mich sorgt, dass sie mich hegt und mich hält. Dazu aber war sie nicht fähig. Weil sie nie gelernt hatte, Gefühle zu zeigen und zu verbalisieren. Sie hat selbst nie erfahren, was es heißt, Liebe geschenkt zu bekommen von seinen Eltern, sie hatte keine Vorbilder für den Ausdruck von Empfindungen. Aber sie trifft keine Schuld, denn sie wurde in einer Zeit groß, in der es nicht üblich war, sich Gefühle zu gestatten und sie darüber hinaus weiterzugeben.

Wie sehr mich meine Mutter die meiste Zeit meines Lebens beschäftigte, zeigte sich deutlich während meines Studiums. Ich studierte Kunst und schuf eine Installation aus Fotos meiner Mutter, der ich den Titel gab: »Rot trägt sie selten«. Ich nahm sechs Fotos verschiedener Phasen ihres Lebens, kopierte sie in der Größe von Plakaten und stellte sie als Tafeln auf. Dann fotografierte ich jedes Bild erneut, baute es hinter einem Hocker auf, auf dessen Sitzfläche ich ein Objekt aus der jeweiligen Zeit oder ein persönliches Stück meiner Mutter legte. Auf dem ersten Foto ist meine Mutter ein kleines Mädchen in einem weißen Spitzenkleid, das auf einen Birnbaum klettert. Auf den Stuhl legte ich ein weißes Kissen. Auf dem zweiten Bild erlebt sie gerade ihre Konfirmation. Ich wählte ein Gesangbuch. Dem dritten Foto, das meine Eltern als junges Paar zeigt, fügte ich einen Unterrock zu, dem vierten Bild, auf dem meine Eltern mit meinen Schwestern zu sehen sind, eine Knopfkiste. In den Knöpfen liegt Geschichte, sie sind haltbar und können Geschichte erzählen, Familiengeschichte. Das fünfte Bild, mit meiner Mutter als Krankenschwester, vervollständigte ich mit einem Rot-Kreuz-Häubchen, und das letzte Foto, auf dem sie als alte Frau abgebildet ist, hat eine hellblaue Bluse bekommen. Die trug sie gern. Der

Gutachter an der Uni kritisierte die Arbeit, weil sie ihm zu persönlich erschien und die einzelnen Stationen nicht aus sich heraus sprachen. Sie seien nicht spezifisch genug, meinte er. Bei längerem Überlegen und Betrachten meiner Arbeit empfand ich diese indes als immer weniger persönlich. Eher glaubte ich, es handle sich nicht um meine Mutter, die auf den Fotos zu sehen war, sondern um irgendeine Frau. Ich stand außen und zu ihr nicht in Beziehung. Wie ich mich zur ganzen Familie kaum zu beziehen vermochte.

Wahrscheinlich empfand ich das Leben meiner Mutter so, wie die Fotos es ausdrückten: reduziert. Als ich das begriff, schmerzte es mich. Ich wollte ihr ein reicheres Leben schenken, ein pralleres und aufregenderes.

Noch heute fühle ich mich für das Glück meiner Mutter verantwortlich. Zwar nicht mehr so existenziell wie einst, auch versuche ich nicht mehr, sie zu retten und ihr einen Weg aufzuzeigen, aber ich möchte, dass es ihr gut geht. Ich rufe sie an, öfter als früher. Und ich besuche sie. Seit dem Tod meines Vaters vor zwei Jahren bin ich eine besondere Projektionsfläche für ihre Bedürfnisse. Sie hat nur wenige Freundinnen und pflegt keine Kontakte, sie ist einsam. Deshalb freut sie sich, wenn ich komme. Aber unser Zusammensein trägt die früheren Züge: Wir sitzen zusammen und schweigen, es passiert nichts. Aber ich werfe ihr nichts mehr vor. Diese Kraft sammelte ich vor etwa drei Jahren, als ich mein Leben stärker als bis dahin in meine eigenen Hände nahm. Seit ich mich selbst besser verstehe und mich annehme, so wie ich bin, habe ich mich mit meiner Mutter ausgesöhnt. Davor schob ich alle meine Unzulänglichkeiten und Schwierigkeiten, die Welt zu nehmen, wie sie ist, auf meine Mutter. Ich warf ihr mangelnde Liebe und fehlende Kommunikation vor, ich gab ihr die Schuld für meine jugendliche Introvertiertheit. Doch mit meiner Freundschaft zu mir selbst kam eine größere Gelassenheit und verständnisvolle Toleranz. Die meine Mutter verdient hat. Weil sie das Beste gab, was sie hatte.

OB ICH WOHL EINE LEHRSTELLE FINDE?

Anna B. ist eine junge Mutter

Eigentlich kann ich dankbar sein. Dankbar für die Zeit, in die ich hineingeboren wurde, dankbar für das Haus, in dem ich jetzt wohne, dankbar für die Frauen, die um mich herum sind. Ohne sie und ohne ihre Beharrlichkeit und ihren Glauben an mich wäre ich heute woanders. Ganz woanders. Vielleicht würde ich auf der Straße leben, vielleicht wäre ich Alkoholikerin und drogenabhängig, vielleicht hätte ich längst Aids und andere Krankheiten. Aber die Frauen, die mir ihre Geduld opferten und mich immer wieder zwangen, hierher zurückzukehren, haben mich herausgeholt. Aus einem Leben, das nicht gut war, nicht für mich, nicht für mein Baby. Die Frauen haben mich auf der Straße aufgelesen und mit mir geredet. Tagelang, wochenlang, sie haben mich zum Arzt geschleppt und zur Schwangerenuntersuchung. Und dann haben sie mir dieses Zimmer hier besorgt. In diesem Haus, von dem ich vorher noch nie etwas gehört hatte. Ich wusste nicht, dass es so etwas gibt, dass es überhaupt Hilfe gibt. Sonst geht es doch nur ums Geld und darum, dass jeder allein irgendwie zurechtkommt. So bin ich es gewohnt, nichts anderes kannte ich von meiner Mutter. Aber dieses Haus ist wie ein Wunder. Es sorgt dafür, dass Mädchen wie ich nicht länger auf der Straße leben müssen, dass sie es einmal besser haben. Und dass ihre Kinder in die Wärme eines Zimmers hineingeboren werden und nicht in die Kälte des Pflasters. Es ist ein Heim für minderjährige Mütter. Wenn mein Kind geboren wird, werde ich gerade noch siebzehn sein. Drei Wochen nach der Geburt werde ich achtzehn. Ich hoffe, dass ich – obwohl ich dann volljährig sein werde – noch eine Weile hier wohnen kann. Zumindest so lange, wie mein Baby noch klein ist. Ich habe keine Ahnung, wie man das macht, mit so einem Kind. Ich weiß nicht, wie meine Tage aussehen werden. Und ich hoffe, ich habe Hilfe. Aber ich weiß ja, dass ich sie habe. Die Frauen haben mir ihre versichert. Es ist wirklich schön hier.

Vom Fenster meines Zimmers aus schaue ich auf einen Sportplatz. Vormittags in der Woche ist es hier ruhig, nachmittags spielen hin und wieder Jungs Fußball. Samstags und sonntags ist die Hölle los. Ab acht füllt sich der Platz, spätestens um zehn wird das erste Spiel angepfiffen. Die Triller und Sirenen stören mich, und dann frage ich mich, warum ein Haus für jugendliche Schwangere ausgerechnet hier stehen muss. Oder warum die Fußballer sich keinen anderen Platz suchen können. Aber ich will mich nicht aufregen, ich kann ja froh sein, dass ich hier sein darf und dieses Zimmer habe.

Es ist klein, aber warm und sauber. Ich schlafe in einem Bett, neben dem eine Babywiege steht. Darin soll mein Sohn schlafen, wenn er geboren ist. In zwei Monaten ist es so weit. Wenn alles gut geht. Er ist ein wenig zu klein und zu leicht, sagt die Ärztin. Sie meint, dass es vielleicht von den ersten Wochen kommt, in denen ich noch nicht wusste, dass ich schwanger bin, viel Alkohol getrunken habe und auf der Straße lebte. Zusammen mit Pipe, Maik, Francesco und den anderen. Das waren damals meine Freunde. Zumindest glaubte ich das. Sie waren älter als ich, ich war das einzige Mädchen unter ihnen. Über eineinhalb Jahre zog ich mit ihnen im Winter von einem Einkaufscenter zum nächsten, wo wir vor den Eingangstüren schnorrten. Jeden Tag. Ein Essen haben wir immer zusammenbekommen. Manche gaben uns Zigaretten. Einmal kam ein Typ vorbei, der hat uns eine ganze Flasche Schnaps gebracht. Eine ganze Flasche. Die Jungs haben sich gleich drauf gestürzt und das Zeug ausgesoffen. Mir hat das nicht geschmeckt, aber getrunken habe ich trotzdem. Mir wurde ganz warm davon. Ich hätte lieber ein Bier gehabt.

Im Sommer war's leichter. Da haben wir sogar in den Gebüschen vor den Supermärkten und vorm Einkaufscenter geschlafen. Wir brauchten nicht viel, es war ja warm. Oder wir setzten uns in Parks und auf Friedhöfen auf Wiesen. Von den Friedhöfen wurden wir oft verjagt, Parks aber sind öffentlich. Einmal hatte ich fast ein Zuhause. Glaubte ich. Pipe sagte zu mir: »Komm mit, ich zeig dir, wo ich bald wohnen werde.« Er brachte mich zu einer Garage in einer normalen Wohngegend, in der Häuser mit grauem Putz standen, vor denen viele Autos parkten. Gegenüber von einem Haus war eine Parkanlage, also ein Hof mit lauter Garagen. Dort stellten die Besitzer hauptsächlich im Winter ihre Autos ab. Eine Garage stand leer. Und dort nistete sich Pipe ein. »Woher hast du die?«, fragte ich. »Gefunden«, antwortete Pipe kurz. »Und woher weißt du, dass du hier wohnen darfst?« »Mach ich einfach.« »Wenn du willst, kannst du auch mal hier schlafen«, bot Pipe mir an. Eine Matratze hatte er sich schon besorgt. »Mal sehen«, sagte ich und schaute mich in der Blechhütte um. Es war ein ganz normaler Unterstand für ein Auto. Mit einer riesigen Tür und keinem Fenster. In einer Ecke lagen alte Autoreifen, an der Wand standen Sprühflaschen, wahrscheinlich Farben zum Lackieren. Es roch nach Verdünnung und Öl. Gemütlich war es nicht. Im Sommer auf der Wiese war es schöner. »Wenn du willst, können wir jetzt gleich schlafen«, schlug Pipe vor. »Jetzt?«, fragte ich ungläubig. »Es ist doch noch gar nicht Abend, außerdem warten die anderen auf uns.« »Die machen sich schon keine Gedanken um uns. Du weißt doch, wie es läuft. Entweder man ist da oder nicht. Die suchen dich nicht. Auch wenn du das vielleicht gern hättest.« Allmählich wurde mir klar, warum Pipe mich hierher gelotst hatte. »Nein, ich verschwinde jetzt«, sagte ich und drehte mich um. Ich wollte gehen, doch Pipe hielt meinen Oberarm fest. »Lass mich los, lass mich in Ruhe«, schüttelte ich seine Hand ab. Doch er griff noch fester zu, packte mich mit beiden Armen und drehte mich zu sich. »Ich dachte, wir machen es uns jetzt hier gemütlich.« »Ich habe keine Lust«, versuchte ich mich aus seiner Umklammerung zu lösen. »Sonst hast du doch auch immer Lust«, ließ er nicht locker. »Spinnst du?« Weiter kam ich nicht, denn schon fand ich mich auf der Matratze wieder. Pipe ist stark und drückte mich zu Boden. Er zerrte an meinem T-Shirt und riss mir die Hose von den Beinen. So schnell konnte ich gar nicht reagieren, schon hatte ich ihn drin. Was macht der mit mir, dachte ich noch. Ich wehrte mich nur kurz, merkte aber, dass es keinen Sinn hat. Pipe hatte mich voll im Griff. Also ließ ich ihn machen. Es dauerte nicht lange und war nicht so schlimm.

Es war ja auch nicht das erste Mal. Ich hatte schon vorher mit Männern geschlafen. Manchmal für Geld, manchmal ohne. Mit den Jungs aus der Clique. Aber von wem ich schwanger bin, weiß ich nicht. Es könnte auch Pipe sein. Er könnte es aber auch nicht sein, fast jeder von den Jungs könnte es sein. Die Frauen hier sagen, das könne man feststellen. Ich muss nur einen Gentest machen lassen, und derjenige von den Jungs, den ich für den Vater halte, müsste den Test auch machen. Aber wozu soll das gut sein, was soll es nützen, wenn ich weiß, Pipe oder Francesco oder ein anderer ist der Vater. Bei denen ist auch nichts zu holen, die haben doch genauso wenig wie ich. Jetzt, wo ich das Zimmer hier habe, sogar noch weniger. Und wenn es einer von den Freiern war, kriege ich das nie mehr raus. Von denen wusste ich ja nicht mal den Namen. Die meisten würde ich auch nicht wiedererkennen.

Eigentlich ist es mir egal, wer der Vater ist. Er wäre ja doch nicht da. Nicht für mich, nicht für das Kind. Welcher Mann ist schon für sein Kind da? Ich kenne keinen. Meine Mutter wurde auch sitzen gelassen von meinem Vater. Ich habe noch eine Schwester, sie ist zwei Jahre jünger als ich. Sie war zwei und ich vier, als mein Vater zu Hause auszog. Ich erinnere mich nicht mehr an ihn, heute würde ich ihn auf der Straße nicht wiedererkennen. Ich weiß nur noch, dass er immer nach Schnaps und Zigaretten stank. Manchmal versuchte er, mir einen Gute-Nacht-Kuss zu geben, wenn ich im Bett lag. Sein Gestank hing noch Minuten später im Kinderzimmer. Meine Mutter trank auch. Aber nicht so viel wie mein Vater. Würde ich jetzt sagen. Genau kann ich das nicht einschätzen, aber als er weg war, stank unsere Wohnung nicht mehr so. Deshalb vermute ich, dass meine Mutter weniger Alkohol in sich hineinschüttete.

Die Ehe mit meinem Vater musste schief gehen. Denke ich heute. Ich weiß nicht viel darüber, wie sie zusammenkamen, nur das bisschen, was mir meine Mutter mal erzählte. Beide waren sehr jung damals, jünger noch, als ich heute bin. Wenn ich mir überlege, ich wäre vor drei Jahren schwanger geworden, mit vierzehn, so alt, wie meine Mutter damals war, ich wüsste nicht, was ich täte. In der Familie meiner Mutter gab es sieben Kinder, meine Mutter war das zweitälteste. Und die größte Tochter. Ihre Eltern waren Arbeiter und den ganzen Tag beschäftigt. Meine Mutter musste viel auf ihre Geschwister aufpassen. Als sie mit dreizehn ihren ersten Freund hatte, fanden ihre Eltern das normal. Er durfte auch bei ihnen übernachten, sogar im Bett der Tochter. Er war doppelt so alt wie sie. Eigentlich war sie noch ein Kind und er ein erwachsener Mann. Andere Eltern hätten das sicher strikt verboten und den Mann angezeigt, wegen Verführung Minderjähriger. Aber meinen Großeltern schien das irgendwie egal zu sein. Bis meine Mutter eines Tages schwanger war. Die Aufregung war groß, schließlich ging sie noch zur Schule. Wenn sie es nicht so spät festgestellt hätten, hätte meine Mutter abtreiben müssen. Ihre Eltern hätten es nicht zugelassen, dass sie mit fünfzehn ein Kind bekommt. Das hätten sie sich aber auch früher überlegen können. Oder sie hätten ihre Tochter über Verhütung aufklären müssen. Meine Mutter hat gar nicht mitgekriegt, dass sie schwanger ist. Erst als ihre Mutter sie eines Tages prüfend von der Seite anschaute und fragte: »Sag mal, bist du schwanger?« »Schwanger, wieso?« »Du siehst so aus.« Wenige Tage später war sie bereits im siebten Monat. Für eine Abtreibung zu spät. Um noch zu retten, was zu retten war, ordneten sie eine Hochzeit an. Nur weil meine Mutter ein Kind bekam, gestatteten die Ämter dies. Ich war ein halbes Jahr alt, meine Mutter sechzehn, als sie meinen Vater heiratete. In dem Viertel der Stadt im Ruhrgebiet, in dem meine Mutter damals mit ihren Eltern lebte, muss die Hölle los gewesen sein. Alle zerfetzten sich die Mäuler und ließen kein gutes Haar an der Familie. Aber die Eltern meiner Mutter haben das durchgezogen. Und beschlossen, dass ihre Tochter mit dem neuen Mann und dem Baby zunächst in ihrer Wohnung bleibt. Zwei jüngere Geschwister mussten ihr Kinderzimmer räumen und in ein anderes ziehen, meine Eltern bekamen einen kleinen, aber eigenen Raum. Mein Vater verdiente Geld, er war Zimmermann, meine Mutter ging weiter zur Schule.

Als ich ein Jahr alt war, bekamen meine Eltern eine eigene Wohnung vom Sozialamt. Sie lag gleich um die Ecke der Wohnung ihrer Eltern. Das weiß ich so genau, weil ich oft bei meiner Oma war. Den Weg zu ihr kannte ich im Schlaf. Bereits im Alter von vier Jahren lief ich allein den Weg bis zu dem Haus, in dem sie wohnte. Ich spielte oft mit meinen Tanten und Onkeln, die jüngsten waren nur ein paar Jahre älter als ich. Zu Hause fand ich es langweilig und laut. Meine Eltern stritten oft, und mein Vater stank. Das war das Schlimmste für mich, sein Geruch. Wenn mir diese Erinnerung in die Nase kriecht, wird mir immer noch übel. Manchmal riechen Männer so wie mein Vater, dann muss ich fast kotzen.

Meine Mutter hätte nie bei ihren Eltern ausziehen dürfen, auch wenn alle auf beengtem Raum lebten. Meine Großmutter sorgte für Regelmäßigkeit im Alltag, für Sauberkeit und Ordnung. Sie schickte meine Mutter jeden Morgen zur Schule und ihren Schwiegersohn zur Arbeit. Mich versorgte sie wie eine eigene Tochter, erzählte sie mir mal. Aber meinem Vater behagte es wohl nicht, und er suchte eine Wohnung für seine junge Familie. Vom Tage des Umzugs an verlor nicht nur meine Großmutter die Kontrolle über meine Mutter, sondern vor allem sie selbst. Fern jeglicher Beobachtung griff mein Vater stärker zur Flasche, als er es im Hause seiner Schwiegereltern wagte. Und meine Mutter trank mit, zwar keineswegs so ausschweifend und exzessiv. Sie bewältigte ihr eigenes Leben nicht. Meine Mutter brach die Schule ab und war nur noch zu Hause. Eine Ausbildung hat sie nie begonnen. Es brauchte nicht lange, bis sich meine Eltern nur noch in den Haaren lagen. Ich erinnere mich an Streits und Auseinandersetzungen, wie meine Mutter heulte und kreischte und mein Vater brüllte und mit Flaschen schepperte. Ich wusste nicht, was vor sich ging, aber mich beschlich ein unangenehmes Gefühl. Ein anderes kannte ich nicht. Wahrscheinlich hat mein Vater meine Mutter auch geschlagen. Ich weiß es nicht genau, aber ich kann es mir vorstellen.

Meine Mutter war immer zu Hause. Öfter als mein Vater. Darüber war ich froh, glaube ich, weil er mich vermutlich immer schon störte. Stets wusste er alles besser und schrie herum, wenn meine Mutter widersprach. Wahrscheinlich hörte sie irgendwann auf zu widersprechen und fügte sich seinen Weisungen. Ich war ungern mit ihm allein, eines Tages war ich es aber für mehrere Tage. Ich war klein, gerade zwei Jahre alt, und andere Leute sagen, in diesem Alter ist das Gedächtnis nicht so stark ausgeprägt, dass es für später vorsorgt. Aber ich weiß ganz genau, wie es war, als meine Mutter plötzlich verschwand. Ich fragte meinen Vater, und der sagte nur: »Sie kommt bald wieder.« Das Einzige, was ich an dieser Situation als positiv empfand, war, dass ich im großen Bett schlafen durfte. Ich wollte immer gern mit meiner Mutter kuscheln, durfte es aber nicht. Und als sie weg war, holte mich mein Vater ins Ehebett. Auf der Seite, auf der meine Mutter immer schlief. Da lag ich auch, als meine Mutter – so plötzlich wie sie verschwunden war – wieder auftauchte. Ich starrte gerade an die Decke oder malte mit den Augen Kreise in die Luft, als sie, ohne an der Tür geklingelt zu haben, im Zimmer stand. Mit einem Bündel im Arm. Sie trat näher und senkte das Bündel zu mir herab. Ich blickte hinein und sah ein Baby. Das war meine Schwester.

Meine Schwester hat meinen Vater vermutlich nie richtig wahrgenommen. Er verließ Mutter, als meine Schwester noch nicht einmal richtig sprechen konnte. Ich weiß nicht mehr, wie ich mich fühlte, als er weg war, aber wahrscheinlich war ich froh. Eines Tages war er einfach verschwunden. Meine Mutter sagte nichts, sicher dachte sie, ich sei noch zu klein, um mir irgendetwas zu erklären. Wahrscheinlich hätte ich tatsächlich nichts verstanden. Ich kann mich aber nicht daran erinnern, dass sie weinte, als er gegangen war. Und es dauerte nicht lange, da saß ein neuer Mann auf unserer Wohnzimmercouch. »Ist das unser neuer Papa?«, fragte ich meine Mutter. »Mal sehen«, antwortete sie.

Wie lange er blieb, kann ich nicht mehr sagen. Ein zeitlich scharfes Gedächtnis besaß ich damals wohl noch nicht. Aber ich weiß, dass er sehr groß und dünn war. Vielleicht war er gar nicht so groß, damals aber erschien er mir so. Einmal setzte er mich auf den Schrank. Einfach so, vielleicht wollte er mit mir spielen und glaubte, ich fände es lustig, wenn er mich nach oben verfrachtet. Aber ich fürchtete mich auf dem Schrank und hatte Angst, runter zu fallen. Ich schrie und kreischte, ich wollte wieder herunter, aber er stand unten und lachte aus vollem Halse. Von diesem Erlebnis an mochte ich ihn nicht mehr und versuchte, ihn zu ignorieren. So gut es ging, wenn man unter einem Dach lebt.

Aber auch er war eines Tages wieder verschwunden. Ohne Ankündigung und ohne Abschied. Was dann passierte, beruht auf nichts Geringerem als meinen verschwommenen Vermutungen. Meine Mutter war jung, immer noch, obwohl sie bereits zwei Kinder hatte. Meine Oma kümmerte sich um uns, so gut es ihr möglich war. Ich war, wie gesagt, oft bei ihr. Meine Schwester auch. Aber meine Mutter ging nie arbeiten und suchte sich auch keinen Job. Das Sozialamt kam für uns auf. Genau weiß ich das nicht, aber ich kann es mir nicht anders erklären. Vielleicht hat meine Mutter anfänglich auch Miete gezahlt, später irgendwann sicher nicht mehr. Auch Großmutter tauchte eines Tages nicht mehr auf. Ob sich die beiden gestritten hatten oder welch einen Grund es gegeben haben könnte, dass sie nicht mehr für ihre Tochter da war, darüber mag ich nicht mal spekulieren. Jedenfalls hieß es eines Tages, wir müssten aus der Wohnung ausziehen. Meine Mutter blieb ruhig, nie war sie hektisch oder aufgeregt. Auch nicht in dieser Situation. Was es bedeutete, dass uns die Wohnung gekündigt wurde, begriff ich erst später. Später verstand ich auch, wie lange sich der Vermieter mit meiner Mutter herumgequält haben muss. Nach drei nicht gezahlten Monatsmieten ist man Mietschuldner, danach flattern Mahnungen in den Briefkasten, es vergeht wieder ein halbes Jahr. Dann geht die Sache vor Gericht, und es dauert erneut ein paar Monate. Bis der Kuckuck an die Wohnung geklebt wird, braucht es über ein Jahr. Meine Mutter ließ mich nie spüren, in welch schwieriger Lage sie war. Wir lebten keineswegs im Überfluss, aber wenn wir Kinder bei McDonald's etwas essen wollten, hat sie es uns gekauft. Viel Spielzeug besaßen wir nicht, auch keine exklusive Kleidung. Aber am Essen sparte meine Mutter nicht. Und sie erzählte nie, wie arm wir eigentlich waren.

An den Tag der Wohnungsauflösung erinnere ich mich genau. Es war Winter und sehr kalt. Vielleicht war es ein Montag oder Dienstag, jedenfalls kein Samstag oder Sonntag. Denn an den Wochenenden war es im Haus lauter, wenn es schon hell war. Aus den übrigen Wohnungen drangen Radiogeräusche oder das Brummen von Kaffeemaschinen und Fönen. An den Wochentagen gingen alle früh zur Arbeit, und vormittags war es im Haus still. An diesem Tag war es sehr leise, vielleicht leiser als sonst. Es hämmerte und klingelte gleichzeitig an unserer Tür. Wir lagen noch im Bett, meine Mutter stand auf und schlurfte zur Tür. Als sie die öffnete, wurde sie unsanft zur Seite geschoben, und plötzlich standen vier oder fünf Männer und Frauen in unserem Zimmer. Was sie gesprochen haben, weiß ich nicht mehr. Aber dann ging alles sehr schnell. Meine Mutter zog mich und meine Schwester an, unterdessen begannen die Männer Möbel aus der Wohnung zu tragen. »Was machen die hier?«, fragte ich. »Die Männer sind böse«, sagte meine Mutter. »Die nehmen uns unsere Wohnung weg.« »Warum?«, fragte ich weiter. »Wo sollen wir jetzt wohnen?« Diese Antwort blieb meine Mutter mir schuldig.

Die Tage nach der Wohnungsauflösung hat mein Gedächtnis gelöscht. Ich erinnere mich nicht, wo und bei wem wir unterkamen. Bei meinen Großeltern jedenfalls nicht. Die habe ich lange nicht gesehen. Aber ich erinnere mich, wie wir im Abstand von wenigen Tagen – oder waren es Wochen? – von einer Wohnung zur nächsten zogen. Vielleicht waren es Freunde meiner Mutter oder entfernte Bekannte. Ich habe keine Ahnung, wer die Menschen waren, die uns aufnahmen. Ich kannte keinen. Manchmal schliefen wir in einem extra Zimmer in einem Bett, meine Mutter, meine Schwester und ich. Manchmal auf Matratzen in der Küche neben dem Herd. An eine Wohnung erinnere ich mich genau. Sie gehörte einem Mann, der dort – glaube ich – allein lebte. Er besaß ein riesiges Aquarium, das das halbe Zimmer einnahm. So etwas hatte ich vorher noch nie gesehen. Mich faszinierte, wie die bunten Fische durchs Wasser schwammen, wie sich die Wasserpflanzen hinter Glas bewegten und kleine Luftbläschen vom Boden an die Wasseroberfläche aufstiegen und dann zerplatzten. An den gläsernen Wänden des Aquariums hatten sich kleine Schnecken festgesaugt und krochen langsam von einem Ende zum anderen. Dabei säubern sie das Glas, erklärte mir der Mann. Stundenlang saß ich davor und starrte auf das Treiben. Einmal versuchte ich, mit der bloßen Hand einen Fisch zu fangen. Ich hielt zunächst meine Finger in das Wasser und wartete, bis die Fische heranschwommen. Als sie an meinem Finger saugten, schnappte ich zu. Doch sie entwischten mir, sie waren zu schnell. Irgendwann aber klappte es, da hielt ich einen in der Hand. Es war ein goldroter kleiner zappelnder Fisch. Er lag auf meiner Kinderhand, und ich zeigte ihn meiner Schwester. Als der Mann das sah, wurde er wütend, grapschte nach dem Fisch und warf ihn wieder ins Wasser. »Das machst du nie wieder, hörst du, nie wieder«, herrschte er mich an. »Das sind Fische, die können nicht an der Luft leben.«

Kurz darauf mussten wir auch bei ihm wieder ausziehen. Ich heulte und meine Mutter schwieg. Wahrscheinlich fühlte ich mich schuldig und glaubte, ich sei der Grund, warum wir die Wohnung des Mannes verlassen mussten.

Von nun an zogen wir durch einige Läusepensionen. Damals wusste ich nicht, was das ist, ein Obdachlosenheim. Ich fand es auch nicht schlimm, weil immer viele Menschen da waren, die sich mit uns beschäftigten. Aber keiner hatte lange Lust auf Kinder, das begriff ich damals schon. Für meine Mutter muss es schrecklich gewesen sein, mit zwei kleinen Kindern auf der Straße zu sitzen und auf Almosen angewiesen zu sein. Ich glaube, ich fragte nur einmal, wann wir endlich wieder nach Hause könnten. »Bald«, antwortete meine Mutter. »Bald.« Eines Tages bekamen wir sie auch, eine neue, eigene Wohnung. Sie war sogar möbliert, es standen ein Bett für meine Mutter und zwei kleine Betten für meine Schwester und mich darin. Außerdem ein Schrank, ein Tisch und ein paar Stühle. Jeden Tag kam eine Frau zu uns und schaute, wie es ging. Vermutlich eine Sozialarbeiterin oder ein Vormund, den meine Mutter an die Seite bekam. Ich war froh, nicht mehr wandern zu müssen.

In dieser Wohnung blieben wir bis zum Schluss. Wenn meine Mutter nicht ausgezogen ist, wohnt sie da immer noch. Ich habe sie lange nicht gesehen, eigentlich seit dem Tag, an dem ich von zu Hause abgehauen bin. In der Zeit, als wir diese Wohnung noch nicht hatten, war meine Mutter sehr still. Zumindest erinnere ich mich daran, dass es so war. Sie sprach wenig und schien irgendwie abwesend zu sein. Erst in der Wohnung taute sie auf und wurde lebendiger. Für sie war das vielleicht gut, unserem

Verhältnis hat das nicht zum Vorteil gereicht. Sage ich heute, damals habe ich nicht gewusst, was vor sich geht. Sie schien mich irgendwie vergessen zu haben. Warum, weiß ich nicht. Und sie hielt kein Versprechen. Oft versprach sie meiner Schwester und mir, wir bekämen ein Brötchen oder wir gingen in den Zoo. Als es so weit war, sagte sie jedoch meist: »Jetzt aber nicht.«

Einmal zündete ich die Wohnung an. Nicht mit Absicht, es passierte einfach. Ich spielte mit dem Feuerzeug, das auf dem Wohnzimmertisch lag. Ich versuchte, es anzuzünden, aber es klemmte. Immer und immer wieder versuchte ich, das Ding anzubekommen. Bis es plötzlich funktionierte. Die Flamme schoss mit einer blitzartigen Schnelligkeit heraus und war riesengroß. Ich war erschrocken und schmiss das Feuerzeug auf den Boden. Es ging sofort aus, aber die Flamme reichte aus, um ein Stück Papier, das auf dem Boden lag, zu entzünden. Ich stand da, starrte in die Flamme, die sich in Windeseile durch den Teppich fraß. Ich konnte nichts sagen und ging einfach aus dem Raum. Das halbe Zimmer stand in Flammen, als meine Mutter das Feuer bemerkte. Sie kreischte und riss die Wohnungstür auf. »Feuer, Feuer!«, schrie sie in den Hausflur. »Hilfe, es brennt!« Vermutlich gingen andere Türen auf, die Leute rannten hoch und löschten das Feuer. Irgendwann später stand auch die Feuerwehr in der Wohnung. Aber da war der Brand schon Geschichte.

Ich war elf oder zwölf Jahre alt, als ich das Feuer legte. Als alle weg waren, brüllte mich meine Mutter an und schlug mich. Ob ich denn wieder alles kaputt machen wolle, ob ich es darauf anlege, dass wir wieder ausziehen müssen?

Damals haute ich das erste Mal von zu Hause ab. Noch am selben Abend, als mich meine Mutter fertig machte dafür, dass es gebrannt hat. Dabei habe ich das gar nicht gewollt. Es war nicht meine Absicht, und es tat mir Leid. Aber sie glaubte mir nicht. Ich wollte aber, dass sie mir glaubt. Sie mag mich nicht, dachte ich, ich will ja alles richtig machen, aber es gelingt mir nicht. Wahrscheinlich. Als sie im Bad war, zog ich mich leise an und schlich davon. Ich wusste nicht wohin, ich ging einfach los. Ich weiß nicht mehr, ob es dunkel war oder hell, kalt oder warm. Ich lief einfach durch die Straßen und hörte nicht mehr auf zu laufen. Ich bekam Hunger und Durst, hatte aber kein Geld. Ob ich mir irgendwo etwas klaue? Wenn ich erwischt werde, ist es auch egal. Ist sowieso alles egal. Ich drückte mich dicht an einem Gemüsestand vorbei und griff im Vorbeigehen einen Apfel. Unbemerkt ließ ich ihn in meine Jackentasche rutschen und wartete darauf, dass jemand in meinem Rücken brüllte: »Halt, stehen bleiben.« Aber da rief niemand, niemand hatte bemerkt, dass ich einen Apfel gestohlen hatte. Als ich um die nächste Ecke bog, schlang ich ihn gierig hinunter. Und klaute von nun an alles, was ich brauchte: Zigaretten, Bier, Lebensmittel. Einmal sogar eine Mütze.

Wie ich nach Hause kam, weiß ich nicht mehr genau. Irgendwann war ich einfach wieder da. Aber abgehauen bin ich noch ein paar Mal. Einige Male sammelte mich die Polizei auf. Meine Mutter hat mich nie gesucht, glaube ich. Ich weiß nicht einmal, ob es ihr egal war, dass ich verschwunden war. Gekümmert hat sie sich ja doch nicht um mich. Auch nicht um meine Schwester. Irgendwie kam sie mit dem Leben nicht klar. Ich glaube, sie war einfach zu jung, als sie Mutter wurde. Sie wurde aus dem Leben geschleudert und nie wieder eingefangen. So wie ich jetzt eingefangen wurde. Ich habe Glück gehabt. Meine Mutter nur Pech.

Vor knapp zwei Jahren bin ich richtig von zu Hause abgehauen. Richtig heißt, in eine andere Stadt. Da findet mich die Polizei nicht, glaubte ich. Vielleicht habe ich Recht, vielleicht auch nicht. Zumindest hat die Polizei nicht nach mir gesucht. Und wenn sie es getan hat, war sie bisher zu blöd, mich zu finden. Und inzwischen ist es auch egal. Jetzt bin ich hier und froh darüber. Vielleicht haben die Frauen vom Haus Kontakt zur Polizei und haben ihr gesagt, dass sie mich nicht mehr suchen muss.

Ob meine Mutter weiß, wo ich bin? Manchmal denke ich an sie, aber ich spüre nichts, kein Gefühl, kein negatives, aber auch kein positives. An der Stelle, wo meine Mutter sitzen müsste, ist es merkwürdig leer. Existiert meine Mutter für mich nicht mehr? Ich weiß es nicht. Ich weiß auch nicht, wie stark ihre Schuld an meiner Situation ist? Manchmal schiebe ich ihr mein ganzes vergammeltes Leben zu, ein anderes Mal denke ich, sie konnte es nicht besser, weil sie selbst nichts anderes erlebt hat. Sehen will ich sie erst mal nicht. Ich glaube, es ist besser, wenn ich erst mal zur Ruhe komme und mein Baby kriege. Später will ich meine Schule zu Ende machen und eine Ausbildung beginnen. Ich möchte Friseurin werden. Ob ich wohl eine Lehrstelle bekomme?

ICH HÄTTE ALLES FÜR SIE GETAN …

… und doch wurde Claudia D. von ihrer Mutter mit Liebesentzug bestraft

»Die Tochter ist schon bei ihrer Geburt die Konkurrentin der Mutter.« So ähnlich schreibt es Simone de Beauvoir in »Das andere Geschlecht«. Meine Mutter und ich ringen seit meinem ersten Lebensjahr miteinander. Wir werden unser Leben lang miteinander streiten. Innerlich. Nicht offen. Die Diskrepanz zwischen uns liegt in unserer Sicht aufeinander: Wir hätten uns gegenseitig gern anders, wir wollen, dass die andere nicht die ist, die sie ist, sondern eine gewünschte, eine erdachte Person. Für mich ist meine Mutter meist schwach, weinerlich, willenlos.

Ich wollte immer eine starke Mutter, die jedem Sturm widersteht und der Brandung trotzt. Und meine Mutter wollte eine brave Tochter, die sich anpasst, sich unterordnet und sich bestimmen lässt. Eine, die keine Probleme macht. Eine, die sich leicht lieben lässt. Aber ich wurde ein Widerspruchsgeist, provokant und aufsässig, hin- und hergerissen zwischen den Extremen. Und ich wollte bedingungslos geliebt werden. So wie jedes Kind. Aber das, was ich ersehnte, bekam ich nicht, nicht in dem Maße, wie ich es brauchte.

So versuchte ich, unsere Familie zu dominieren, ich terrorisierte sie. Mit aller Macht versuchte ich, meine Ideen durchzusetzen. Gewachsen war mir meine Mutter nicht. Meine Kreativität sah sie nicht als Bereicherung für das Familienleben an, sie integrierte meine Vorschläge nicht. Im Namen ihrer Männer ging sie in Konkurrenz zu mir. Was mich noch stärker in meine

Position einbetonierte. Gleichzeitig besaß meine Mutter keinerlei Abwehrkräfte gegen mich. Sie war nicht immun. Doch nicht nur gegen mich nicht, sondern gegen alles und jeden. Sie tat das, was andere ihr auferlegten. Zuerst war es ihre Mutter, die kommandierte, unterdrückte und befehligte, dann kamen ihre Männer, zu deren Befehlsausführerin sie mutierte. Ihre Chefs, die jeweiligen Parteisekretäre. Eine eigene Haltung – für meine Mutter ein Fremdwort. Sie hielt die autorisierte Meinung der anderen für ihre eigene.

Ich könnte meine Mutter verdammen, sie verleugnen, mich von ihr lossagen. Sie einfach vergessen. »Halten Sie sich Ihre Mutter vom Leib«, sagte mir einmal ein kluger Mann. Ohne mich genau zu kennen, sah er an mir, worin viele Wurzeln meiner Komplikationen liegen: in der Beziehung zu meiner Mutter. »Halten Sie sich Ihre Mutter vom Leib.«

Immer wieder hatte ich Phasen, in denen ich das intensiv anstrebte. Ich wünschte, ich könnte es, ich wünschte, ich könnte meine Mutter verdammen, mich von ihr lossagen, sie einfach vergessen. Dann würde ich ruhiger leben, ausgeglichener und unbeschwert sein. Meinte ich lange Zeit. Aber die erste, die einfache Wahrheit muss nicht immer die richtige und sie muss keineswegs einfach sein. Ich schaffe es nicht, meine Mutter zu verleugnen. Ich kann sie nicht aus meinem Leben verbannen. Sie ist meine Mutter. Und weil sie meine Mutter ist, liebe ich sie. Aber ich wünsche sie mir noch immer anders: stark, widerstandsfähig, willensstark. Für mich. Und ich will, dass sie mich liebt.

Bis vor vier Jahren – damals war ich 28 – lehnte ich meine Mutter in vieler Hinsicht ab. Oft regte sich nichts in meinem Herzen, meine Gedanken waren von Verletzungen und manchmal von Rache geprägt. Da ist nichts zu machen, sagte ich mir. Gleichzeitig hatte ich große Sehnsucht nach ihr. Ich war psychisch labil, erlebte einige Zusammenbrüche und begab mich in dauerhafte therapeutische Behandlung. Ich weiß: Meine Mutter trägt eine Mitschuld an meiner Situation. Aber ich musste begreifen, dass ich immer wieder zusammenbrechen werde, wenn ich alle Verantwortung für meine Probleme nur ihr zuschiebe und ihr damit das Steuer für meine Befindlichkeit überlasse. Ich muss(te) mich selbst retten. So begann ich, nach verborgenen positiven Erinnerungen zu kramen, die mich mit meiner Mutter zusammenführen. Nach und nach arbeitete sich mein Gedächtnis vor: So kann sie in Windeseile und mit wenig Mitteln eine gemütliche Stimmung inszenieren, sich so sehr über Kleinigkeiten freuen, dass es auf alle anderen ausstrahlt. Eine Fähigkeit, die sie mir »vererbte«. Früher hätte ich dies nie mit meiner Mutter in Verbindung gebracht. Außerdem wäre da noch unsere gemeinsame Vorliebe für kaltes Wetter und eisiges Wasser zu nennen. Wir waren und sind immer die ersten und die letzten in der Ostsee. Und wir lieben Herbstspaziergänge durch neblige und feuchte Wälder.

Dann schiebt sich wieder das andere Bild der Mutter darüber, jenes, auf dem eine Frau ihre Tochter auf Abstand hält. Ein Foto zeigt, wie mich meine Mutter füttert. Ich bin etwa eineinhalb Jahre alt und sitze im Kindersitz am Tisch. Meine Mutter sitzt am anderen Ende des Tisches, nicht neben mir, wie das Mütter gewöhnlich tun, wenn sie ihren Kindern Nahrung einflößen. Ihr Arm ist langgestreckt, übermäßig lang, so als würde er zu einer unendlichen Gerte, er markiert eine unüberbrückbare Kluft zwischen uns beiden. Mutters Arm und Mutters Ferne sprechen eine eindeutige Sprache: Komm mir nicht zu nah, mein Kind, komm mir nie zu nah. Es sieht aus, als hätte sie Angst vor mir.

Lange Zeit versuchte ich, mich an sie zu klammern. Das zeigen andere Fotos, auf denen ich älter bin. Acht, neun oder zehn Jahre. Sie war so gut und so schwer krank. Alle liebten sie. Aber ich war meist böse, machte Schwierigkeiten und Probleme. Dementsprechend wehrt sie mich auf den Fotos mit leichter Drehung ab und schaut leidend in die Kamera.

Später – ich war etwa vierzehn, fünfzehn – kam ich ihr nie mehr zu nah, ich blieb stets weit von ihr entfernt. Denn irgendwann suchte ich freiwillig den größtmöglichen Abstand. Das hatte nur einen Grund: Ich fühlte mich nie geliebt. »Du siehst aus wie dein Vater, du bist wie dein Vater. Alles an dir ist widerlich«, brüllte meine Mutter einmal hysterisch, als sie sich über mich ärgerte. Sie war oft wütend über mich. Ich war ihre Projektionsfläche für fehlgeleitete Gefühle und angestaute Wut. An mir arbeitete sie ab, was sie sonst nicht verdaute. Meine Mutter ist das Beispiel für abgewehrte emotionale Impulse. Sie ist unterwürfig, wehrlos und ließ selbst das Schlechteste über sich ergehen.

Sie wurde von meiner Großmutter adoptiert. Meine Mutter war ein schönes Kind und eine pittoreske Frau, meine Großmutter eher unvorteilhaft. Als meine Großmutter dies schmerzhaft erkannte, eroberte sie sich eine unverrückbare Macht über ihre Tochter. Sie drückte sie bis auf den Grund ihrer seelischen Existenz hinab, sie schmälerte sie und brach ihren Stolz. Meine Mutter wagte nie zu widersprechen, sondern übte sich in Schuld und Dank. Sie umhüllte sich damit wie mit einer Decke, die kratzt und widerspenstig ist, die eigentlich zu schwer ist für einen zarten Körper. Aber man kann sie nicht ablegen, weil sonst die Kälte unter die Kleider kriecht. Kälte kann grausamer sein als Last. »Was wäre aus dir geworden, wenn ich dich nicht adoptiert hätte«, quälte meine Großmutter ihre Tochter. Diese fühlte sich verpflichtet – zu Dank, Opferbereitschaft und Demut. Sie fügte sich in ihr Schicksal und hoffte, dadurch ihrer Mutter gerecht zu werden. Und verschloss sich den Zugang zu sich selbst.

So wurde das Leben, das sie nicht bewältigte, ihre Bestimmung. So wurde ihre Mutter ihre Bestimmung, und so wurden es ihre Männer.

Den ersten Mann meiner Mutter wählte meine Großmutter aus. Die beiden gehörten von der ersten Minute an nicht zusammen. Doch meine Mutter trat in diese Ehe, weil sie ihr befohlen wurde. Sie heiratete diesen Mann, als ob sie ein Brot kaufte.

Sie fragte sich nicht, was sie tat, sie schaute sich nicht um, sie wurde von ihrer Mutter in die Ehe geschoben und wählte nicht einmal den Raum aus, der ihr bald Obdach geben sollte. Sie ließ alles willenlos geschehen, wahrscheinlich besaß sie nicht einmal eine Vorstellung davon, was eine Heirat bedeutete. So wie ein Kleinkind, das zum ersten Mal in den Kindergarten geht und keine Ahnung hat, was es dort erwartet.

Der Mann machte meiner Mutter ein Kind, das war ich. Aber er verließ sie, als ich ein halbes Jahr alt war. »Du siehst aus wie dein Vater, du bist wie dein Vater.« Nie wusste ich, was sich hinter diesem Vorwurf verbirgt, wie ich diesen Satz verstehen soll, was mir meine Mutter mit ihm sagen will. Meinen Vater lernte ich erst als erwachsene Frau kennen. Nie begriff ich damals, wie ich jemandem ähnlich sein soll, der gar nicht existiert.

Für meine Großmutter war meine Geburt und das Weggehen meines Vaters ein wunderbares Geschenk. Nun konnte sie führen, spielen, sich austoben, walten. Sie bestimmte, dass meine Mutter zwei Monate nach meiner Geburt arbeitete. Jede Mutter hätte wahrscheinlich darauf gedrungen, bei ihrem Kind sein zu dürfen, es zu stillen, ihm Liebe zu geben. Doch meine Mutter ordnete sich den Befehlen ihrer Mutter unter – und arbeitete. Wir lebten zu dritt bei meiner Großmutter. Die zog mich auf, bis ich vier war. So ging meiner Mutter die Möglichkeit verloren, ein Gefühl für mich zu entwickeln, überhaupt erst einmal nach einem zu suchen. Ich wurde von ihr abgeschnitten, von ihr amputiert. Sie litt unsäglich darunter, konnte sich aber nicht gegen meine Großmutter durchsetzen. Wenige Jahre später heiratete sie erneut. Wieder einen Mann, den sie nicht kannte, nicht liebte, nicht begehrte. »Da gibt es einen armen Mann«, erzählte ihr eine Freundin, »der ist geschieden und einsam und verfällt allmählich dem Alkohol.« Dieser »arme Mann« müsse gerettet werden, und dies könne nur eine Frau tun. Diese Frau sollte meine Mutter sein. Diese Frau wurde meine Mutter, der zum zweiten Mal ein Ehemann zugeschoben. Sie sagte nicht »Nein«, sie sagte nicht »Ja«, sie ließ alles geschehen, was andere für sie arrangierten.

Als die beiden heirateten, zogen wir in eine nah gelegene Kleinstadt. Damit nahm unsere Geschichte ihren Lauf, deren Ende noch immer offen ist. Es begann ein Kampf, der seine deutlichen Spuren hinterließ. Es war ein Kampf zwischen mir und meiner Mutter, zwischen mir und meinem Stiefvater, zwischen meiner Mutter und meinem Stiefvater. Und ein Kampf mit mir selbst. Schon am Start kann man den Sieger sehen, aber nicht nur den Sieger, auch den Verlierer. Gewöhnlich. Anders bei uns. Bei uns konnte jeder nur Verlierer sein. Eine Trophäe trug niemand davon.

Als mich mein Stiefvater zum ersten Mal sah, spürte er wohl schon unsere heftigen Auseinandersetzungen auf sich zurollen. Das erfuhr ich jedoch erst, als es fast schon zu spät war: zwei Tage vor seinem Tod. Am Tage unseres Kennenlernens hüpfte ich durch den Garten meiner Großmutter, fidel und aufgeweckt. Ich muss ihn wohl skeptisch und misstrauisch, aber kraftvoll und aufbegehrend angeschaut haben. Er nahm meine Stärke wahr und hatte eine fixe Idee: Ich kann nur bestehen, wenn ich sie breche, wenn ich dieses Kind kaputtmache und es sich mir unterwirft. Ich hätte den gesamten Garten beherrscht, sagte er kurz vor seinem Tod. Allein durch meine Wildheit und Lebendigkeit. Das machte ihm Angst, große Angst.

Das geht doch nicht, dass ein vierjähriges Kind so viel Macht ausstrahlt. Kinder haben sich zu unterwerfen. Er brach mich, wie Väter und Stiefväter meist ihre Töchter brechen: durch Liebesentzug, Achtlosigkeit, Kontrolle, Prügel. Manchmal war es der Teppichklopfer, der in meine Kniekehlen sauste und ein Brennen hinterließ, das unerträglich wurde, wenn ich beim Schwimmunterricht ins Chlorwasser tauchte. Ein anderes Mal zerrte er sich ein Armeekoppel aus seiner Hose, einen breiten, festen, harten Ledergürtel, den er als Offizier um seine Hüfte trug. Weniger aus praktischen Gründen als aus Etikette und Prestige. Noch heute höre ich, wie der Gürtel durch die Luft fietschte, bevor er auf meinen Körper klatschte. Dass jeder die Folgen seiner Tyrannei sehen konnte, ließ ihn kalt.

»Wo der hinlangt, wächst kein Gras mehr«, sagte meine Mutter. Und stellte sich hinter ihren Mann. Nicht nur, dass sie Augen und Ohren verschloss gegenüber der körperlichen und seelischen Gewalt, die ihr Mann an ihrer Tochter ausübte. Sie hieß für gut, was er tat. »Du versaust uns jedes Wochenende«, begründete sie ihren Rückzug, der nicht einmal innere Emigration genannt werden darf. Meine Mutter mochte ihren Mann nicht, sie lehnte ihn ab – aber verteidigte ihn. Sie ist aus ihrem Jahrhundert gefallen und im vorherigen gelandet. Sie stellte sich hinter einen autoritären Macho, der sein Allmachtsgebaren auslebte, als habe er das uneingeschränkte Recht dazu. Ihr Mann hat auch sie schlecht behandelt, er hat sie angeschrien und sie bis ins Mark verletzt. Doch sie begehrte nicht auf, erhob sich nicht und schlug nicht mit der flachen Hand auf den Tisch. Sie flüchtete sich in ein Verhalten, das im vergangenen Jahrtausend weibliche »Norm« war: Sie spielte das schwache Eheweibchen, das sich seinem Schicksal stoisch ergibt und leise und heimlich vor sich hinweint. Stilles Leiden mündet meist in Krankheit. Sie bekam Morbus Crohn, eine chronische Darmkrankheit, unter der sie bis heute leidet.

Ihr Gebrechen war ihr inneres Aufbäumen. Sie musste regelmäßig in die Klinik und fuhr zu Kuren. Dort bekam sie, wonach sie sich sehnte: Sie wurde versorgt und gepflegt, andere Menschen kümmerten sich um sie. Sie war mit sich allein und genoss ihre Einsamkeit und Ruhe. Niemand störte sie, kein Mann, kein Kind, kein Krach.

Gleichzeitig, das weiß ich heute, hatte sie immer riesige Sehnsucht nach mir und vermisste mich schmerzlich. Im Krankenhaus besuchte ich sie oft und brachte ihr Lebensmittel, die sie essen durfte, die zur jeweiligen Diät gehörten. Ich wollte alles richtig machen, wollte für sie sorgen, für sie da sein, ich wollte ihr helfen. »Du bist meine Kameradin«, sagte sie zu mir, als ich zehn war. »Du kümmerst dich doch um den Haushalt und Papa?« In ihrer Stimme jedoch lag kein Fragezeichen, sondern ein Ausrufungszeichen. Sie bürdete mir eine Last auf, eine Verantwortung, mit der ich als Zehnjährige überfordert war. Selbst als Vierzehnjährige hätte ich diese Haftung nicht übernehmen können. Meine Mutter machte mich zur Verbündeten, hielt aber selbst unseren Vertrag nicht ein. Sie verstieß gegen ihn mit ihrer Kritiksucht und ihrer Ignoranz meinem Willen gegenüber. Ich kaufte ein, ich putzte, ich wusch, ich pflegte den Garten und bereitete Hundefutter. Doch das war alles nicht genug, es musste noch mehr sein. Und es musste noch besser sein. »Was du mit deinen Händen aufbaust, reißt du mit deinem Hintern wieder ein«, zeterte sie. Immer und immer wieder. Keinem ihrer Ansprüche genügte ich. Und sei es, dass ich meine Schuhe nicht ordnungsgemäß in die Garderobe gestellt hatte, wie ihr Mann es forderte.

Es war eine Spirale: Ich strengte mich an, übermäßig sogar, und schaffte es doch nie, die hohe Latte zu überspringen. Ich stand unter ständiger Anspannung und reagierte gereizt auf weitere Anforderungen. Irgendwann verlor ich die Konzentration auf mein Ziel, mir fehlte die Kondition, dauerhaft den Angriffen meiner Mutter zu widerstehen und dauerhaft um meine Mutter zu kämpfen. Eines Tages begann ich zu stehlen. Nicht in einem Laden, keine Zigaretten und keine Schnapsflaschen. Ich beklaute meinen Stiefvater, ich räumte sein Portemonnaie leer. Und ich stahl Schokolade, die im Wohnzimmerschrank versteckt lag. Ich stopfte das süße Zeug in mich hinein, bis ich fast kotzte. Als ich acht war, fragte mich der verkleidete Weihnachtsmann vor der Bescherung: »Ich habe gehört, du bist nicht ordentlich.« »Ich kann nicht ordentlich sein«, schluchzte ich und verkroch mich unter dem Tisch. Ich schämte mich, hatte Angst und war verstört.

Mein Empfinden von Liebesverlust äußerte sich eines Tages körperlich. Ich wurde viel krank und musste das Bett hüten. »Die

Kleine isst wieder nichts«, sagte meine Mutter einmal leise am Telefon zu meiner Großmutter. In diesem Moment spürte ich die Liebe meiner Mutter, die ich immer suchte, in diesem Moment wusste ich, ich bin ihr nicht egal. Heute weiß ich, dass ich schon in jungen Jahren das übernahm, was mir meine Mutter vorlebte: Ich bekam Zuwendung, wenn ich unzulässig und wenn ich hilfebedürftig war. Als Pubertierende wurde ich magersüchtig. Auch das beobachtete ich bei meiner Mutter. »Ich habe keinen Appetit«, war einer ihrer am häufigsten gesprochenen Sätze. Oder: »Du hast mir den Appetit gründlich verdorben.« Indem ich alles von mir schob, alles zurückwies, hoffte ich auf ein Stückchen Aufmerksamkeit: »Kind, du musst essen.« Doch mein Sehnen erfüllte sie nicht.

Mit fünfzehn zog ich von zu Hause aus. Ich floh zu meiner Großmutter. Sie war krank und musste gepflegt werden. Ich übernahm die Betreuung für sie und durfte bei ihr wohnen. Drei Jahre war ich bei ihr. Von dort aus ging ich zur Schule, traf meine Freunde, erlebte meinen ersten Liebeskummer. Es war wie bei allen anderen Mädchen auch, nur dass ich nicht bei meinen Eltern lebte, sondern bei meiner Großmutter, die ab und zu meine Hilfe brauchte. Eines jedoch unterschied mich von den anderen: Ich war selbstständig, sorgte für mich – und war dankbar dafür. Niemand schlug mich, niemand machte mich fertig, niemand sagte mir, dass ich schlecht und zu nichts zu gebrauchen sei. Ich begann eine Frau zu werden, die sich mehr oder weniger versuchte im Leben zurecht zu finden. Und dann starb meine Großmutter, und ich musste aus dem Haus ausziehen. Allein durfte und konnte ich dort nicht wohnen. Das Dach wäre über mir zusammengebrochen, der Putz von den Wänden gebröckelt, die Heizungsrohre wären verrostet. Ich hätte das Haus weder finanziell noch handwerklich halten können. Außerdem befahlen meine Mutter und ihr Mann, ich solle zu ihnen zurückkommen. Sie zitierten mich zu sich. Das halte ich nicht aus, das halte ich nie wieder aus, dachte ich. Seit drei Jahren lebe ich ohne sie und behandle jeden Tag, als sei er nur für mich erschaffen. Und nun soll ich mein kleines großes Stückchen Freiheit, das mir das Haus und die Krankheit meiner Großmutter verschafft hatten, wieder aufgeben? Das ertrage ich nicht. Glaubte ich. Und ich wusste es. Und sorgte vor, als ich wieder im Hause meiner Mutter war. Ich postierte eine Flasche Wermut in meinem Schreibtisch und nahm jeden Abend, wenn ich heim kam, einen Schluck. Mein erster Gang führte mich in mein Zimmer unterm Dach. Ohne dieses Glas Alkohol hätte ich das Essen und den Abend nicht überstanden. Der Alkohol stellte mich ruhig, verschaffte mir Gelassenheit und ließ mich alles ertragen.

Bis es eines Abends zu einer heftigen Auseinandersetzung zwischen mir und meiner Mutter kam. Es begann mit einem kleinen Streit um irgendetwas Unwichtiges, ein Wort gab das andere. Und wieder einmal trat zutage, dass ihr Mann eine unrühmliche Rolle spielte. Vor allem für mich. »Dass du mir den als Vater angeschleppt hast, verzeih ich dir nie«, schrie ich sie an. »Das halte ich nicht aus, das ist mir alles zu viel«, entgegnete sie und wich in ihrer gewohnten Art dem Konflikt aus. Später am Abend – ich war längst auf meinem Zimmer – erzählte sie meinem Stiefvater, wie ich über ihn dachte und was ich gesagt hatte. Plötzlich hörte ich von unten seine Stimme: »Claudia, komm sofort runter.« Mit angsterfüllter Kehle stieg ich die Treppen hinab und schlich ins Wohnzimmer. Doch das Bild, das sich mir bot, war nicht das, welches ich erwartete, sondern eines, das mich erschreckte und aufwühlte. Mein Stiefvater saß am Tisch, hatte den Kopf in seine Hände gestützt und seine Augen auf die Tischplatte gerichtet. Ganz stoisch saß er da – und heulte. »Ich habe dich lieb«, schluchzte er, »aber ich konnte dir das nie sagen. Du hast für mich immer eine Bedrohung dargestellt, deshalb musste ich dich brechen. Ich wusste nicht, was ich sonst hätte tun sollen.« Er schrie nicht, wie sonst immer, er schlug mich nicht, er saß aufgewühlt und schwach am Tisch. Er hing über der Tischplatte, als solle sie ihn auffangen. Ich sah ihn, ich hörte ihn und erkannte den Mann nicht wieder, der mein verhasster Stiefvater sein sollte. Ich setzte mich ihm gegenüber, und wir begannen zu reden. Das erste Mal, seit er in das Leben meiner Mutter und meines trat. Und das erste Mal in unseren gemeinsamen Jahren verspürte ich keinen Hass, keine Wut, keine Antipathie, sondern Ratlosigkeit und eine leichte Freude. Als meine Mutter und mein Stiefvater zwei Tage später zu einem Betriebsausflug aufbrachen, murmelte ich nicht wie sonst: Gott sei Dank, gleich ist er weg. Nein, ich wünschte beiden einen schönen Tag – und meinte es sogar ehrlich. Die Geschichte hatte sich gewendet, Gefühle hatten sich gedreht. Meine Eltern fuhren los, ich schloss das Tor hinter ihnen ab, und wir lächelten einander zu. Lange winkte ich ihnen hinterher.

Unsere neue Freude aneinander und übereinander währte nicht lange. Mein Stiefvater brach am selben Abend inmitten seiner Kollegen und an der Seite meiner Mutter zusammen und erlag Minuten später einem Herzinfarkt. Jetzt, nachdem wir einander fast gefunden hatten, ging mir sein Tod nahe. Er traf mich stärker, als ich jemals zuvor geglaubt hatte. Erst im Angesicht des Todes und in den Jahren danach spürte ich, wie intensiv unsere Beziehung war. Mitunter glaube ich, war sie sogar stärker als die zu meiner Mutter. Meine Mutter entzog sich immer, wenn es lauter, komplizierter und streitbarer wurde. Mit meinem Stiefvater befand ich mich in einem ständigen Kampf: in Abgrenzung und Anziehung. Obwohl er mich verprügelte und unter Druck setzte, obwohl er mich verletzte und mich immer wieder traf – ich suchte seine Nähe und seine Aufmerksamkeit. Er beschimpfte mich als Hure und Herumtreiberin, dabei konnte ich Sex gerade mal schreiben. Andere Mädchen kannten längst die Erfahrung des »ersten Mals«. Ich versagte sie mir lange, weil ich anders sein wollte und vermeintlich kein Interesse an Sex hatte. Später, kurz nach dem Tod meines Stiefvaters, lebte ich wild und gefährlich. Ich hatte Affären mit Männern und Frauen und zahlreiche One-Night-Stands. Langlebigkeit und Zusammenhalt – das kannte ich nicht. Und wenn jemand zusammenblieb – so wie meine Mutter und ihr Mann – dann als Zweck- und Solidargemeinschaft. Kam ich nach einem durchlebten Wochenende nach Hause, offenbarte ich meiner Mutter bis ins kleinste Detail, mit wem und wie oft ich mit jemandem geschlafen hatte. Ich breitete ihr meine Amouren wie auf einem Präsentierteller aus. Und wollte damit eigentlich sagen: Schau her, ich werde gewollt und ich werde begehrt, ich werde gemocht. Ich bin mutig. Ich nehme mir, was ich will. Ich wollte ihr demonstrieren, dass ich anders bin als diejenige, als die sie mich haben wollte. Ich bin jemand, und ich bin etwas wert. Das forderte ihren Kampfgeist heraus, weil ich mich in unmittelbare Konkurrenz zu ihr begab. Plötzlich gab es zwei Frauen im Haus, die sexuelle Anziehung ausstrahlen wollten, die miteinander in Beziehung traten, indem sie sich ihre sexuellen Ansprüche um die Ohren schlugen. Doch meine Mutter hielt nicht lange durch, sie fand sich recht schnell in ihrer Rolle als zurückhaltendes Frauchen wieder, das lieber leise jammert.

Meine Mutter hatte immer Angst vor dem Alleinsein. Allein zu leben ist für sie die schlimmste Strafe. Deshalb ließ sie sich nie von ihrem Mann scheiden, auch wenn sie es mir mehrere Male versprach. Ja, sie versprach mir, sich von ihm zu trennen. Aber sie tat es nie, und ich fühlte mich verraten. Von ihr, von ihrem Mann, von der Ehe. Nie wollte ich so leben wie sie. Ich verachtete meine Mutter für ihre Schwäche, nicht zu ihrem Wort zu stehen, ich verachtete sie für ihre Willenlosigkeit und ihre Angst, niemanden neben sich zu haben. Heute verstehe ich ihre Furcht, verlassen zu werden und selbst zu verlassen. Wer niemals allein gelebt hat, muss wohl immer jemanden um sich haben. Die erste, schmerzhafte Phase des Alleinseins durchzustehen, dafür fehlte ihr der Mut und das Zutrauen zu sich selbst.

Mit 43 traf meine Mutter ihre erste eigene Entscheidung. Sie schrieb auf eine Heiratsannonce aus einer Zeitung und fand einen Mann, mit dem sie noch heute zusammen ist. Sie wählte ihn sich selbst aus, sie beschloss, mit ihm zu leben. Dieser Mann tut meiner Mutter gut, weil er ihr etwas zeigte, was sie vorher nicht kannte: liebenswert und begehrt zu sein. Dennoch hat sie ihre erlernte Rolle beibehalten und verfällt in kritischen Situationen in ihr erlerntes Muster zurück: das der trotzigen, schmollenden Gattin. Ihr Mann muss oft erraten, wie es ihr gerade geht, muss ihre Stimmung erahnen und darf dann Witterung aufnehmen. Oft sagt sie ihm nicht, was sie quält, was sie denkt, was sie fürchtet. Sie hat selten vermocht, ihre Wünsche auszudrücken, etwas über sich zu sagen. Sie hat immer von anderen erwartet, dass sie in sie hineinschauen.

Heute ist meine Mutter eine runde, wohlwollende Frau, mittlerweile sichtbar von der jahrzehntelangen Medikamenteneinnahme aufgeschwemmt. Oft ist sie noch unsicher und naiv. Auch wenn etwas mehr Ruhe in sie getreten ist, steht sie unter permanentem Druck und dauerhafter Anspannung. Das macht den Umgang mit ihr nicht leichter. Manchmal bemerkte ich an mir Züge, die ich an meiner Mutter beobachtete: Ich lege großen Wert auf Pünktlichkeit. Erscheint jemand zu spät zum vereinbarten Treffpunkt, nimmt meine Stimme den Tonfall meiner Mutter an. Wenn ich mich in solchen Momenten sprechen höre, erschrecke ich mich jedes Mal zu Tode. Alles ja, aber um Himmels Willen nicht so werden wie deine Mutter. Auch in anderen Situationen kriecht meine Mutter in mich, dann will ich – wie sie – Recht haben. Um jeden Preis. Meine Mutter konnte gebieterisch sein, wenn jemand der autorisierten, der geltenden Meinung widersprach.

Es gibt Momente, da verhalte ich mich ebenso. Bemerke ich es rechtzeitig, stoppe ich mich und zügle meine Kritik und nehme meinen Terminfetischismus humorvoll.

Ich versuche, mich von meiner Mutter abzugrenzen, und lehne ihre Obrigkeitshörigkeit und ihr Opferverhalten strikt ab. Fast täglich sage ich mir: Du musst stark sein, du musst dich kräftigen, du musst Widerstand leisten können. Ich will egoistischer sein als sie und mich nicht so stark von anderen abhängig fühlen – ebenso wenig von der Meinung der anderen über mich. Und ich möchte lernen, mehr an mich zu denken, mich nicht zu überfordern und zu überlasten. Wenn ich mich überlaste, meine Bedingungen nicht formuliere und Grenzen verwaschen lasse, werde ich krank. Ein Mechanismus, den meine Mutter perfektioniert hat, der Mechanismus des Leidens. Einen Mechanismus, den ich durchbrechen will.

WIE ICH LERNTE, NICHT DIE BRÖTCHEN VOM VORTAG ZU KAUFEN

Julia G. ist Tochter einer Millionärsfamilie

Neulich war das Fernsehen bei mir und drehte einen Film über mich. Doch nicht über mich als Künstlerin, auch nicht über mich als Aktivistin in der Frauenbewegung. Es war ein Film über mich als Julia G., Tochter einer wohlhabenden Familie. Das Kamerateam streifte durch mein Haus und durch meine Biographie. Ich erlaubte fremden Menschen einen Blick in mein Leben. Und ich gestattete ihnen mehr als einen flüchtigen Augenblick, ich stellte mich der natürlichen Neugierde der Journalisten, verstehen zu wollen, wie eine lebt, die mit ihrer Geburt Millionen in die Wiege gelegt bekommt.

In der letzten Zeit habe ich gelernt, mich der Öffentlichkeit zu stellen. Noch vor wenigen Jahren hätte ich es abgelehnt, in den Medien über mich und meine Familie Auskunft zu geben oder gar einen Film über mich drehen zu lassen. Meine Familie mit ihrem historischen und finanziellen Hintergrund verschwieg ich oft.

Ich wuchs in einer verschlafenen Vorstadt einer westdeutschen Metropole auf. Umringt von Kindern, die fast alle aus reichen Elternhäusern stammten. Ihre Mütter und Väter waren Ärzte, Bauunternehmer, Firmeninhaber, Manager. Alle besaßen Häuser, große Gärten, Autos. Der Reichtum war normal. Auch wenn unsere Familie im Schatten der Firma lebte und dieser Schatten wahrscheinlich mächtiger war, als es mir damals schien, fand das Thema Geld in unsere Gespräche kaum Eingang. Ebenso wenig lebten wir, als könnten wir uns in Übermaßen alles jederzeit leisten. Im Gegenteil: Wir gingen sparsam mit dem um, was wir besaßen. Das Geld war nicht zu sehen an uns und unserer Lebensweise. Ein Grundsatz durchzog unser Dasein: niemals verschwenderisch sein. Stets wurden die Reste der vergangenen Mittagessen aufgegessen, nichts wurde weggeworfen, was noch genießbar war. Ab und an saß die Familie abends um den großen Küchentisch und stopfte Socken. Reichtum darf nicht verführen, weder zur Vergeudung noch zum Glauben, sich über andere zu erheben. In diesem Sinn wurden wir Kinder erzogen.

Ich bin das vierte von fünf Geschwistern. Innerhalb von neun Jahren gebar meine Mutter fünf Kinder. Allein wäre meine Mutter mit der Erziehung und dem Haushalt überfordert gewesen, also wohnten stets ein bis zwei Kindermädchen in unserem Hause. Vier Geschwister bedeuteten wenig Zuwendung von der Mutter. Es hieß zwar nicht, gar keine Aufmerksamkeit zu bekommen – der Kontakt zwischen Mutter und uns Kindern war stets eng, wir waren viel zusammen –, aber es mangelte an Einzelzuwendung. Meine Mutter gab jedem ihrer Kinder so viel, wie sie vermochte und wie sie glaubte, dass sie es benötigten. Sie war eine aufmerksame und einfühlsame Mutter. Aber irgendwann waren ihre Achtsamkeit, ihr Augenmerk und ihre Kraft erschöpft. Luxus war für uns, Zeit mit unserer Mutter allein zu verbringen, ihre volle Konzentration und ihr gesamtes Interesse auf sich gerichtet zu wissen und Zeit für einzigartige Gespräche zu haben. Selten kamen wir einen ganzen Tag lang in den Genuss dieses Luxus', manchmal war uns nur eine Stunde vergönnt.

Eine Großfamilie lebt in dem Bewusstsein, teilen zu müssen. Jeder versucht, ein Stückchen vom großen Kuchen Aufmerksamkeit zu bekommen, einige Minuten Ruhe und alleinige Zuwendung zu erhaschen. Im Mittelpunkt absoluter mütterlicher Hingabe befand sich jedes der fünf Kinder nur wenige Male: Zunächst waren es die kurzen Monate nach der Geburt, geprägt durch die beständige körperliche Nähe. Die ließ sich meine Mutter auch bei den letzten Kindern nicht nehmen. Später waren es jene Tage, die wir fiebernd und hustend im Bett verbrachten, die uns mehr Stunden mit unserer Mutter verschafften. War eines ihrer Kinder krank, widmete sich Mutter diesem Kind in besonderem Maße. Für mich war dies fast ein Grund, öfter als gewöhnlich krank zu werden. Ohnehin war ich kleiner, fragiler und schwächer als meine Geschwister. Aber ich wollte nicht kleiner, fragiler und schwächer sein und machte mich und andere glauben, ich sei ebenso groß und stark wie die sie. So überforderte und überanstrengte ich mich.

Meine Mutter hatte ein sehr großes Herz. Aber wir Kinder bekamen nur ein geringes Taschengeld, weniger als andere Kinder in unserem Umkreis. Wir sollten lernen, mit wenig auszukommen und erfinderisch zu sein, wenn wir etwas bekommen wollten, aber kein Geld besaßen, es uns zu kaufen. Auch hatte ich kein eigenes Zimmer. Wir Kinder teilten uns zu zweit oder sogar zu dritt ein Zimmer. Erst als ich zwölf wurde und einer meiner Brüder auszog, bekam ich eine Mansarde unter dem Dach, in der ich mich ausbreiten konnte. Die Mansarde war vier Quadratmeter groß.

Der Gedanke, so zu leben, als existiere der Reichtum nicht, durchzog das Denken meiner Mutter. Mit einer Ausnahme: Bildung. Unser Luxus und unser Reichtum bestanden in unserer umfassenden Bildung. Sie war unser Privileg. So wie meine Geschwister lernte ich verschiedene Instrumente und erhielt Reitunterricht. Mit fünf Jahren begann ich Klavier zu spielen, mit neun Jahren Geige. Alljährlich zu Weihnachten gaben wir uns unsere eigenen Adventskonzerte. Ich besuchte eine private Schule, für die meine Eltern viel Schulgeld bezahlten, mehr als andere Eltern. Zwar konnten sich nur Familien mit einem höheren Einkommen leisten, ihre Kinder auf diese Privatschule zu schicken, aber von meinen Eltern wurde erwartet, dass sie freiwillig mehr zahlen als andere. Weil jeder in der Stadt und im Umkreis wusste, *wer* sie waren und *was* sie waren.

So wuchs ich in einem reichen Haus auf, aber damals war es mir nicht richtig bewusst. Ich verglich mich nicht mit anderen Kindern oder überlegte, wie begütert wohl deren Eltern sein mochten. Stellte ich Vergleiche an, dann eher mit meinen Geschwistern. Diese Vergleiche kreisten nicht um Besitz oder Taschengeld. Ich wollte all das dürfen, was meine älteren Geschwister auch gedurft haben. Damals wurden vermutlich die Wurzeln für mein ausgeprägtes Gerechtigkeitsempfinden gelegt. Ich kämpfte um das mir zustehende Stück Kuchen – wie wohl alle Kinder. Und wir wurden – so gut es ging – gerecht behandelt. Auch wenn es um Geld ging.

Als ich älter wurde, überlegte ich oft, ob ich als Kind nicht doch manchmal ein schlechtes Gewissen hatte wegen des Reichtums. Als vager Schatten schwebten die Millionen immer über uns, auch über mir. Und er wurde konkret, wenn es um Dinge wie das Schulgeld ging. Bin ich ein schlechter Mensch, weil ich in einen Reichtum hinein geboren wurde, von dem andere nicht mal träumen? Muss ich mich deshalb schämen? Heute weiß ich, dass mich solche Fragen beschäftigten. Ich fühlte mich schuldig, weil anderen ein solch finanzieller Hintergrund nicht beschert war.

In der Schule hatte ich eine Freundin. Sie war die Tochter des Hausmeisters der Schule, der kein Schulgeld bezahlte. Den Kontakt zu dem Mädchen suchte ich, so wie ich später unbewusst, aber doch zielstrebig Mädchen zu meinen Freundinnen machte, die aus Arbeiterfamilien stammten. Ich war lange Zeit mit der Tochter des Hausmeisters befreundet und viel bei ihr zu Haus. Viel öfter, als sie mich besuchte. Ich weiß nicht, ob mich das Mädchen vielleicht für mein Leben beneidete und ob ich froh war, in meinem sein zu dürfen und ihres nicht führen zu müssen. Wir redeten nicht darüber. Wir umgaben die unausgesprochene Frage mit einem Mantel, einem Tarnmantel, der das unlösbare Problem verschwinden ließ.

Meine Mutter unterstützte viele Menschen, die Hilfe benötigten. Dann telefonierte sie oft mit ihnen und schickte Geld. Dort, wo meine Mutter abgeben konnte und wollte, dort, wo ihre Hilfe dringend notwendig war, war sie sehr großzügig. Geld war Mittel und Mittler. Sie engagierte sich in Stiftungen und in zahlreichen Ehrenämtern und spendete, wo sie es für sinnvoll erachtete. Vielleicht war es ihre Art, sich von ihrem Schuldgefühl zu befreien. Standesbewusstsein hatte meine Mutter durchaus, aber es bezog sich auf ihre Bildung, nicht auf den Reichtum.

Einmal suchte ein Mädchen meine Freundschaft, bei der mir unwohl war. Die Eltern des Mädchens waren ebenfalls vermögend und gebildet. Die Mutter des Mädchens glaubte dennoch, dass ihre Tochter besser dastehen würde, wenn sie mich zur Freundin hatte. Sie setzte ihre Tochter auf mich an. Als ich den wahren Hintergrund der Annäherungen des Mädchens erfuhr, war ich fast angewidert. Auch meine Mutter lehnte ein solches Verhalten ab.

Im Laufe meines Lebens suchten immer mal wieder Frauen und Männer meine Nähe, weil sie wussten, dass ich reich bin. Wenn ich diese Verlogenheit bemerkte, distanzierte ich mich. Wer mich nicht kennt und mich zum ersten Mal sieht, würde nicht unbedingt glauben, dass ich mir mehr Dinge leisten könnte, als ich es tue. Ich kleide mich unauffällig, fahre kein Prestigeauto und überfrachte meine Wohnung nicht mit teuren Möbeln und modernster Technik. Die Regeln meiner Kindheit habe ich in mein Erwachsenendasein mitgenommen. Auch ich esse Reste und messe dreimal nach, wie lang ein Stück Holz sein muss, bevor ich in den Baumarkt fahre und ein Brett kaufe. Der einzige Luxus, den ich mir leiste, ist die Lage meines Hauses, das ich vor kurzem gekauft habe: inmitten von Grün und viel freier Fläche. Ich brauche die Natur, um mich ruhig und wohl zu fühlen, ich brauche sie, um in ihr abzutauchen und aus ihr Kraft zu schöpfen. Lange Zeit besaß ich keinen Fernseher. So wie meine

Eltern viele Jahre auf ihn verzichteten. Den ersten Apparat kauften sie, als die erste Mondlandung übertragen werden sollte. Es ging nicht darum, ein TV-Gerät zu besitzen, sondern sich dieser damals besonderen Form von Bildung nicht zu versperren.

Früher habe ich mir im Zug keinen Kaffee gekauft. Ich fand ihn zu teuer und brachte es nicht fertig, das Geld dafür auszugeben. Ich nahm mir meinen eigenen Kaffee und Brotpakete mit. Bis mich eine Freundin auslachte, als ich beim Bäcker die Brötchen vom Vortag kaufte, weil sie nur die Hälfte kosteten. Mühsam lernte ich, mir Dinge zu gönnen, die sich jeder Mensch gönnt. Sich gönnen darf. Einfach, weil sie das Leben lebenswerter machen. Meine neue Freiheit erarbeitete ich mir politisch: Es hilft niemandem, sagte ich mir, wenn ich mich selbst beschneide. Ich rette keine Tropenwälder und bringe die Frauenbewegung nicht voran, wenn ich mich mit Sparen beschäftige.

Heute schlendere ich entspannt durch den Supermarkt und kann durchaus über das Bild meiner Vergangenheit schmunzeln. Jeder Kauf heute bleibt aber dennoch eine moralische Entscheidung: Kauf oder Nicht-Kauf – ich habe stets die Wahl.

Jahre zuvor betrieb ich einen Sommer lang mit einer Freundin Sparen als Sport. Wir hatten wenig Taschengeld und veranstalteten eine Radtour, auf der wir ausprobierten, wie weit wir mit wenig Geld kommen. Nach meinem Studium habe ich ein halbes Jahr in den USA gearbeitet. Ich habe alles gemacht, was möglich war. Ich habe bei UPS Pakete ausgetragen, in Bäckereien Teig geknetet und im Supermarkt Regale gefüllt. Es waren immer nur Wochen, die ich in einem Job blieb. Aber ich wollte wenigstens überall meine Nase reinstecken, ich wollte mich dem Gefühl einer Fabrikhalle aussetzen, wollte erfahren, wie es Menschen geht, die auf diese Arbeit angewiesen sind. Morgens um sechs saß ich mit den Arbeitern im Bus und fuhr mit ihnen dem gemeinsamen Arbeitstrott entgegen. Diese Erfahrung war wichtig, auch wenn mich immer der Gedanke erleichterte, ein solches Leben niemals führen zu müssen. Auch wenn ich immer wusste: Finanziell wirst du nie abhängig sein. Nicht von deinen Eltern, nicht von einem Job, nicht von anderen Menschen. Heute bin ich froh, mit meinem Beruf nicht meine Existenz sichern zu müssen. Als Musikerin würde es mir nicht sonderlich gut gehen. Nicht wenige meiner Freunde in meinem Beruf schlagen sich mit irgendwelchen Tagesjobs durch und »finanzieren« darüber ihre Berufung.

Eine Zeit lang wohnte ich in Köln, in einer der einkommensschwächsten Gegenden. Gemeinsam mit Frauen und Männern, die wussten, wer ich war, woher ich kam. Für unseren Umgang miteinander aber war das eher unwichtig. Wichtig war, dass wir einen gemeinsamen intellektuellen und kulturellen Hintergrund hatten, dass wir ähnliche Dinge mochten und uns einen Lebensentwurf teilten. Lernte ich neue Menschen kennen, war ich oft im Zwiespalt: Wie zeige ich mich, was gebe ich von mir preis? Mein Vater gab mir einen Rat, einen der wenigen, den er mir überhaupt erteilte: Verleih nie Geld an Freunde. Bei Geld hören Freundschaften auf. Der altbekannte Leitsatz. An den ich mich nicht gehalten habe. Bisher ist wegen Geldes noch keine meiner Freundschaften in die Brüche gegangen. Aber ich schaue mir die Menschen vorher genau an, denen ich Geld borge.

Heute lebe ich zurückgezogen auf dem Land in Norddeutschland. In einem komfortablen Haus mit einem großen Garten. Den »Luxus«, den ich aus meiner Kindheit kannte, habe ich mir erneut geschaffen. Es sind die Weite und die Urwüchsigkeit, die meinen Reichtum ausmachen. Wann immer es mich drängt, möchte ich aus dem Haus auf eine Wiese treten, einen Apfel vom Baum pflücken und mich in den Garten setzen können. Sonne und Ruhe genießen. Allein diese Möglichkeiten haben ihren Preis, sie kosten Geld. Ich bin mir bewusst, dass viele andere Menschen solch ein naturverbundenes Leben ebenso gern hätten, es sich aber nicht leisten können. Auch die Größe des Hauses ist Ausdruck von Vermögen, wenngleich die meisten Häuser in der Gegend eine ähnliche Größe haben. Es sind alte Bauernhäuser, die früher ein bestimmtes Fassungsvermögen haben mussten, um allen Ansprüchen und Zwecken eines Hofes genügen zu können. Doch allein von der Größe des Hauses auf den Reichtum der Besitzer zu schließen wäre falsch. Die meisten Höfe wirtschaften nicht mehr und werden von wenigen Familienmitgliedern bewohnt.

Mein Haus ist nicht gesichert und verfügt nicht über ein Alarmsystem. Auch mein Elternhaus hatte keine Alarmanlage. Das lehnte mein Vater strikt ab. Seine Maxime lautete, dass, wer sich schützt, das Unheil erst anzieht. Wir Kinder konnten uns frei bewegen. Ebenso wenig wurden wir mit einem Begleitschutz gequält. Selbst in den angespannten Zeiten von Terrorismus und Entführungen blieben wir davon verschont. Immer jemanden an der Seite zu wissen, bedeutet nicht nur Schutz, sondern auch Freiheitsverlust.

Meine Mutter besucht mich ab und an in meinem Haus. Für sie ist es eine weite Reise, aber sie kommt gern hierher, und sie fühlt sich hier wohl. Ich freue mich, wenn sie da ist. Wir haben ein offenes Verhältnis, aber keines, das sich als Freundschaft beschreiben ließe, sondern eines zwischen Tochter und Mutter. Eines, das von einem festem Fundament getragen wird und von großer Herzlichkeit geprägt ist. Wir unternehmen ausgedehnte Spaziergänge mit intensiven, warmen Gesprächen. Für Mutters Besuche bin ich dankbar.

Manchmal fühle ich mich von der Größe des Gemäuers erschlagen. Auch wenn ich die Stille und meine Zurückgezogenheit liebe und sie brauche. Die Winter sind hart und rau. Und sehr einsam. Vor allem wenn die Kälte mich ins Haus zwingt. Manchmal dachte ich daran, das Anwesen zu verkaufen und in die Stadt zurückzugehen. Aber im Grunde fühle ich mich in der Stadt einsamer als hier draußen. In solchen Momenten spüre ich meine Kindheit deutlicher denn je, erkenne die Werte und Normen, die mich geprägt haben und die Grundlage für die Erziehung meiner Mutter waren. Es war stets eine besondere Form von Einfachheit, die unser Leben ausmachte und zu der ich nun wieder zurückgekehrt bin.

Meine Mutter und ich sind uns heute so nah, wie es eine Mutter und ihre Tochter sein können, wenn sie sich lieben und achten. Und Phasen der Entfremdung überstanden haben. Das angespannteste Verhältnis hatten wir, als ich ungefähr sechzehn war. Mein jüngster Bruder ging auf ein Internat, und ich blieb als einziges Kind zu Hause. Vater war selten anwesend, er steckte seine Kraft und seine Präsenz in die Firma, meine Mutter und ich waren viel allein. Nun war sie da, die Zweisamkeit, die ich als Kind immer herbeigesehnt hatte. Aber ich mochte sie nicht mehr, ich fand sie anstrengend und aufreibend. Das hatte einen Grund: Ich war provokant und verstand meine Mutter nicht. Ich war in der Pubertät und drängte in die Welt, wollte alles wissen und wusste alles besser. Wie jedes Mädchen in der Adoleszenz. Ich stürzte mich auf alles, was sich »draußen« bot, ich las Zeitungen und politische Schriften und fühlte mich plötzlich eingeengt zu Hause. Die Literatur in unserer Bibliothek endete etwa mit dem 19. Jahrhundert. Die klassische Musik spielte mit Schubert den letzten Satz, Schumann war schon zu modern. Meine Familie ist nicht progressiv genug, dachte ich. Das störte mich wahnsinnig. Meine Mutter und ich begriffen einander nicht mehr. Ich wollte anders sein als meine Mutter. Sie lebte ein Leben, das nicht meines war, das nie meines sein würde. Ich bin ein anderer Mensch, ich kann mich an ihr orientieren, dachte ich. Aber ich muss es nicht. Damals wollte ich es nicht, und ich wollte weg. Wir verkrochen uns jedoch in stillen Vorwürfen und sprachen nicht über unser gegenseitiges Nichtverständnis. So versperrten wir uns unsere Kommunikation und verloren den Zugang zueinander.

In dieser Zeit verlor ich meine Mutteridealisierung. Manchmal provozierte ich meine Mutter, ich war intelligent und kopflastig, und es gelang mir leicht, meine Mutter zu reizen. Sie litt unter mir, aber ich mochte keinen Schritt zurückgehen. Andererseits musste ich meine Mutter halten. Sie brauchte mich als Stütze, weil es ihr in dieser Zeit oft nicht gut ging. Als ich mit neunzehn Jahren zu Hause auszog, verstärkte sich diese Distanz weiter. Wahrscheinlich steckte hinter unseren Auseinandersetzungen der ganz normale Prozess der Abnabelung der Kinder von ihren Eltern, der notwendig ist, um sich voneinander frei zu machen für einen eigenen Weg.

Während meines Studiums in den USA wurde ich Feministin und hatte mein Coming-out als Lesbe. Meine Mutter verstand nicht, wovon ich sprach, wenn ich von Aktionen und politischen Ansätzen erzählte. Feminismus war ihr völlig fremd. Auch meine Musik verstand meine Mutter nicht mehr. Plötzlich liebte und spielte ich nicht nur Klassik, sondern verstärkt Jazz, Rock und Pop. Das war meiner Mutter zu laut, zu schrill, zu unmelodisch. Aber sie warf es mir nie vor oder versuchte, mich in meinem Lebenslauf zu korrigieren. Im Gegenteil, sie sagte: »Wenn es dir gut tut und du weißt, dass du genau das willst, weil es dich glücklich macht, dann tu es.« Ihre Worte wärmten mich, weil ich die Gewissheit verspürte, dass meine Mutter ein Zuhause ist. Egal, wer ich bin und was ich gerade tue. Egal, ob es meiner Mutter gefällt oder nicht. Als ich vor wenigen Jahren nahe ihrem Wohnort mit meiner Band ein Konzert gab, habe ich meine Mutter eingeladen. Sie kam und setzte sich während des Konzerts direkt vor eine Lautsprecherbox. Sie wollte nichts verpassen. Und sie war begeistert.

Seit einigen Jahren verwalte ich mein Vermögen selbst. Früher hat das der Finanzverwalter der Familie getan. Aber ich wollte mein Schicksal in die eigenen Hände nehmen und auch in dieser Beziehung selbstständig sein. Ich bin Mitgründerin einer Stiftung, die sozial, feministisch und ökologisch ausgerichtet ist. Seitdem bleibt weniger Zeit für die Musik. Meine Mutter sähe es lieber, wenn ich trotz der materiellen Sicherheit einen Beruf ausübte, der eine Existenz jenseits des vorhandenen Vermögens garantiert. In diesem Punkt jedoch muss ich sie enttäuschen. Mein Leben ist, so wie es jetzt ist, gut. Ich möchte es nicht ändern. Auch nicht zuliebe meiner Mutter. Heute bin ich froh, dass das Fernsehen kommen und ich souverän mit Öffentlichkeit umgehen kann. Ich bin froh, dass ich meine Unsicherheit und mein schlechtes Gewissen dem Geld gegenüber verloren habe.

ICH WAR EIN SCHLÜSSELKIND

Louise T. wurde von ihrer Mutter allein groß gezogen

Ich kann keine Brötchen essen. Auch kein Weißbrot und keine Kekse. Ich leide an einer seltenen Darmkrankheit, die mein Leben einschränkt. Es ist eine Lebensmittelunverträglichkeit, bei der mich alle Produkte krank machen, die Weizen enthalten. Viele Speisen enthalten Weizen. Wenn ich sie esse, bekomme ich Durchfall und Unterleibsschmerzen. Dann kann ich nicht aus dem Haus gehen, nicht schlafen, nicht denken. Ein Tanz zwischen Leben und Sterbenwollen.

Lange Zeit wusste ich nicht, was mit mir geschah, wenn mich ein Schub einholte und mich lahm legte. Dann konnte die Welt untergehen, und es wäre mir egal gewesen. Vor wenigen Jahren jedoch wurde die Krankheit diagnostiziert. Nachdem ich eine Odyssee von Arztbesuchen hinter mir hatte. Niemand konnte sich erklären, was mit mir los ist. Am wenigsten ich selbst. Doch die Ärzte, die dann endlich die Ursache allen Übels fanden, klärten mich auf, was in meinem Körper abläuft, und sagten mir, was ich essen darf und was ich meiden muss. Seitdem geht es mir besser, körperlich und seelisch. Die unergründlichen Schmerzen und mein geschundener Leib zogen meine Seele in die Tiefe, ich verfing mich in Depressionen.

Vielleicht habe ich die Krankheit von meinem Vater geerbt. Wahrscheinlich trägt er die Gene dafür in seinem Körper. Vielleicht ist er »schuld« an meinem Leiden. Womöglich ist mein Vater die Antwort auf viele Fragen in meinem Leben. Aber ich kenne meinen Vater nicht. Ich habe ihn noch nie gesehen. Ich weiß, wie er aussieht, von Fotos und Zeitungsausschnitten. Er ist ein Mann mit einem dichten, dunklen Rauschebart und beachtlicher Fülle. Sein Blick ist angestrengt und seine Augen schauen grimmig. Er sieht aus wie ein Grizzly-Bär.

Ich glaube, er trägt immer schwarze Sachen. Es ist der Existenzialismus eines Sartre oder eines Camus, der sein Denken ebenso prägte, wie die Ideen von Rosa Luxemburg und Michail Bakunin. Bis heute. Seit ich mir meinen Vater bewusst in mein Leben geholt habe, verfolge ich, was er tut und was er schreibt. Ich beobachte ihn aus der Ferne. Er ist Verleger und besitzt einen bekannten, wenn auch kleinen Verlag. Er ist Teilhaber und gibt Schriften und Bücher heraus, die noch vor wenigen Jahrzehnten für Aufruhr und politische Stimmungsmache sorgten, heute aber kaum von Bedeutung sind. Ich weiß nicht, ob die Bücher und Traktate überhaupt noch jemand zur Kenntnis nimmt.

Ich weiß, wie mein Vater aussieht. Aber ich will mir mein eigenes Bild machen. Ich möchte mit ihm reden, einmal nur in meinem Leben. Gerade bin ich dabei, ein Treffen zu planen. Ich weiß nicht, ob es jemals zustande kommt. Aber ich möchte ihn sehen, mit ihm sprechen, mit ihm zusammen sein. Ich möchte, dass er mir zuhört und sich nicht entzieht. So, wie damals, als er meine schwangere Mutter sitzen ließ und sich aus seiner Verantwortung stahl.

Weil mein Vater nur als Phantom existierte, hatte es meine Mutter schwer. Und weil sie es schwer hatte, wurde es für mich nicht leicht. Mit ihrer Rolle als Alleinerziehende kam meine Mutter nie zurecht. Von Anfang an hätte ihr jedoch klar sein müssen, dass sie mit meinem Vater keine Familie haben wird. Mein Vater lebte in einer der ersten freien Kommunen in Berlin. Meine Mutter passte da nicht hinein. Sie war kein revolutionäres Mädchen, das ihren Klassenstandpunkt öffentlich propagierte, sie war keine Weltverbesserin und keine Politikerin. Ebenso wenig suchte sie nach der freien Liebe und dem sexuellen Aufbruch, den die Kommunarden damals propagierten und lebten. Sie war einfach nur in den Strudel von Aufbruch und Unabhängigkeit geraten.

Meine Mutter kam aus einer Kleinstadt und war von Berlin gleichermaßen überwältigt und überfordert. Irgendwie geriet sie in den Bannkreis meines Vaters. Das war es wohl auch, was meine Mutter faszinierte und anzog wie ein Magnet: eine Existenz außerhalb der Norm, ein Leben in Aufmüpfigkeit. Meine Mutter war jung und offen für alles, was sich vom Lebensgefühl ihrer Kindheit abhob. Für ein dauerhaftes Leben inmitten von Chaos und Anarchie indes war meine Mutter nicht geschaffen. Dennoch verliebten sich meine Mutter und mein Vater heftig ineinander, als sie sich kennen lernten. Alles war möglich, alles war vorstellbar, es gab keine Grenzen und keine Regeln. Mein Vater muss meiner Mutter vorgekommen sein wie ein Exot, wie ein Wesen von einem anderen Stern. Mit Männern hatte sie bis dahin nicht viel zu tun, sie war das, was man landläufig als spätes Mädchen bezeichnet. Und dann kam mein Vater und warf sie um. Er war wild und ungebändigt und sprach wahrscheinlich den Teil in meiner Mutter an, der in ihrem Wesen bis dahin nicht zum Tragen kam. Sie lernten sich an einem Abend in Kreuzberg kennen und blieben die ganze Nacht zusammen. Sie tobten durch die Straßen und ließen ihrem Übermut unbegrenzten Raum. Sie sangen und schrien, tanzten und lachten. Bis die Stille aus den Straßen floh und die Polizei auf die beiden aufmerksam wurde und sie verhaftete. Kurze Zeit später hockten sie zusammen in einer Zelle und warteten auf das weitere Geschehen. Doch mein Vater ließ sich vom Polizeistaat nicht terrorisieren und begegnete ihm auf seine Art: Er rezitierte Marx und Schopenhauer, aus dem Stand und in der ihm eigenen Art, die damals mit Aggressionslust und Furchtlosigkeit geschwängert war. Mutter war beeindruckt von dem Mann, der das Gegenteil ihrer Jugend darstellte und ihr eine neue Welt versprach. Doch die Beziehung war von Anfang an als Episode angelegt. Und sie sollte auf keinen Fall eine Fortsetzung in Form eines Kindes finden. Mein Vater wollte keine eigenen Kinder, die passten in sein Leben wie die BILD-Zeitung in seine Gedanken. Meine Mutter hätte gern meinen Vater geheiratet, wusste aber, das er dies so rigoros ablehnte wie den Kapitalismus, den er bekämpfte – und wurde trotzdem schwanger. Sie waren nur zwei- oder dreimal miteinander im Bett, und dann passierte das.

Als meine Mutter merkte, dass sie ein Baby bekommt, und mein Vater sagte, er werde für das Kind nicht da sein, brach sie in sich zusammen. Sie sah ihre Existenz bedroht, fühlte sich allein gelassen und verraten. Allein erziehend zu sein gehörte ebenso wenig in ihre Welt wie unverheiratet zu bleiben. Und wenn es nur das erste Jahr mit dem Baby gewesen wäre, das sich mein Vater meiner Mutter gegenüber gestattet hätte, die ersten Monate, die geregelt gewesen wären. Diese Zeit hätte meiner Mutter genügt, um sich zu orientieren und an den Gedanken zu gewöhnen, ohne Mann und Vater für ihre Tochter zu bleiben. Aber dass sich mein Vater sofort und vollständig von ihr lossagte und sich davonstahl wie ein Dieb, das brach sie. Damit hatte sie nicht gerechnet. In ihre kleinbürgerliche Gedankenwelt passte die völlige Anarchie nicht hinein. Wenn ein Kind kommt, müssen Frau und Mann zusammenbleiben, so schrieben es die Gesetze ihres Milieus vor, so lebte ihre Gesellschaftsschicht. Darüber hinaus stand sie unter familiärem Druck. Ihre beiden Schwestern hatten gerade geheiratet, standesgemäß und moralbetont, erst nach den Hochzeiten kamen die Kinder, und die Männer verdienten so viel Geld, dass sie ihre Familien ernähren konnten, ohne dass die Frauen arbeiteten.

Meine Mutter war das schwarze Schaf der Familie, eine ausgelassene und undurchschaubare Hippie-Braut, die keinen Boden unter den Füßen hatte und ihn wohl auch nie bekommen würde. Sie zog von einer Stadt in die andere, von einer Arbeitsstelle zur nächsten. Nie blieb sie länger als ein oder zwei Jahre, nie hielt sie an einem Ort ein Mensch, ein Ereignis, ein Job. Ihr

Leben war unstet und perspektivlos. Sie hatte keine Männer und keine Aussicht auf eine Familie.

Zunächst dachte sie daran abzutreiben. Obwohl sie schon siebenundzwanzig war. Aber eine alleinerziehende Mutter zu sein, erschien ihr noch aussichtsloser als ein kinderloses Weitermachen. Einem ihrer Onkel ist es zu verdanken, dass es mich heute gibt. »Du wirst es bitter bereuen, wenn du dieses Kind nicht bekommst«, redete er ihr ins Gewissen. Und überzeugte sie. Seine Familie nahm meine Mutter schließlich auf, dort verbrachten wir mein erstes Lebensjahr. Ihre Mutter, meine Großmutter, verschwieg die Existenz ihrer Enkeltochter viele Jahre vor ihren Freundinnen. Dieser »Schande« wollte sie nicht ausgesetzt sein. Wenn meine Großmutter mich sehen wollte, kam sie immer zu uns. Ich durfte sie nicht besuchen, ich kannte das Dorf nicht, in dem sie wohnte, nicht das Haus, das ihren Geruch trug, nicht die Möbel, die Geschichte atmeten. Dabei wusste keine andere Frau besser, wie schwer es Alleinerziehende haben, welche Last ihre Schultern halten müssen, welcher Kraft sie beraubt werden dadurch, dass sie Mutter und Vater in einer Person sein müssen. Auch meine Großmutter und meine Mutter wurden vaterlos groß. Nur mit dem Unterschied, dass die beiden anderen Männer im Krieg gefallen waren und den Frauen daher das Privileg von Kriegswitwen anhaftete. Nicht aus eigener »Schuld« mannlos, aber dennoch Mutter zu sein, hatte einen anderen Stellenwert, eine Witwe darf bemitleidet werden und erhobenen Hauptes durch die Straßen gehen. Eine Frau, die nicht geheiratet wurde und einen Bastard bei sich trägt, ist verdammt zur Würdelosigkeit.

Meine Geburt änderte Mutters Leben nur marginal. Sie überdachte nichts an ihrem Lebensentwurf und ihrer Unfähigkeit, sich an einem Ort zu verankern. Während sie früher ihre wenigen Sachen von einer Stadt zur anderen trug, packte sie fortan einige Kisten mehr. Das war der einzige Unterschied. Irgendwann habe ich aufgehört, unsere Umzüge zu zählen. Und irgendwann, nach dem Warum zu fragen. Ihre Ruhelosigkeit machte mich krank und trat immer dann überaus stark zu Tage, wenn ich einen Ruhepol gefunden hatte.

Einmal raubte sie mir die beste Freundin. Wir wohnten in einer mittelgroßen Stadt, Mutter arbeitete in einem Kindergarten als Erzieherin. Es schien, als sollte es diesmal für länger sein, als seien die Tage dort nicht abgezählt. Ich war sieben, die Tochter unserer Nachbarn wurde meine Freundin, meine engste Vertraute, meine beste Spielkameradin. Fast jeden Tag waren wir zusammen, wir passten zueinander wie zwei Yin- und Yan-Steine. Es kehrte Ruhe und Alltäglichkeit in Mutters und mein Leben ein, ich wurde nicht mehr hin- und hergeschubst, sondern durfte ankommen. Langsam bekam ich ein Gefühl von Zuhause. Bis die Mutter meiner Freundin ihr den Umgang mit mir verbot. Ich hatte keine Erklärung und bekam auch keine. Bis ich selbst herausfand, was passiert war. Meine Mutter hatte mit dem Vater meiner Freundin, unserem Nachbarn, ein Verhältnis. Monatelang. Die beiden trafen sich heimlich im Keller, im Park, im Kino. Eine klassische Dreiecksgeschichte, die schief gehen musste. Und schief ging. Als das Verhältnis aufflog, war unsere Etage ein ausgebrochener Vulkan. Meine Mutter heulte, tagelang und ununterbrochen. Erstaunlich, wie viele Tränen ein Mensch vergießen kann. Die Nachbarwohnung war erfüllt vom Geschrei des Mannes und vom Scheppern des Geschirrs, das durch die Küche flog. Die drei Erwachsenen kämpften miteinander und verbissen sich ineinander. Über ihrer Verletztheit und in ihrem Käfig angekratzter Gefühle, in dem sie sich bewegten wie angeschossene Panther, vergaßen sie uns Kinder. Wir verstanden nichts, aber eines begriffen wir schmerzlich: Unsere Eltern hatten uns unsere Freundschaft genommen. Wir suchten nach den Gründen, fragten nach der Wahrheit und fanden keine Antwort. Weil es keine Antwort gibt für Kinder, die unter die Räder elterlicher Taten geraten. Die die Konsequenzen tragen müssen für das, was ihre Mütter und Väter nicht in der Hand haben. Aber Anna und ich wollten sich dem nicht beugen und wir trafen uns heimlich. Auf dem städtischen Friedhof, immer auf der Hut und in Obachtstellung. Wir wollten nicht entdeckt werden. Unser Geheimnis hatte keine lange Lebensdauer, Anna und ihre Eltern zogen weg aus der Stadt. Ich blieb mit meiner Mutter allein auf der Etage. Unsere Idylle war aufgekündigt. Mutter weinte immer noch und ich litt still. Ich war so unglücklich wie noch nie zuvor in meinem Leben. Ich wusste, dass das Geschehene mit mir nichts zu tun haben konnte, aber ich suchte die Schuld dennoch in mir.

Später war ich ein Schlüsselkind. Meine Mutter war fast nie zu Hause und kümmerte sich kaum um mich. Wenn ich aus der Schule nach Hause kam, schmiss ich meine Schultasche in die Ecke, ging in die Küche und kochte mein Mittagessen. Manchmal machte ich das Essen warm, das vom Vortag übrig war. Meistens aber kochte ich selbst. Am liebsten Erbsen mit Kartoffelbrei. Oder Spiegeleier und Tütensuppen. Ich fragte mich nie, ob es normal ist, dass sich ein kleines Mädchen selbst versorgt. Ich kannte es nicht anders. Und ich kochte, weil mir nichts anderes übrig blieb. Ich dachte, das muss wohl so sein, wenn eine Frau ihre Tochter allein groß zieht.

Ich war eine Ausnahme in meiner Klasse. Die meisten Kinder hatten Mutter und Vater. Meine Eigenständigkeit belohnte ich mir selbst, auch um mein Alleingelassensein zu kompensieren. Ich hatte mir ein Spiel ausgedacht: Frau Königin. Jeden Tag stieg ich in die Rolle, die ich gern sein wollte, eine Frau, eine Königin, und eine zweite Person, die für mich da war. Ich stellte mich an den Herd und fragte: »Frau Königin, was möchten Sie heute essen?« Ich drehte mich zur Seite und antwortete mit verstellter Stimme: »Erbsen mit Kartoffelbrei.« »Gut, dann soll Ihnen das Essen sogleich gereicht werden.« Später servierte ich mir das Gericht: »Frau Königin, es ist aufgetragen.« Ich baute mir eine Welt der Phantasie, um der wahren zu entfliehen. Ich zauberte mir eine Person, die die Rolle meiner Mutter einnahm. Nicht meiner Mutter in ihrer realen Gestalt, sondern einer Frau, die all das verkörperte und für mich tat, was mir meine Mutter versagte.

Waren wir beide zu Hause, fanden wir wenig Zugang zueinander. Ich war in meinem Zimmer, meine Mutter in ihrem. Wir verbrachten viel Zeit mit uns selbst. Aber es gab Momente der Zweisamkeit, an die ich mich erinnere. Stunden, in denen ich meine Mutter spürte und plötzlich merkte: Ja, es gibt sie, deine Mutter, sie ist hier und bei dir. Dann bastelten wir oder bauten an einem Regal für die Küche. Meine Mutter war handwerklich begabt und hat viel selber gemacht. Dann redeten wir und lachten. In jenen Stunden war meine Mutter eine andere, schien mir. Eine Frau, die nicht angestrengt und überfordert, sondern für ihre Tochter da war. Diese Zeiten genoss ich wie keine anderen, dann war ich glücklich.

Als meine Mutter später einen neuen Mann kennen lernte, änderte sich die Situation. Der Mann lebte in Scheidung. Er war Lehrer, und meine Mutter tat alles für ihn. Es dauerte lange, bis ihre Beziehung das wurde, was sie von Anfang an sein sollte: eine Partnerschaft. Die Jahre vorher war ihr Verhältnis geprägt von einem Auf und Ab, von einer Sinuskurve der Emotionen. Meine Mutter zog bei dem Mann ein und wieder aus. Dann saß sie zu Hause und heulte sich die Augen wund. Später rief er an und sie zog wieder zu ihm. Sie hatte noch immer keinen Boden unter den Füßen, auch in ihren Gefühlen nicht. Sie wusste nicht, was sie wollte, und machte alles, was der Mann vorgab. Sie ließ sich schieben und wegschieben – und hat alles ertragen. Sie gestattete es ihm, wahrscheinlich in der ewigen Hoffnung, irgendwann würde alles gut. Ich hasste diesen Mann von Anfang an. Weil er sich zwischen meine Mutter und mich schob, weil er sich in unsere Beziehung drängelte und von mir nicht willkommen war. Er nahm mir den Rest, der mir von meiner Mutter geblieben war, den ich aber nicht abgeben wollte. Ich wollte sie ganz für mich haben. Und ich hasste den Mann, weil sich meine Mutter für ihn und gegen mich entschied. Mit ihrem Ja zu diesem Mann schien sie mich vergessen zu haben. Eine Erfahrung, wie sie bitterer nicht sein kann, ein Schnitt ins Herz, ein Faustschlag in die Magengrube.

Für diesen Mann gab meine Mutter nicht nur ihr bisheriges Leben auf, sie änderte sich rundum. Plötzlich war sie eine andere Frau, die das tat, was der Mann von ihr verlangte, und sich fortan für das interessierte, was der Mann ihr vorsetzte. Mit dem Bekenntnis zu diesem Mann gab sie ihre Identität und ihre Persönlichkeit an der Tür seines Hauses ab. In ihrem neuen Leben war sie nicht mehr sie, sondern einzig die Frau dieses Mannes. Plötzlich kochte sie. Weil er es so wollte. Sie bereitete aufwendige und umfangreiche Speisen zu. Früher konnte sie nicht mal eine Gemüsesuppe kochen. Doch sie tat es nicht mit Leidenschaft, sie probierte nicht und gab den Gerichten keine eigene kreative Note. Sie arbeitete das Kochbuch ab und hielt sich an alle Vorgaben. Plötzlich interessierte sie sich für Kunstgeschichte. Weil er es verlangte. Die Frau eines Lehrers muss schließlich eine bestimmte Bildung aufweisen.

Sie war nicht stark genug, um sich abzugrenzen und sich neben dem Partnerleben ein eigenes aufzubauen. Eine eigene Welt war meiner Mutter so fremd wie mir ihr neues Dasein. Ich verachtete meine Mutter für ihre Entscheidung, ich verachtete sie für das, was sie tat und was sie sich antat. Und ich verachtete sie dafür, dass sie aushielt, als nichts mehr ging.

Irgendwann begann der Lehrer eine Affäre mit der besten Freundin meiner Mutter. Wahrscheinlich ein Muster, in dem meine Mutter verfangen ist wie ein Fisch in einem Schleppnetz. Die angeblich beste Freundin wusste von Anfang an genau, was sie wollte: den Mann, den Mann ihrer Freundin. Es kümmerte sie nicht im Geringsten, dass sie ihre engste Vertraute betrog. Und meine Mutter war, als die Geschichte ans Tageslicht kam, zu schwach, um darauf zu reagieren. Sie setzte weder der Affäre Grenzen, noch ihrem Mann, auch nicht der Frau. Sie wartete, bis die Sache vorbei war. Meine Mutter schlug nicht mit der

Faust auf den Tisch und sagte: »So geht das nicht, das wird Konsequenzen haben.« So verhält sie sich heute noch. Sie agiert nicht, sie reagiert nicht einmal. Sie sitzt da und harrt der Dinge, die kommen. Sie ist unfähig zu benennen, was sie will, was sie quält, was sie bewegt. Sie kümmert sich nicht um sich selbst. Dafür habe ich meine Mutter immer missachtet. Heute ist dieses Gefühl nicht mehr so stark, weil ich weiß, dass sie auch nur eine Gefangene ihrer eigenen Hilflosigkeit ist. Heute wünsche ich ihr mehr Durchsetzungsvermögen, weil sie es immer noch nicht gelernt hat, erhobenen Hauptes ihre Bedürfnisse zu artikulieren und sie einzufordern. Es gibt oft Klatsch und Tratsch in dem Dorf, in dem meine Mutter und der Lehrer wohnen. Einem kleinen Ort bleibt nichts verborgen, jeder Husten wird gehört, jeder Schnupfen gesehen – und kommentiert. Die Leute reden umso mehr, wenn sie Langeweile haben. Die Leute im Dorf meiner Mutter scheinen nichts anderes zu kennen. Aber meine Mutter zieht nicht über den Anger und bietet den Klatschmäulern ihre Stirn. Sie bleibt zu Hause und hofft darauf, dass die Gewitterwolken in wenigen Tagen vorübergezogen sind.

Als meine Mutter den Lehrer heiratete und mit ihm umzog, ging ich nicht mit. Ich war sechzehn und blieb in unserer alten Wohnung. Das war der Beginn der völligen Abnabelung von meiner Mutter, der Einstieg in eine jahrelange Kommunikationslosigkeit und Kontaktunfähigkeit zwischen uns. Eine Freundin zog zu mir, wir wurden die »wilden Zwei«. Zwar ließ mir meine Mutter monatlich etwas Geld zukommen, aber das reichte vorn und hinten nicht. Meine Freundin und ich klauten, wo und was wir nur konnten: Lebensmittel, Zigaretten, Alkohol. Ich war ein Teenie und verlassen von der wichtigsten Person, die ein Mädchen im Alter von sechzehn Jahren hat. Meine Mutter war keine Mutter, sie war selbst ein Kind, das nie erwachsen geworden ist. Sie ließ mich im Stich, und ich drehte durch. In meiner Wohnung fing ich die halbe Drogen- und Alkoholszene auf, meine Zimmer waren Auffanglager für gestrauchelte Existenzen und armselige Kreaturen. Ich gab ihnen Obdach und etwas zu essen, manchmal für eine Nacht, manchmal für Wochen. Ich wusste nicht, was ich tat, es passierte mir einfach. Ich hatte eine Statistenrolle in meinem eigenen Film. Einmal stellte ich mich neben mich und blickte auf das Treiben in den Räumen, die meine Wohnung und mein Leben sein sollten. Und wachte plötzlich auf: So geht das nicht, das ist nicht das Dasein, das du führen möchtest, das bist nicht du. Am nächsten Morgen kehrte ich die Leute zur Tür hinaus, sah mich noch einmal um, zog die Tür ins Schloss und ging. Weg, ich wollte raus, egal wohin, nur woanders sollte es sein. Ich landete in Dortmund, im ersten besetzten Haus der dortigen autonomen Szene. Ich heiratete einen wildfremden Mann, der aus Afghanistan kam und keine Aufenthaltsgenehmigung besaß. So rettete ich ihn vor der Abschiebung. Mit den Autonomen besetzte ich die Startbahn West, kettete mich in Brokdorf an und schleppte Transparente durch Wackersdorf. Eine wirre Zeit, in der ich glaubte, mich zu spüren und das zu machen, was ich wollte und was mir gut tat. Diese Monate waren Ausdruck meines inneren Widerstandes, meine Antwort auf die Fragen meiner Kindheit: Warum bin ich allein? Warum bekam ich so wenig von meiner Mutter? Warum habe ich keinen Vater?

Ich stellte eine junge Frau dar, die genau das Gegenteil von dem verkörperte, was sie in ihrer Kindheit war. Als Mädchen war ich still, scheu und sehr ernst. Meiner Mutter gefiel nicht, dass ich unnachgiebig war und wenig lächelte. Es war fatal: Mein Leben in der autonomen Szene war der Spiegel des Lebens meiner Mutter, die Wiederholung ihres ruhelosen Daseins. Mit einem Unterschied: Ich war auf der Suche nach meinem Vater, nach der zweiten Hälfte meiner Wurzeln.

Meine Mutter verweigerte mir strikt den Zugang zu dieser Hälfte, sie erlaubte mir meine Geschichte nicht, meine Biographie. Als ich klein war, gab es nicht viele Alleinerziehende. Aber das ist kein Grund, das Kind in Unwissenheit zu lassen. Ich wurde eingeschult und konnte nicht sagen, wer mein Vater ist und was er macht. Ich wurde gefragt und konnte nicht antworten. Ich schämte mich und fühlte mich nicht zu den anderen dazugehörig. Einmal saß meine Mutter mit einigen Freunden zusammen und ich platzte in die Runde: »Mama, wie heißt mein Papa noch mal?« Ich war sechs Jahre alt und hegte wahrscheinlich die Hoffnung, dass ich eine Antwort bekomme, wenn ich unter Zeugen frage. Aber ich bekam keine und dachte mir Geschichten aus, um mir ein Gefühl von Vater zu verschaffen. In diesen Geschichten war mein Vater nicht da, weil er beruflich viel unterwegs war. Er war Kapitän auf einem großen Schiff oder Pilot. Er führte ein wichtiges Leben und konnte deshalb nicht bei seiner Familie sein. Später in der Schule erzählte ich Geschichten, um mich vor anderen Kinder »normaler« zu machen.

Meiner Mutter vermochte ich nur wenige Details über meinen Vater abzupressen. Aber sie waren zu vage und zu oberflächlich, als dass sie ein Bild ergaben. Es war wie ein unvollständiges Puzzle, von dem ich nur wenige Teile besaß, die nicht mal einen Grundriss ergaben.

Mir fehlte nicht nur eine Vorstellung eines Vaters, mir fehlte das ganz normale Verständnis für einen Mann: Wie ist ein Mann, wie lebt er, welche Bedürfnisse lassen ihn agieren? Ich hatte keine Ahnung von Männern und war ihnen ausgesetzt. Mein zweiter Freund hat dies schnell begriffen und mich in seine Abhängigkeit gezwängt. Als ich siebzehn war, zog er bei mir ein. Er sagte: »Ich fühle mich nicht wohl ohne Sex.« Ich liebte diesen Mann und glaubte ihm alles. Aus Angst, er verlässt mich, ergab ich mich ihm und geriet so schnell, dass ich es kaum wahrnahm, in eine emotionale und sexuelle Hörigkeit. Wann immer ihm danach war, griff er nach mir und zwang mich, mit ihm zu schlafen. Meine Mutter beobachtete sein Spiel, sie hätte der Ausbeutung, die er an mir vornahm, ein Ende setzen müssen. Sie hätte erkennen müssen, dass ich nicht die Weitsicht und nicht die Kraft besaß, dies zu tun. Aber sie nahm ihre Verantwortung nicht wahr und ließ ihn hemmungslos agieren. Sie versäumte es sogar, mich über Verhütung aufzuklären. Fast ein Jahr lang trieb der Mann sein krudes Spiel. Bis er mit meiner Freundin von dannen zog.

Zunächst empfand ich die Untreue der beiden als große Verletzung, als narzisstische Kränkung, bis ich begriff, dass diese Trennung eine Chance bedeutet. Ich erzählte meiner Mutter von meinen Ängsten, Bedürfnissen und Verletzungen und bat sie, sie möge von jetzt an ein wenig auf mich aufpassen und darauf achten, dass ich nicht erneut in eine solche Abhängigkeit gerate. »Es kommt kein Mann mehr ins Haus«, bestimmte ich.

Nach Jahren in besetzten Häusern und in der autonomen Szene zog ich in eine Frauen-WG. Ich wiegte mich in dem Glauben, diese Art zu leben sei gut für mich. Heute erinnere ich mich nicht genau an das, was damals geschah, aber ein Gefühl habe ich nicht vergessen: das Gefühl der Angst. Die Angst war meine Begleiterin. Obwohl Unsicherheit und Bodenlosigkeit mein damaliges Leben ausmachten und ich nicht glücklich war, wollte ich dieses Leben. Weil es einen Bruch mit meinem alten darstellte. Ich wollte weit weg von meiner Mutter sein und mich allein durchschlagen. Damals habe ich meine Mutter weder gesehen noch gesprochen. Schweigen beherrschte unser Verhältnis.

Bis ich erkannte, dass ich auch diesmal nicht da angekommen war, wo ich hin wollte, und mich nur im Kreise drehte. So kommst du nie bei dir an, sagte ich mir. Und zog eines Tages erneut die Tür hinter mir zu und ging. In eine Großstadt. Dort suchte ich eine kleine Wohnung, stellte mir ein Bett in das einzige Zimmer und verkroch mich darin. Die folgenden Wochen sollte ich nichts anderes sehen als dieses Zimmer und seine kahlen Wände. Ich stand nur auf, um aufs Klo zu gehen und gerade so viel zu essen, um nicht zu verhungern. Aus dem Haus ging ich lediglich, um meine Sozialhilfe abzuholen und einzukaufen.

In dieser Zeit träumte ich sehr viel. Mir kamen wilde Geschichten in den Kopf, ich sah Bilder, die ich nicht einzuordnen vermochte. Darin kamen Frauen und Männer vor, deren Rollen nicht eindeutig waren. Immer und immer wieder machten sie sich in meiner verschwommenen Wahrnehmung breit. Bis ich eines Mittags aufwachte und plötzlich wusste, was mir diese Träume sagten: Ich wurde missbraucht. Aber ich wusste nicht, wie alt ich war, als es passierte, wer sich an mir vergangen hatte, wie lange es dauerte. Nun war ich völlig verwirrt und suchte eine Therapeutin auf. In langen, intensiven Gesprächen kam sie dem Missbrauch auf die Spur: Es waren zwei Männer, die sich von mir als Mädchen das holten, was sie von ihren Frauen nicht bekamen. Ein Schwager meiner Mutter und der Vater einer Freundin haben mich sexuell misshandelt. Allmählich formten sich die Gesichter der beiden in meiner Erinnerung, ich sah ihre Körper, ich hörte ihre Stimmen. Dennoch war nichts klar, die Männer blieben merkwürdig verschwommen. Auch an den Hergang ihrer Taten erinnerte ich mich nur ungenau.

Der Boden sackte unter meinen Füßen weg, als ich begriff, dass mich das Leben auch mit dieser Episode strafte. Mein gesamtes Dasein lief aus dem Ruder, nichts war mehr so, wie es sein sollte. Ich rief meine Mutter an und erzählte ihr davon. Nach langer Zeit war das unser erster Kontakt. Ich berichtete ihr nicht nur davon, ich verlangte, dass sie mit ihrer Familie bricht, dass sie den Kontakt zu all jenen beendet, die unmittelbar mit dem Onkel zu tun hatten. »Nie wieder sitze ich mit diesem Mann an einem Tisch«, sagte ich. Zunächst schwieg meine Mutter und wir legten auf. Später rief sie zurück und konfrontierte mich mit einer ähnlichen Begebenheit. Aus ihrem Leben. Auch sie wurde als junges Mädchen missbraucht. Es war im Sommer beim Schwimmen. Sie hatte das Erlebnis so stark verdrängt, dass sie erst durch meine Erzählung wach gerüttelt wurde. Sie hatte diese Erinnerung vergraben, und die Offenlegung meines Missbrauchs war der erste Spatenstich, um auch ihre Leiche aus der Erde zu buddeln. Meine Mutter brach zusammen und war so hilflos, wie ich sie noch nie gesehen hatte. Sie war matter denn je. Ich hatte einen Vorsprung, ich hatte bereits eine Therapie hinter mir und kümmerte mich nun um meine Mutter. Unsere Rollen verkehrten sich ins Gegenteil, ich war die Gebende und sie die Nehmende. Ich erkannte ihr Alkoholproblem, und sie nahm es an. In jener Zeit begannen wir miteinander zu reden und unsere Beziehung zu durchleuchten. Das erste Mal in unserer gemeinsamen Zeit öffneten wir uns füreinander und versuchten, die andere zu begreifen. Sie erzählte mir, dass sie früher oft daran dachte, sich das Leben zu nehmen. Sie hatte keinen Spaß am Leben, sie war vom Alltag überfordert. Wenn Louise volljährig ist und mich nicht mehr als Vormund braucht, tue ich es, sagte sie sich. Getan hat sie es nie, sie hat nicht mal einen Suizidversuch gestartet. Das rechne ich ihr hoch an. Eine schlechte und hilflose Mutter ist besser als gar keine. Ihr Leben lang quälte sie ein Grundkonflikt: Sie war für das Leben als Mutter nicht geschaffen. Sie habe es nie bereut, mich bekommen zu haben, sagte sie. Aber als Lebensgrundlage reichte dies nie aus. Deshalb wurde ich das Gefühl nicht los, ich werde meiner Mutter niemals genügen. Ich wollte ihr gerecht werden und suchte nach meinem Platz in ihrem Leben – und fand ihn nicht. Ich war zerrissen und ambivalent, zwei Stimmen in meiner Brust kämpften miteinander: »Lass mich in Ruhe.« und »Warum bist du nicht da?«

In einer Familienaufstellung wurde deutlich, dass sowohl meine Mutter als auch mein Vater in gleichem Abstand und mit dem Rücken zu mir stehen. Die Entfernung zu meinem Vater war schnell geklärt: Ihn vermisste ich. Den Abstand zu meiner Mutter verdeutlichte ich mir einzig durch meine Verachtung für sie.

Heute habe ich dieses Gefühl weitgehend verloren. In häufigen und intensiven Gesprächen, die wir mit der Offenbarung des Missbrauchs begannen und die bis heute anhalten, bahnten wir uns einen Weg zu uns, zu uns als Tochter und Mutter. Wir versuchten, uns ohne gegenseitige Vorwürfe und Forderungen gegenüberzutreten und uns anzunehmen, wie wir sind. Uns erstmalig bewusst zu sehen und zu spüren. Nie hätte ich geglaubt, dass uns das gelingt. Aber wir schafften es. Wir breiteten alle unsere gegenseitigen Verletzungen und Narben, unausgesprochenen Wünsche und Hoffnungen vor uns aus und staunten selbst, was zum Vorschein kam. Das erste Mal in unserer beider Leben vermochten wir miteinander zu reden. Und uns dadurch besser zu fühlen. Bis auf den Missbrauch haben wir jedes unserer gemeinsamen Probleme von allen Seiten betrachtet. Darüber können wir nicht reden. Warum, kann ich nicht sagen. Es ist merkwürdig, der Missbrauch hat uns zusammengeführt, aber er bestimmt das Schweigen über diese gemeinsame Erfahrung.

Wenn wir uns heute sehen, sind die Stunden intensiv. Oberflächliche Kontakte pflege ich nicht. Entweder ganz oder gar nicht. Heute ist meine Mutter stolz auf mich. Darüber bin ich nicht nur froh, das Wissen darüber erfüllt mich. Ebenso bin ich stolz auf mich selbst. Mein Leben hätte anders verlaufen und irgendwo in einem dunklen Winkel enden können. Wenn es auch immer schwierig war, aber ich versuchte stets, mich nicht irgendeinem Schicksal zu ergeben, sondern es selbst zu bestimmen. Es anders zu machen als meine Mutter. Ich wurde Fotografin und Lehrerin für Selbstverteidigung, ich verdiene mein Geld selbst und bin nicht auf andere angewiesen.

Ich sehe meine Mutter heute mit anderen, schonenderen Augen. Obwohl wir uns einander genähert haben – fertig bin ich mit ihr noch nicht. Wahrscheinlich werde ich es auch noch lange nicht sein. Dazu klopfen Kindheit und Jugend, klopft unsere gemeinsame Biographie noch zu stark an die Tür meines emotionalen Gedächtnisses. Und immer wieder sind sie da, die Erinnerungen: Ich wünschte mir eine Mutter, die stark ist und weiß, was zu tun ist. Wenn sie stark gewesen wäre, hätte sie sicher ihre Rolle als Alleinerziehende besser verstanden und gehandhabt. Sie hätte mich nicht allein gelassen und mich dadurch nicht frühzeitig ins Erwachsenendasein gedrückt. Meine Mutter hatte sicher immer das Gefühl, sich rechtfertigen zu müssen. Aber war nie selbstbewusst und konsequent dabei. Daran ist sie gescheitert. Wäre sie sicherer mit ihrem Leben umgegangen, dann hätte sie auch souveräner mit meinen Fragen nach meinem Vater umgehen können. So bleibt mein Vater für mich ein Mythos. Und es bleibt ein Loch.

Eine Zeit lang lehnte ich Männer vollständig ab. Ich wollte keinen Kontakt zu ihnen und schon gar keine Bekanntschaft. Ich schloss sie aus meinem Blickfeld aus – und engte mich dadurch selbst ein. Doch man kann nicht einen wichtigen Teil der Gesellschaft, die andere Hälfte der Welt ausblenden, ohne dabei sehschwach und verrückt zu werden. Irgendwann begriff ich, dass ich mich meinem Problem mit Männern und mit Männlichkeit stellen muss. So wie ich einst Männer aus meinem Leben strich, suchte ich nun Kontakte zu Männern. Verschiedene Männer, von denen der eine ausbügelt, was ein anderer zerknitterte. Ich wollte alle kennen lernen, wollte begreifen, wie Männer denken, fühlen, handeln. Wollte erfahren, was sie treibt und was sie hadern lässt, wollte spüren, wie sie lieben und was sie ablehnen, wie sie überzeugen und reagieren. Ich wollte wissen, wie Männer sind. Ich kenne ihre Körper nicht und nicht ihre Anwesenheit. Ich weiß nicht, woran sie sich klammern und wovon sie nie etwas wissen möchten. Was unterscheidet Männer von Frauen? Worin liegt ihr Geheimnis?

Ich will meine Wut Männern gegenüber loswerden. Ich will mich von meinen negativen Gefühlen für meinen Vater befreien. Sein Weggang, der Verlust seiner Rolle in meinem Leben, ist mein größtes Trauma. Er hat mich verlassen, ohne mich zu kennen. Es ist ein Manko, ohne Vater aufgewachsen zu sein. Und ein größeres Manko, seinen Vater nicht zu kennen.

NICHT OHNE MEINE MUTTER

Nina K. fand in ihrer Mutter ihre innigste Vertraute

Im Mai kam der Schwindel. Alles drehte sich um mich, der Boden unter meinen Füßen schien mir zu entgleiten, es war, als hinge ich in der Schwerelosigkeit. Aber nicht wie bei einem Flug mit einem Fallschirm, bei dem man sich sicher fühlt, weil man durch die Reißleine wieder auf die normale Flugbahn geführt wird. Es war ein Taumel, ein negativer Taumel, der alles mit sich fortriss und mir jegliche Grundlage für mein Leben nahm. Alle Sicherheitssysteme waren aufgekündigt.

Vierzehn Tage hielt ich es aus, versuchte mich in meiner Irritation zu bewegen und hoffte, dass der Schwindel von selbst verschwindet. An einem Samstag ging ich in die Notaufnahme ins Krankenhaus. Doch die Ärzte stellten nichts fest und hielten mich für eine Simulantin. Körperlich zeigte ich keine Anzeichen für eine Kreislaufschwäche oder eine Lähmung. Mein Körper war in den Augen der Mediziner völlig in Ordnung. Doch er war es nicht, weil ich nicht in Ordnung war. Mein Körper hat ausgetragen, was meine Seele beschäftigte, was sie durchmachte und erlitt. Die Reaktion meiner äußeren Hülle war Ausdruck meines inneren Zustandes. Damals lernte ich, auf meinen Körper zu hören, auf ihn zu reagieren und mich auf eine neue Art zu steuern. Überfällt mich heute plötzlich dieser Schwindel, weiß ich, irgendetwas mit mir oder in meiner Umgebung stimmt nicht. Dann höre ich in mich hinein und suche nach dem Grund. Meist finde ich ihn recht schnell und ändere den Zustand. Wenn der Schwindel kommt, bin ich seelisch überfordert oder überanstrengt. Dann fühle ich mich schwach, schwächer als ich sein möchte, aber ich bin dankbar für das Zeichen, das mir mein Körper sendet. Ohne ihn würde ich es vermutlich nicht empfinden. Ich habe gelernt, diese Krankheit, die ausschließlich psychosomatisch ist, für mich zu nutzen. Durch den Schwindel habe ich in wenigen Monaten mehr über mich erfahren als in meinen vergangenen Lebensjahrzehnten.

Der Auslöser meiner Krankheit war der Tod meiner Mutter. In einem Moment, der alles bieten konnte, nur nicht das, in einem solchen Moment passierte es. Das Leben entriss mir – neben meinen beiden Töchtern – den wichtigsten Menschen. Meine Mutter war meine Vertraute, meine Ratgeberin, die Person in meinem Leben, mit der ich die größte Intimität teilte. Sie war meine Freundin, obwohl ich sie nicht so nennen möchte. Wenn Töchter ihre Mütter als Freundin bezeichnen, verbirgt sich dahinter nicht selten ein eigenartiges Abhängigkeitsverhältnis, das nicht von Ehrlichkeit und Offenheit geprägt ist, sondern von Druck und Unterdrückung. Bei uns war alles anders. Unsere unausgesprochenen Prinzipien waren vollständige und bedingungslose Liebe, bedenkenloses Vertrauen und unerschütterliche Vertrautheit. Emotionale Zuverlässigkeit war bei uns normal. Ich hätte es wissen müssen, hätte mich auf ihren Tod vorbereiten sollen. Meine Mutter sagte immer wieder zu mir: »Nina, du musst langsam damit beginnen zu leben, dass ich eines Tages nicht mehr da bin. Bereite dich darauf vor.« Als sie knapp 60 war, hatte sie eine Bypass-Operation. Vorher erlitt sie einen Herzinfarkt, der als solcher nicht diagnostiziert wurde. Die Ärzte gaben ihr sieben Jahre mit dem Herzverstärker. Sie lebte damit vierzehn Jahre. Ich tat ihre mahnenden Worte stets mit einem Abwinken ab: »Ja, ja.« Ich verdrängte die Tatsache, dass ich meine Mutter überleben werde. Im Grunde ist es die normalste Sache der Welt, dass Eltern vor ihren Kinder sterben. Ich aber schob sie zur Seite wie man einen Tisch in die Ecke räumt, der hinderlich im Raum steht. Den Tod meiner Mutter wollte ich nicht in meinem Zimmer haben, bei allen konnte er sich einnisten, nur nicht bei mir. In dieser Frage arbeitete mein Gehirn vorzüglich, es sicherte mich ab gegen schwere und erschütterliche Gedanken. Selbst als meine Mutter ihren Tod mittelbar ankündigte, wollte ich ihm nicht ins Gesicht blicken. Ein Jahr, bevor sie starb, sagte sie ganz beiläufig: »Ich habe ein Aneurysma.« In jener Zeit war ich fast jeden Abend bei ihr, es war wie ein Ritual: Zum Abendessen machte ich mich auf zu meiner Mutter. Manchmal ging ich auch nur zu ihr, um Zeitung zu lesen. Damals war sie oft beim Arzt, es wurden die unterschiedlichsten Untersuchungen durchgeführt. Zunächst wusste ich nicht, was die aktuelle Diagnose bedeutete. Ein Aneurysma ist eine lokalisierte Aussenkung einer Aterie, eine Art Gefäßschwäche, die die eigentlich gerade Arterie ausbeult. Durch den Druck, der durch das Gefäß fließt, bricht dieses auf. Das führt unweigerlich zum Tode. »Das Aneurysma muss operiert werden, es kann platzen«, sagte meine Mutter. Mein Atem stockte, ich war nicht in der Lage, irgendetwas zu antworten. Ob ich es nicht wollte, um ihr Zeit zu lassen, oder es nicht konnte, weil ihre Worte schmerzten und mich in einen dunklen Tunnel führten, weiß ich nicht. Klar wurde mir nur eines: Jetzt tickt die Uhr, das Aneurysma ist lebensbedrohlich. »Ich will keine weitere Operation«, fuhr sie fort. Dieser Satz klang wie eine Entschuldigung, so als würde sie meine Gedanken lesen können. Als hätte sie den Satz gesagt, um mich auf das einzustimmen, was da kommt. Sie ahnte wohl, dass ich ihren Entschluss fürchtete wie nichts auf der Welt. Und in diesem Moment wurde mir schlagartig bewusst, dass sie die Jahre, die sie länger lebte, als ihr die Ärzte bescheinigt hatten, dass sie diese für uns, für mich lebte. Dass ihr allein der Gedanke an ihre Tochter und ihre beiden Enkeltöchter die Kraft gab, mit dem kaputten Herzen jegliche medizinische Prognosen ad absurdum zu führen. Sie wusste, dass ich sie brauchte wie ich nie sonst einen Menschen gebraucht hatte. »Ich verlange nichts von dir«, versuchte ich tapfer zu sein und gestärkt zu erscheinen. »Triff deine Entscheidung, es ist dein Leben«, sagte ich zu ihr. Wenige

Tage später konfrontierte sie mich mit ihrem Entschluss: »Ich werde mich nicht operieren lassen.«

Obwohl ich fortan wusste, dass jeder Tag ihr und unser gemeinsamer letzter sein konnte, obwohl ich mir stündlich ihren nahenden Tod vor Augen führen sollte, obwohl ich hätte darauf gefasst sein müssen, tat ich all dies nicht. Ich blendete die Realität so gut es ging aus, wie ein Licht, das man dimmt. Das Leben ging so normal weiter, wie es bis dahin gewesen war. Und ich tat so, als sei alles in bester Ordnung. Und so traf mich ihr Tod trotz allem heftiger und schmerzlicher und merkwürdigerweise unerwarteter, als ich damit hätte rechnen müssen.

Es war an einem Samstag früh gegen neun Uhr. Ich lag im Bett und schlief, da klingelte das Telefon. Welcher Idiot ruft um diese Zeit an, dachte ich und machte keinerlei Anstalten, meine Behaglichkeit aufzugeben. Es war meine Mutter, die auf das Band vom Anrufbeantworter sprach: »Nina, kannst du schnell kommen, mir geht es schlecht.« In ihrer Stimme hörte ich den Tod. Wie der Blitz sprang ich aus dem Bett, schlüpfte in meine Jeans, mein Schlaf-Shirt noch am Leib. Ungewaschen, ungekämmt und ohne meine Zähne geputzt zu haben. Ich flog um die Ecken, meine Mutter wohnte nur wenige Straßen weiter. Ich holte nicht einmal tief Luft, bevor ich die Wohnung betrat, so wenig Zeit ließ ich mir. Ich erwartete einen schlimmen Anblick. Sie lag auf der Couch und flüsterte, es gehe ihr schlecht, sie habe Brechreiz, ihr sei übel. Ich sah, dass sie einen Herzinfarkt erlitten hatte, ihren zweiten. Und ihren letzten, das wusste ich, diesen hier, den würde sie nicht überstehen. Als der Rettungswagen kam und die beiden Sanitäter meine Mutter auf eine Krankentrage schnallten, stand ich wie benommen und regungslos in der Tür. Ich machte keine Anstalten mitzufahren, sondern hing im Türrahmen, als sei ich gar nicht mehr anwesend. In diesem Moment spürte ich den Tod auf meine Mutter und mich zurollen. Langsam, aber mächtig . Und fühlte mich verloren. Das, was nun kommt, ist das Schlimmste, was dir je passiert ist, pochte mein Unterbewusstsein. Seitdem wirft dieses Gefühl seine Schatten.

Wir verabschiedeten uns nicht voneinander, sondern winkten uns nur kurz zu. Es sollte wohl so viel heißen wie: »Bis später, ich bin schon okay.« Wir waren beide nicht imstande, uns voneinander zu lösen, wir wollten beide nicht aufgeben, uns nicht aufgeben. Zur Nachbarin sagte ich: »Das ist der Tag, vor dem ich mich mein Leben lang gefürchtet habe.« Später ging ich ins Krankenhaus, meine ältere Tochter begleitete mich. Als wir ankamen, war meine Mutter gerade gestorben. Sie lag auf einer Trage, auf den Augen Wattetupfer und die Hände übereinander gefaltet. Ich streichelte sie, legte meine rechte Hand auf ihre Hände und dachte noch: Sie ist schon ganz kalt. Und da passierte es. Aus ihren erkalteten, aber noch immer tatkräftig aussehenden Händen schoss es in meine Finger, ein unbestimmtes, unbeschreibbares Gefühl, eine Eingebung, die den Tod meiner Mutter gebraucht hatte, um zu mir zu gelangen. Es mag spiritistisch klingen, aber ich spürte plötzlich, wie meine Mutter mir ihre letzte Energie gab und damit ein Stück, das mir bis dahin fehlte, das mich vollständiger machte. Mit einem Mal sah ich meine Mutter in einem neuen Licht und spürte etwas, das ich Totalverständnis nennen würde. Plötzlich begriff ich, warum sie sich ihr Leben lang aufgeopfert hatte, und ihr Satz, den sie ihr Leben lang immer wieder von neuem wiederholte, bekam eine andere Dimension: »Und wenn nur ein Einzelner dankbar ist, dann hat es sich gelohnt.«

Meine Mutter war Lehrerin. Sie arbeitete in verschiedenen Schulen, aber immer mit Kindern, die vom Leben benachteiligt waren: mit Blinden und Sehschwachen, mit Lernbehinderten, mit Kranken. Sie hat die Kinder stets so genommen, wie sie waren, und hat versucht, für sie das Maximale zu tun. Sie hat sie geachtet und als vollwertige Menschen anerkannt. Das war damals in der DDR nicht unbedingt der Maßstab für ein Dasein als Lehrerin. In erster Linie hatten Schüler zu funktionieren und das zu tun, was die Lehrer von ihnen verlangten. Taten sie es nicht, hagelte es oft Strafen und nicht den Versuch, die Kinder zu verstehen, zu begreifen, warum sie handeln, wie sie handeln. Meine Mutter war anders. Für sie zählte das Kind an sich und nicht die Leistung, die es vollbrachte. Sie akzeptierte jedes Kind mit all seinen Fähigkeiten und Fehlleistungen und bewertete es nicht nur nach seinen positiven Ergebnissen.

Einmal unterrichtete sie in der Charité Kinder, die nicht mehr lange leben würden. Im Grunde war Mutters Arbeit unnütz, nach heutigen Kriterien würde niemand mehr todgeweihten Kindern Stunden erteilen. Meine Mutter aber tat es. »Sie haben ein Recht darauf, all das tun zu dürfen, wonach ihnen zumute ist«, lautete ihre Devise. Besonders am Herzen lag ihr ein Junge, der etwa 16 Jahre alt und gerade in der 10. Klasse war. Er hatte noch ein halbes Jahr zu leben. Alle wussten das, auch meine Mutter. Aber sie arbeitete stetig mit ihm, brachte ihm den Stoff der 10. Klasse bei und wollte ihm seinen sehnlichsten Wunsch erfüllen: einen Abschluss. Seine Krankheit ließ den Jungen schwächer und schwächer werden, aber seinen Willen gab er nicht auf. Doch seine Kraft reichte nicht aus, um den Anforderungen der Prüfung zu genügen. Laut den Ergebnissen, die der Junge ablieferte, hätte er sein Zeugnis nicht bekommen, dies sah auch die Schulkommission so. »Er hat die Prüfungen nicht bestanden«, beharrte die Kommission auf der Nichtanerkennung. Meine Mutter erkannte die Härte nicht an und versuchte es zunächst mit einleuchtenden Argumenten, die die Kommission nicht erweichten. »Für den Jungen ist es wichtig, dass er sein Zeugnis bekommt«, versuchte sie es immer und immer wieder. »Es bedeutet ihm alles. Warum gönnen sie ihm diese kleine Freude nicht? So kurz vor seinem Tod?« Es half nichts, die Kommission blieb stur. Als deutlich wurde, dass sich alle Versuche meiner Mutter im Nichts auflösen würde, wappnete sie sich für einen Kampf, den sie am Ende gewann. Sie klopfte an alle Türen der Entscheidungsträger für Bildung, überall brachte sie ihre menschlichen Argumente vor, überall rang sie um Verständnis. Als der Junge schließlich sein Zeugnis in den Händen hielt und in diesem Moment der glücklichste Junge der Welt zu sein schien, wusste sie, dass dieser kleine Sieg einer der größten war, einer, den niemand bemerken würde, außer dem Jungen und ihr. Dieser Sieg war mehr wert als jede andere Abschlussprüfung. Das strahlende Gesicht des Jungen hat sie nie vergessen.

Sollte ich meine Mutter mit drei Bestimmungen beschreiben, muss ich nicht lange überlegen: Sie war mitfühlend, stark und verständnisvoll. Sie war stets für die Emotionen anderer sensibilisiert und verfügte über den Willen, wirklich zu verstehen, was der andere meint und denkt und wie er handelt. Toleranz wäre für diese Eigenschaft das falsche Wort, Toleranz beruht auf Akzeptanz des Fremden, aber meine Mutter besaß einen analytischen Willen zum Verstehen und Begreifen. Und das unterschied sie von vielen anderen Menschen in meiner Umgebung.

Als ich mit Sack und Pack bei ihr vor der Tür stand, nachdem meine Ehe zerbrochen war, konnte sie zunächst nicht glauben, was ich ihr erzählte, wie sich mein Mann gerierte, wie er mich und die Kinder fertig machte. Bis dahin kannte sie nur Episoden unserer Ehe, jene, die ich ihr erzählt hatte, und meinen Mann eher als charmanten, gutwilligen, vorzeigbaren und akzeptablen Schwiegersohn. Und nun machte ich ihr Bild zunichte, kehrte es weg wie man Krümel vom Fußboden zusammenfegt. Als sie die vollständige Geschichte kannte, versuchte sie nicht, mich zu einer Rückkehr zu bewegen, so wie es viele Mütter tun, sondern sagte: »Egal, was du auch tust, wofür du dich entscheidest, ich werde dir immer beistehen, ich werde dir immer helfen.« Das liebte ich so sehr an meiner Mutter, dass sie zuhören konnte und verstand. Und dass ich sie immer an meiner Seite wusste. In der Schule bekam ich nicht immer die besten Zensuren, ich glaube, mein Vater schämte sich ein wenig dafür, aber meine Muttter und mein Vater ließen mich stets spüren, dass sie mich um meiner selbst willen lieben und nicht wegen der Leistung, die ich erbringe. Liebe gegen Leistung, ein solches Spiel kannte ich nicht. Die Liebe zwischen uns war ehrlich und bedingungslos.

Jahre zuvor stand ich schon einmal vor ihrer Tür, heulend und völlig verzweifelt. Zuerst haben Mama und ich die halbe Nacht geredet und dann gemeinsam auf der Couch im Wohnzimmer geschlafen. Damals war ich Ende zwanzig und es war lange her, dass meine Mutter und ich so eng beieinander gelegen hatten. Unser Verhältnis war immer innig, herzlich und körperlich. Aber diese physische Nähe, die uns im damaligen Moment umarmte, hatten wir lange nicht.

Ich war 19, als ich das erste Mal schwanger war. Ich wollte das Kind nicht, damals wollte ich frei sein und nie Kinder haben. Obwohl sich meine Mutter über die Schwangerschaft freute und alle Eventualitäten mit mir besprach, überredete sie mich nicht, es zu behalten. Mit einem weinenden Auge stimmte sie einer Abtreibung zu. »Es ist deine Entscheidung, es ist dein Leben«, sagte sie. Meinem Vater kam mein Entschluss, mich im Krankenhaus zum Abbruch zu melden, wohl eher entgegen. Ich sei zu jung für ein Kind, war nicht verheiratet und sollte erst das Leben kennen lernen, glaubte er. Festen Willens ging ich in die Klinik, doch bereits die Voruntersuchung bändigte mich. »Sie gehen jetzt ganz schnell nach Hause und werden dieses Kind bekommen«, sagte der untersuchende Arzt. »Sie sind zu jung, das ist zu gefährlich.« In seiner Entscheidung war er konsequent. Ich war empört: Ich war volljährig und voll im Bewusstsein meiner geistigen Kräfte. Warum ignorierte der Arzt meine Entscheidung, warum ging er über mich hinweg, ohne meine Not zu sehen? Heulend rannte ich nach Hause, meine Mutter tröstete mich und kramte schon in ihren Unterlagen nach der Telefonnummer eines befreundeten Gynäkologen an der Küste. »Ich ruf da mal an und frage, ob er das machen kann.« Als ich schließlich dort ankam und das zweite Mal gründlich untersucht wurde, war klar, dass ich dieses Kind bekommen werde, bekommen musste. »Du hast einen Knick in der Gebärmutter, die jede Ausschabung zum Risiko macht. Allein wegen deines jungen Alters kann auch ich diese OP nicht durchführen. Es ist zu riskant, weil die Gebärmutter beschädigt werden kann und du dein Leben lang kinderlos bleiben wirst.« Da war klar, dass der erste Arzt nicht fahrlässig, sondern äußerst verantwortungsbewusst gehandelt hatte.

Meine Mutter freute sich, als sie hörte, dass ich unverrichteter Dinge wieder zu Hause ankam. Also begann ich, mich auf das Kind einzustellen – und freundete mich mit dem Gedanken an, in Kürze Mutter zu sein. Mein damaliger Freund zog bei uns ein. Wir lebten zu viert in drei Zimmern, von denen eines ein Durchgangszimmer war. Später, als das Baby kam, war unsere Beziehung schon zerstört. Wir trennten uns in Freundschaft, und ich lernte einen neuen Mann kennen. Mit ihm zog ich zusammen, er nahm das halbjährige Baby als sein Kind an, wir heirateten, ich bekam meine zweite Tochter. Fortan lebten wir wie eine Familie, bei der äußerlich alles zum Besten bestellt ist. Doch das Glück währte nicht lange, mein Mann begann mich zu terrorisieren und mir die Schuld zu geben für all seine Versagensängste, für seine Missgeschicke, für seine Schwäche. »Du bist schuld, dass ich nicht schlafen kann«, hielt er mir vor. »Du bist schuld, dass ich zu spät komme, du bist schuld, dass es mir nicht gut geht.« Du bist schuld, du bist schuld. Aber ich war nicht schuld. Falls sich die Frage nach Schuld überhaupt stellen sollte, dann zielte die Antwort in die Richtung seiner Mutter. Sie hat aus ihrem Sohn einen Mann gemacht, der unfähig ist, seine Gefühle zu kontrollieren, sie hat ihn dazu getrieben, sein Leben nicht in der Hand zu halten, sondern nur Voyeur in seinem eigenen Dasein zu sein. Sie hat ihn gedrückt und nicht stark genug geliebt. Es war sein älterer Bruder, den die Mutter bevorzugte, dem Jüngeren blieb lediglich die Möglichkeit, nach Liebe zu lechzen und durch Auffälligkeiten aufzufallen. Seine Kindheit prägte sein Leben. Und die Ehe mit mir. Seinen stummen Schrei nach Anerkennung vermochte ich irgendwann nicht mehr zu beantworten. Was ich auch tat, was ich auch sagte, es erregte stets seinen Widerspruch. Doch nicht, weil ich mich gegen seine Auffassungen stellte, sondern des Prinzips wegen. Seine Kontradiktion war ein Zeichen seines Kampfes gegen mich. Was er einst mit seiner Mutter nicht austragen konnte, arbeitete er nun an mir ab. Jedes Wort drehte er mir im Munde um, wahrhaft miteinander reden konnten wir während der Krise kaum. Die Zeit und er waren ambivalent: Er war gefangen in seinem Selbst, er verachtete mich und raubte mir den letzten Glauben an ihn, aber er wollte mit mir leben. Er unterstellte mir schlimme Dinge, unter anderem, dass ich ihn bei jeder Gelegenheit betrüge. Aber ich tat es nicht, den Betrug vollzog er. Mehrere Male. Ich erinnere mich nicht mehr, wie ich reagierte, als ich es herausfand. Um den Betrug ging es mir letzten Endes auch gar nicht mehr, zu diesem Zeitpunkt war mein Vertrauen zu ihm längst geschwunden und meine Liebe erkaltet. Ich wollte nur noch weg von ihm und mit meinen Kindern allein leben. Es war ein erbärmlicher Kampf zwischen uns, vor Gericht, um die Kinder. Er machte mich klein, erniedrigte mich, auch vor den Mädchen, und setzte alles daran, mich klein zu kriegen. Er manipulierte die Kinder, baute in ihnen das Bild einer schlechten, hysterischen, krankhaften Mutter auf. Er arbeitete stetig und unermüdlich an dieser Oberfläche, bis sie ihm schließlich glaubten. Er besitzt die Gabe, Menschen unauffällig und subtil einzuspinnen wie in einen Kokon. Meine jüngere Tochter, damals sieben, wollte nach der Trennung bei ihm leben und wurde ihm zugesprochen, die große blieb bei mir. Damit begann ein jahrelanger Kampf, ein Kampf um meine Tochter, der erst heute, da meine Tochter selbst erwachsen ist, beendet wurde. Aber die Spuren haften noch deutlich an ihr und an uns, die Narben bleiben.

Ich glaubte, meine Tochter verloren zu haben. Aber ich brachte es nicht übers Herz, an ihr zu zerren und sie davon zu überzeugen, dass das Leben bei ihrem Vater ihr schaden würde. Eine Freundin stützte mich und sagte: »Hab Geduld, eines Tages kommt deine Tochter zu dir zurück.« Die Freundin hatte Recht, doch meine Tochter war gebrochen und zermürbt, hatte Erfahrungen mit Alkohol und war völlig irritiert. Sie flüchtete aus dem Haus ihres Vaters, mit Hilfe meiner älteren Tochter, ihres Freundes, meiner Mutter und mir. Ihr Freund war der Einzige, den mein Ex-Mann in seine Wohnung ließ. Ihm hat meine Tochter viel zu verdanken, er hat ihr die Kraft und die moralische Stärke gegeben, die sie benötigte, um diese Zeiten zu überstehen und das Haus ihres Vaters zu verlassen.

Als meine Tochter bei mir ankam, war sie schwach und sprachlos, meine Mutter und ich brauchten viel Zeit und Kraft, um sie aufzubauen. Wir arbeiteten täglich mit ihr, um ihr wieder Selbstvertrauen und Vertrauen zu vermitteln, um ihr zu zeigen, dass sie keine Furcht mehr haben muss, dass sie aufgehoben ist. Es war eine schwere Zeit, aber ich glaube, wir haben sie bewältigt.

Ohne meine Mutter hätte ich all das nicht geschafft. Ihre Liebe hat mich seelisch getragen und gehalten, sie hat mir Kraft und Zuversicht gegeben und mich in meinem Glauben an mich und meine Tochter bestärkt. Ohne die Gabe meiner Mutter, mich uneingeschränkt zu lieben, egal, was passiert, egal, mit wem ich gehe, egal, wie ich mich entscheide, ohne ihre ungesagte Botschaft, keine Bedingungen zu stellen und etwas für ihre Liebe zu verlangen, ohne diesen Teppich vorbehaltloser und unabhängiger Emotionalität und Anerkennung wäre ich wahrscheinlich nicht die geworden, die ich bin.

Ich war ein Wunschkind. Aber eine schwierige Schwangerschaft und komplizierte Geburt. Meine Mutter litt als Kind an Rachitis und hatte als Frau kein starkes, festes Becken, das mehrere Kinder getragen hätte. Selbst diese eine Schwangerschaft bedeutete dauerhafte ärztliche Kontrolle. Unter permanenter medizinischer Obhut wuchs ich im Mutterleib heran, mit wissenschaftlicher Begleitung wurde ich geboren. Von Beginn an herrschte zwischen meiner Mutter und mir eine stumme Übereinkunft, ein vollkommenes Verständnis, so als wäre es im Mutterleib geschlossen worden. Sie schenkte mir das Beste, was sie hatte.

Meine Eltern haben immer an mich geglaubt. Im Gegensatz zu anderen Kindern kannte ich keine Angst vor meinen Eltern, nicht, wenn ich schlechte Zensuren nach Hause brachte, nicht, wenn ich einen Tadel oder einen Eintrag vorweisen musste, nicht, wenn mir etwas in der Küche zerbrach. Nur einmal wagte ich es nicht, ihnen mein Zeugnis zu zeigen. Die Zensuren meines Abiturs waren alles andere als ein Zeichen von Fleiß und Ausdauer, sie verdeutlichten eher das, was meine Eltern und ich ohnehin längst wussten: Ich besaß keinen Ehrgeiz. Das Zeugnis wollte ich ihnen nicht aus Angst nicht zeigen, aus Furcht vor Tadel und Schelte, sondern weil ich mich schämte und dachte: Sie haben etwas Besseres verdient, sie sollten stolz sein auf ihre Tochter, denn ich bin auch stolz auf meine Eltern. Und dankbar. Statt ihnen mein Gefühl so ehrlich und offenherzig zu offenbaren, schlug ich eine schnippische Sprache an: »Seid froh, dass ich euch das Ding nicht zeige.« Und behielt das Papier unter Verschluss. Meine Eltern drängelten und erpressten mich nicht, sie drohten nicht, es sich ungefragt nehmen zu dürfen, sie akzeptierten meine kategorische Ablehnung. Nichtsdestotrotz wollten sie erfahren, mit welchen Zensuren ihre Tochter das Abitur bestanden hatte. Mein Vater rief in der Schule an und fragte dort nach. Welche Schamesröte muss ihm wohl zu Kopf gestiegen sein, als er am Telefon sagte, seine Tochter enthalte ihm ihr Zeugnis vor und er würde gern auf diesem Weg erfahren, wie sie abgeschlossen hat.

Gesehen hat mein Vater das Original nie. Meiner Mutter habe ich es eines Tages gezeigt. Meine ältere Tochter kam voller Stolz mit ihrem Abitur-Zeugnis nach Hause und ich sagte: »Zeig es doch mal Oma.« Sie ging los, war aber nach einer halben Stunde wieder da. »Na, was hat Oma gesagt?«, fragte ich. Völlig empört antwortete sie: »Oma hat gemeint, sie habe *dein* Abiturzeugnis noch nie gesehen.« »Stimmt«, entgegnete ich. »Das können wir ganz schnell ändern, heute ist ein guter Anlass.« Ich kramte in meinen Unterlagen und zog das Streitstück hervor. Wenige Minuten später stand ich vor meiner Mutter, wie ein Schulmädchen, das ihre ersten Zensuren zeigt. Ich habe den Moment genossen wie die ersten Sonnenstrahlen im Frühling, sogar als meine Mutter sagte: »Das ist ja wirklich nicht beeindruckend.« »Nun weißt du, warum ich es dir vorenthalten habe.«

Entgegen jeglicher Konvention und jeder Moralvorgabe stellten sie sich vor ihre Tochter. Von Anfang an betrachteten mich meine Eltern als einen vollwertigen Menschen, der alle Rechte genießt und in seinem Ganzen zu sehen ist. Andere Eltern meinten, Kinder haben sich zu fügen, allein aus der Tatsache heraus, dass sie Kinder sind und daher nicht vollständig. Erst wenn sie größer und erwachsen sind, würden ihnen jene Rechte zugesprochen, die den Eltern gehören.

Diese Liebe, diese Vollständigkeit und diese Akzeptanz haben mich immer getragen. Und sie haben in mir unter anderem die Grundlage gelegt, als Mutter selbst wie eine Löwin um meine Kinder zu kämpfen.

Die Vollständigkeit, die ich als Kind stets gespürt habe, bedeutete indes nicht, dass mir alles erlaubt wurde und ich eine verzogene Göre war. Ebenso gab es Streit und heftige Auseinandersetzungen. Auch wenn meine Mutter mir all ihre Zuneigung schenkte, sie dachte auch stets an ihr eigenes Glück, sie opferte sich mir nicht. Sie liebte ihren Beruf und engagierte sich, sie tobte, wenn sie mein Zimmer sah. Einmal stopfte ich meine Sachen, die überall in der Wohnung verstreut lagen, ordnungslos und zerknüllt in meinen Schrank. Meine Mutter fand diese Liederlichkeit und fegte sie mit einer einzigen Armbewegung aus den Schrankfächern. Ich stand da und heulte, weil ich wusste, was das bedeutete: erbarmungsloses Aufräumen. Mein Vater reagierte anders. Wortlos sammelte er von der Couch im Wohnzimmer, von den Sesseln, vom Fußboden in der Küche und den Ecken im Flur meine Kleider zusammen und legte sie auf mein Bett. Was meine Mutter an Rage und Ausbruch in sich trug, pflegte mein Vater an Ruhe und Gleichmaß.

Als er starb, entstanden tiefe Risse in unseren Seelen. Papas Tod schmiedete Mama und mich noch stärker zusammen. Ein Herzinfarkt riss ihn aus dem Leben. Ich stand in der Küche, da kam der Anruf. Meine Mutter sagte: »Nina, komm schnell, Papa hat sich heute vormittag ins Bett gelegt und sagt seitdem nichts mehr.« Als ich vor der Tür meiner Eltern ankam, war er schon im Krankenhaus. Am nächsten Tag war er tot. Ein Arzt teilte mir das mit, und ich fragte ihn, ob ich meinen Vater noch einmal sehen dürfe. Das ginge jetzt nicht, sagte der Arzt. Doch ich bestand darauf, von Angesicht zu Angesicht von meinem Vater Abschied nehmen zu dürfen und ihn noch einmal zu berühren. Ich habe ein Foto von ihm gemacht, wie er in dem weißen Krankenhausbett liegt, fahl und grau im Gesicht und die Augen geschlossen. Und doch drückte sein toter Körper etwas Lebendiges aus, etwas, das uns zu verstehen gab: Es geht auch ohne mich weiter, ihr müsst es nur wollen. Und ihr schafft es.

Den Film habe ich viele Jahre in die letzte Ecke in einem Schrank geräumt. Ihn zu entwickeln hieße, meinen Vater noch einmal sterben zu lassen. Diesmal wahrhaftig. Als unentwickelte Filmdose lebte er für mich weiter. Ohne den Blick auf seine Totenmaske ging er in der elterlichen Wohnung weiter ein und aus, saß in seinem Sessel und sprach mit uns. »Du musst trauern, Nina. Du musst endlich um ihn trauern«, sagte meine Mutter einige Jahre später. »Meinst du nicht, dass es an der Zeit ist, den Film zu entwickeln?« Mein Leiden an seinem Tod drückte ich all die Jahre über weg, vergrub es irgendwo neben der unangetasteten Filmdose im letzten Winkel meiner Wohnung und meiner Seele. Ich sperrte mich gegen den Tod wie ein kleines, verbocktes Kind, das nicht wahrhaben will, dass sein Lieblingsspielzeug entzweigegangen ist.

Drei Wochen nach Papas Tod blieben meine Mutter und ich zusammen. Gemeinsam suchten wir das Beerdigungsinstitut und die Totenwäsche aus, setzten die Anzeige für die Zeitung und die Begräbnisgäste auf und schrieben die notwendigen Briefe. Meine Mutter versuchte pragmatisch zu handeln, aber es gelang ihr kaum. Ich nahm ihr die Schwere ab, soweit ich dazu in der Lage war. Wahrscheinlich war es für mich leichter, weil ich mich gegen meine eigene Trauer versicherte.

Als meine Mutter starb, starb nicht nur sie, sondern auch mein Vater. Für mich. Mit ihr trug ich endlich auch ihn zu Grabe. Ich verabschiedete mich von beiden, indem ich meine Mutter beerdigte. Diesmal genehmigte ich mir Trauer. Ich erlaubte sie mir, wie man sich nach einer langen Fastenkur glaubt, ein Eis gestatten zu dürfen. Indem ich die Wohnung meiner Mutter ausräumte, leistete ich Trauerarbeit. Ich ließ mir Zeit damit, verbrachte Wochen lang täglich in ihrer Wohnung, die zwar leer war ohne sie, aber mit vollen Schränken, Kommoden, Anrichten, Nachtschränkchen. Oft waren meine Töchter bei mir. Mal stieß ich auf eine Schublade mit Mützen, Schals und Tüchern, dann fand ich einen Stapel voller Akten, Fotos und alter Zeitungen. Manchmal hockte ich auf dem Boden, vor mir breitete sich ihre Vergangenheit in Wolle, Leder und Papier aus. Meine Mutter bewahrte viele Dinge auf, die in ihrem Leben eine Rolle gespielt hatten. Warum nur hortete sie sie all die Jahre über?, fragte ich mich. Warum schlich sie sich aus der Verantwortung, die sie mir jetzt übertrug? Nun saß ich vor Mamas Vergangenheit und sollte entscheiden, was lohnte aufzuheben und was in den Sack der Geschichte wandern durfte. Viel lieber hätte ich mit ihr gemeinsam geräumt. Sie machte es mir nicht leicht, nicht willentlich, sie hatte schon einige Wochen vor ihrem Tod mit dem Aufräumen und Entsorgen begonnen. Aber auch ich machte es mir nicht leicht. Statt einfach die wichtigsten Sachen zu nehmen und alles andere der Haushaltsauflösung zu überlassen, drehte und wendete ich jedes Stück mehrfach in meinen Hände und wog ab: Ja oder Nein.

Ich ließ mir drei Monate Zeit. Dann hatte ich mich für das Lieblingskleid meiner Mutter entschieden, ein grünes Taftkleid, das sie in ihrer Jugend trug, sowie ein dazu passendes Bolero-Jäckchen. Ich überlegte, mir ein Ungetüm von Anrichte in meine kleine Wohnung zu wuchten. Nur weil ich wusste, dass sie meine Mutter sehr gemocht hatte. Letztlich entschied ich mich für drei kleine Schränkchen. Außerdem hob ich das Lieblingsjackett meines Vaters auf, sein Lieblingshemd, die dazugehörende Krawatte und seinen Ledermantel. Meine Mutter hatte sie als einzige Kleidungsstücke nach dem Tod meines Vaters aufgehoben. Als ich sie fand, war ich glücklich darüber. Eine Zeit lang hängte ich die Kleidungsstücke in meinem Flur auf. Das Kleid meiner Mutter trug ich bisher einmal auf einer Fünfziger-Jahre-Party. Auch meine Töchter nahmen sich Kleidungs- und kleinere Möbelstücke und Hausrat mit.

Manchmal höre ich Mutters Stimme, die zu mir spricht: »Trenn dich von dem ganzen Müll.« Dann raffe ich mich auf und wage einen Versuch. Doch bevor dieser ernst zu werden droht, ziehe ich meinen Mut wieder zurück und lege alles an seinen alten Platz. Es gibt eine Kiste, die beabsichtige ich schon seit ihrem Tod vor drei Jahren zu untersuchen und Wichtiges von Unwichtigem zu trennen. Doch jedes Mal, wenn ich die Kiste aufklappe und ein flüchtiger Blick hineindringt, schlage ich sie sofort wieder zu und denke: Nein, lieber nicht, jetzt noch nicht, dazu bin ich noch nicht bereit.

Aufgehoben habe ich auch eine Kassette, die mir ein Geheimnis anvertraut. Ein Geheimnis, das meine Mutter ihr Leben lang hütete, das sie quälte und in den Nächten wahrscheinlich fast umbrachte. Ein Geheimnis, das sie in ihrer frühesten Jugend in sich eingeschlossen hat. Bis auf meinen Vater wusste niemand davon. Ich habe es erst kurz vor ihrem Tod erfahren.

Die Eltern meiner Mutter waren Flüchtlinge. Sie wurden aus dem Gebiet vertrieben, das später Polen wurde. Dort hatten sie ein Haus gebaut und dieses gerade bezahlt. Sie hatten unendlich schwer dafür gearbeitet, Papiere bewiesen, dass ihnen das Haus und der Grund rechtmäßig gehörten. Sie hatten das Haus gerade abgezahlt, da kamen die Russen. Meine Großeltern mussten das Land in Richtung Westen verlassen. Mit einem Handwagen, der nicht mehr fasste als das Nötigste, brachen sie auf. Auf dem Gepäck die alte, kranke Großmutter, die sich kaum mehr bewegen konnte und vor Schmerzen jammerte. Sie litt an offenen Beinen und das Laufen fiel ihr schwer. Aber sie wollte niemandem zur Last fallen und bat darum, sie sterben zu lassen. Die Wege über Land waren für sie beschwerlich und unerträglich. Im Flüchtlingstrack gab es eine Ärztin, und als die Großmutter immer wieder sagte, sie wolle sterben, bat ihre Tochter die Ärztin um Hilfe. Sie verhandelten und wurden sich einig: der Handwagen gegen Morphium. Mit einer Überdosis schlief sich die alte Frau selig in den Tod. In einer Scheune im Kreise ihrer Familie, die um sie herum saß. Meine Mutter war ein junges Mädchen. Sie sah, wie ihre Großmutter starb, sie wusste, dass sie in den Tod ging, weil die Familie »geholfen« hatte. »Bin ich eine Mörderin?«, fragte sie sich. Ihr Leben lang. Und sie fragte mich: »Hätte ich die Todesspritze nicht zulassen dürfen?« Ich weiß nicht, ob dieses Erlebnis den Grundstein für ihre Moral, ihr Verständnis und ihre Toleranz legte. Aber ich weiß, dass diese Erfahrung ihr Leben grundlegend prägte, dass sie sich bei allem, was sie später tat, stets fragte, ob es wirklich richtig sei. Sie war Maßstab für Güte und Verständnis.

Sie hätte eine gebrochene Frau werden können, so wie viele Frauen, die vor und während des Krieges geboren wurden. Ihr »erster Mann« war ein Russe. Er vergewaltigte sie, vergewaltigte ihre Mutter, sogar die alte, kranke Großmutter, er vergewaltigte alle Frauen, die sich in der näheren Umgebung befanden. Keine dieser Frauen konnte sich der Gewalt und Brachialität dieses

Mannes, der Männer im Allgemeinen damals, entziehen. Sie waren ihnen ausgeliefert wie schutzlose Kinder. An meiner Mutter muss der Russe wohl besonderen Gefallen gefunden haben, er nahm sie sich nicht nur, wann er wollte, er verschleppte sie.

Meine Mutter konnte über diese Erlebnisse nicht sprechen. Deshalb hat sie sie in sich bewahrt und niemanden dorthin vordringen lassen. Bis auf meinen Vater, dem sie alles anvertraute und dem sie das Recht zugestand, das Schlimmste in ihrem Leben zu erfahren. Mir erzählte sie es kurz vor ihrem Tod, weil sie wollte, dass ich auch dieses Stück ihrer Biographie kenne. Ich fragte sie, ob sie wolle, dass auch ihre Enkeltöchter davon erfuhren. »Ja«, antwortete sie, »aber erst nach meinem Tod.« »Ich möchte, dass sie es von dir erfahren«, erwiderte ich. Und kam auf die Idee mit der Kassette. Sie erzählte die Geschichte noch einmal, diesmal nahm ich sie auf. Die Kassette, die die Jugend und das frühe Erwachsensein meiner Mutter offenbart, ist das Äußerste, was meine Mutter mit diesem Teil ihrer Geschichte zu verhandeln vermochte. Es ging nicht darum, dass ihre Tochter es nie erfuhr, sie trug ihr Schicksal nur nicht wie ein Schild vor sich her. An eine tiefe Erschütterung wird niemand gern erinnert. Vor allem nicht mit Fragen. Mit Fragen von anderen. Kurz vor ihrem Tod indes ließ sie die Fragen zu, weil sie mit diesem Geheimnis nicht in den Tod gehen wollte. Und weil sie es ihrer Tochter nicht vorenthalten wollte.

Meine Mutter war eine starke Frau. Weil sie intensiv und zäh war, vermochte sie, an ihrem Schicksal nicht zugrunde zu gehen, sondern es bewusst zu nutzen: für sich, für ihre Familie, für ihren Beruf. Für ihre Tochter. Sie hat mich auch in meiner Weiblichkeit geprägt und aus mir eine Frau gemacht, die mit Selbstbewusstsein und Selbstachtung durchs Leben geht. Ihr selbst ist das vermutlich nie in diesem Maße bewusst gewesen, wir haben nie darüber gesprochen. Ich bin glücklich und dankbar, diese Frau als Mutter gehabt zu haben. Sie hat mich die Hälfte meines Lebens begleitet, die andere Hälfte muss ich allein gehen.

Aber ich trage sie stets bei mir wie ein Medaillon um meinen Hals. Manchmal rede ich mit ihr und frage sie um Rat. Ein anderes Mal schaue ich zu ihrem Fenster hinauf, wenn ich an ihrem Haus vorbeilaufe. Dann spüre ich: Sie ist hier, nur hat sie sich versteckt, aber sie ist da. Sie ist auch im Tod lebendiger als manche Lebende.

SIE IST SO PERFEKT

Sylvia D. schaute jahrelang zu ihrer Karriere-Mutter auf

Ihre Briefe veränderten unser Verhältnis grundlegend. Zwei Briefe, die meine Mutter an mich schrieb. Die heute vier Jahre alt sind und doch so aktuell, als wären sie gestern erst aufgesetzt worden. Die Worte meiner Mutter sind nachhaltig und entwickeln sich immer wieder neu. In regelmäßigen Abständen lese ich sie und stelle mit Erstaunen erneut fest, was ich längst weiß: Meine Mutter ist eine kluge, eine schneidige Frau, die ihren Weg gegangen ist, ohne mit der Wimper zu zucken. In ihren Briefen versucht sie, mir etwas von ihrer Geradlinigkeit abzugeben, mir zu erklären, was gut für mich ist, ohne mich zu bevormunden und ohne mich unter Druck zu setzen. Meine Mutter ist Rationalität und Intellekt. Und beherrschte Gefühle. Meine Mutter ist Karriere. Sie schrieb die Briefe in einer Zeit, in der ich nicht wusste, wohin mit meiner Verzweiflung, was tun mit meiner Unzufriedenheit, wie umgehen mit meinem Anspruch, ebenso perfekt zu sein wie sie. Aber mit dem Wissen, es nie zu sein.

Die Briefe waren sachlich, aber überaus klar und scharf. »Frauen haben viele Hürden zu meistern«, schrieb sie. »Betrachte dich und entsinne dich deiner Erfolge. Sieh, was du alles geschafft hast. Das ist nicht wenig. Brauchst du wirklich einen Mann, um mit dir zufrieden zu sein? Frage dich das, wenn du wieder einmal zweifelst. Viele Eheleute tragen eine Fassade vor sich her, die nur schwer durchscheinen lässt, was tatsächlich dahinter steckt. Ist es nicht wichtiger, den Kindern ein Zuhause zu geben, solange sie es brauchen?« Sie versuchte Kraft in mich zu pumpen: »Trotze dieser Gesellschaft so viel wie möglich. Aber vor allem pass auf dich auf, pflege deinen Körper und erhalte deine Gesundheit. Treibe Sport, geh ins Kino und ins Theater, pflege Freundschaften und gute Gespräche. Umgib dich nie mit Dummheit und Geschmacklosigkeit. Du besitzt Stil, Stärke und Durchsetzungsvermögen, mach dich nicht klein. Verlass dich auf dich selbst. Und: Sei freundlich und versuche, deine Widersprüchlichkeiten zu glätten. Beherrsche dich!«

Bis vor kurzem erzeugten die Briefe in mir tiefen Respekt, weil ich selbst als Erwachsene das Gefühl nicht verlor, ständig in Angst vor meiner Mutter zu leben. Nicht so wie Kinder, die sich vor ihren Eltern fürchten, weil diese prügeln und autoritär sind. Meine Mutter hat mich nie geschlagen, sie war nie dominant. Ich lebte in Angst vor ihr, weil sie Schärfe, Durchsetzungskraft und Klugheit verkörperte. In einer Form, die absolut perfekt ist. Mir absolut perfekt erschien. Meine Mutter war ein Synonym für Vorbild. So wie sie wollte auch ich sein. Meine Mutter war der Maßstab für all mein Handeln, war Vorgabe für meine Biographie. Meine Mutter war mein Ziel.

Das ich nie erreichte. Und heute nicht mehr erreichen will. Ich habe ein anderes Ufer gefunden: Mich selbst. Mit 41 Jahren begann ich, mich endlich so anzunehmen, wie ich bin, und zuzulassen, wie ich mich wirklich fühle. Mit 41 Jahren trat ich eine Reise zu meinem Ich an. Auf dem Weg dorthin kramte ich oft die Briefe meiner Mutter hervor und versuchte immer wieder von neuem, ein weiteres Detail ihrer Botschaften zu entschlüsseln. Manchmal fand ich eines, auf den ersten Blick scheinbar belanglos. Sie benutzte Formulierungen wie »Der Mensch existiert und lebt als Doppelnatur« oder »Männer besitzen andere Denkmuster«, »Dein Weg ist Autonomie«.

Manchmal fand ich kein neues Detail. Eine Erkenntnis jedoch bestätigte sich mit jedem Lesen erneut: Meine Mutter ist eine großartige, bewundernswerte Frau. Sie hat es vermocht, über ihren Schatten zu springen und sich selbst zurückzunehmen –

trotz ihrer Leistung und ihrer Karriere. Nie hat sie mir bewusst das Gefühl vermittelt, ich würde ihren Anforderungen nicht genügen und nicht diejenige sein, die sie sich immer gewünscht hatte. Es war eher eine undefinierbare Regung, die mich von klein auf erfasst hatte. Ich verglich mich mit meinem Bruder, der eine ähnliche Perfektion wie meine Mutter an den Tag legte. Von uns beiden war er das Musterkind, er setzte den Karriereweg fort, den meine Mutter begann. Mein Bruder studierte nicht nur Physik, sondern sogar im Ausland. Heute jedoch schlägt er sich wie viele Naturwissenschaftler mit wenig anspruchvollen Jobs und viel Disziplin durchs Leben. Mein Bruder war mit analytischem Verstand und Fleiß ausgestattet, er war zielstrebig und konsequent. Mein Bruder bestätigte meine Eltern. Ich widersprach ihren Vorstellungen gänzlich.

Ich war und bin temperamentvoll und führe ein Leben in Gegensätzen. Ich bevorzuge es nicht, aber es ist mir gegeben wie anderen das Talent zum Singen. Ich habe es nie geschafft, die Gegensätze in mir zu glätten oder gar zu beherrschen, ich muss sie ausleben und vermutlich bis an mein Lebensende ertragen. Ich spiele gern und fühle mich wohl inmitten von Gruppen, die Spaß an mir haben und Freude an dem, was ich ihnen vorsetze. Mein Fach ist die komische Alte. Meine Fassade sind Ausgelassenheit und Witz. Aber ich bin tiefgründiger, vielfältiger und vor allem zwiespältiger: himmelhoch jauchzend, zu Tode betrübt.

Mein unausgeglichenes Wesen bereitete meinen Eltern Schwierigkeiten, sie konnten nicht mit ihm, nicht mit mir umgehen. Sie waren überfordert von meiner Widersprüchlichkeit und meinem Chaos, es passte nicht in ihre Welt der Konsequenz und Akkuratesse. Meine Mutter war Ärztin und mein Vater Wirtschaftswissenschaftler. Beide einst in exponierten Stellungen und mit vorbildlichen Zeugnissen. Meine Mutter war Psychiaterin, in den sechziger Jahren ein Beruf, in den kaum eine Frau vordrang. Meine Mutter schaffte es und übergab ihr Leben ihren Patienten.

Sie arbeitete in einer Klinik in einer mittelgroßen Stadt, in der es drei Psychiater gab, die für dreihundert Patienten zuständig waren. Zu Beginn der sechziger Jahre ging es im psychiatrischen Bereich um die Umgestaltung von »Aufbewahrungsanstalten« für geistig behinderte Menschen in Kliniken mit humanistischem Anspruch. Die Patienten sollten leben und nicht nur aufbewahrt werden. In den Häusern wurden die Gitter von den Fenstern entfernt, neue Medikamente angewendet und die Selbstständigkeit und Eigenverantwortlichkeit der Kranken gefördert. Sie sollten nicht mehr weggeschlossen und verwaltet werden, sondern sich frei bewegen können. Auch die Außenwelt sollte sehen, dass es geistig Behinderte gibt. Für meine Mutter hieß das, ständige Präsenz, dauerhafter Einsatz. Ein Kind, eine Familie waren in diesem Job fehl am Platze, gefragt war Flexibilität. Mein Vater war kaum zu Hause. So wurde ich in eine Pflegefamilie gegeben, als ich ein Jahr alt war. In dieser Familie gab es bereits drei Kinder, ich wurde das vierte. Mein Bruder wuchs bei meiner Großmutter auf.

Für die nächsten Jahre hatte ich zwei Mütter, eine leibliche, die ich hin und wieder an den Wochenenden sah, und eine zunächst fremde, die mir im Laufe der Jahre vertraut wurde, als hätte es sie schon immer in meinem Leben gegeben. Meine zweite Familie hieß ein normaler, geregelter Alltag mit Krach und Konkurrenz, mit Lachen, Liebe, Launenhaftigkeit. Mit einem Mal hatte ich nicht nur einen Bruder, sondern drei weitere Geschwister. Als Kind hatte ich nie das Gefühl der Verlassenheit, des Verlassenwordenseins von meiner Mutter. Ebenso wenig wie das Gefühl, von einer Frau zur anderen geschubst zu werden. Als Kind dachte ich über meine Situation nicht nach, auch später nicht, als ich erwachsen wurde und mir das Ausmaß des einstigen Geschehens hätte klar sein müssen. Diese Gedanken verschloss ich, räumte sie weit weg wie einen Gegenstand, den man nicht berühren möchte, aus Angst, er könne Funken sprühen oder Stacheln ausfahren. Vermutlich tat ich es intuitiv, da mich die Gewissheit streifte, dass diese Wahrheit weh tun könnte. Es war, wie es war, beruhigte ich mich. Es hat mir nicht geschadet, versicherte ich mir. Erst heute mit über 40, in einer Zeit, die mir Nähe zu meiner Mutter erlaubt, gestatte ich mir den Schmerz, den diese Trennung hinterließ. Eine Mutter, die ihre Kinder wegen der eigenen Karriere aufgibt, hinterlässt Bitternis und Traurigkeit.

Dass ich dieses Gefühl ertragen musste, werfe ich ihr nicht vor. Früher tat ich es aus Angst nicht, aus der beklemmenden Furcht heraus, die Fassade, die meine Mutter aufgebaut hat, könnte Risse bekommen. Ich aber wollte meine Mutter ohne Falten und glatt und ebenmäßig haben, so, wie ich sie immer sah. Heute sehe ich ihr aus Verständnis nach, dass sie mich weggab: Damals konnte sie nicht anders handeln. Sie wurde gerufen, und ist gegangen. Alles hat seinen Preis, vor allem die Karriere einer Frau. Heute gesellt sich zu meinem Begreifen des Geschehens auch das Gefühl der Liebe. Liebe zu meiner Mutter. Allein deswegen vermag ich nicht, sie zu beschuldigen, sie hätte etwas Falsches getan.

Selbst in der damals äußerst schwierigen Situation bewies meine Mutter Stärke und Großartigkeit. Als ich bei meiner Pflegefamilie wieder auszog und zu meinen Eltern zurückkehrte, sammelte meine Pflegemutter all meine Sachen und Spielzeuge zusammen und trug sie ins Auto meiner Eltern. An einem Sonntag im Herbst holten sie mich ab. Ich stand dabei und beobachtete das Geschehen, das mich betraf und mich wenig rührte, weil es wie in einem Film an mir vorüber lief. Erst als mein Vater mein Bettzeug in den Kofferraum stopfte, riss der Film und mich sprang mein eigenes Leben an. In diesem Moment begriff ich, dass ich das eine Dasein verlassen und in ein neues einsteigen sollte. Aber das wollte ich nicht, ich wollte in meinem jetzigen bleiben. Ich begann wie verrückt zu heulen, es war eine dramatische Szene. Meine Mutter begriff in Windeseile die Lage, so wie sie immer in Sekunden erfasste, was los war, griff nach dem Bettzeug und trug es wieder ins Haus meiner Pflegeeltern zurück. »Du musst nicht weinen, Sylvi. Jetzt machen wir es einfach umgekehrt. An den Wochenenden kommst du her, und in der Woche bist du bei uns. Alles bleibt so, wie es ist, nur dass es jetzt anders rum ist«, sagte sie. Meine Pflegemutter nickte beklommen. Sie hatte mich als viertes Kind angenommen, an einem Frühlingstag vor fünf Jahren, und sollte mich an einem Herbstsonntag wieder abgeben. So einfach der Vorschlag meiner Mutter daherkam, so genial war er. Die beiden Frauen hatten sich nicht abgesprochen, es war eine spontane Reaktion, die die Erschütterung eines kleinen Mädchens auffing und wie einen Wattebausch wegpustete.

Ich weiß nicht, ob und wie stark meine Mutter damals Schuld fühlte, Schuld mir gegenüber, ihrer Tochter, für die sie nicht in dem Maße da war, wie es eine Mutter sein sollte. Wir haben nie darüber gesprochen, die Trennung scheint ein Tabu zu sein, an dem noch keine von uns beiden zu rütteln wagte. Meiner Mutter ist nicht klar, wie stark ich sie in einen Stand erhob, sie glorifizierte und zu einer Person machte, die mir als makel- und fehlerlos erschien.

Ich stand stets hinter ihr, nie werde ich an sie heranreichen. Das redete ich mir ein, das produzierte ich selbst. So klaffte ein tiefer Graben zwischen uns. Er war nicht abgrundtief, aber hatte eine Dimension, die wir mit den Oberflächlichkeiten, die wir damals pflegten, nicht zu überspringen vermochten. Wir bewegten uns in Fakten, Handlungen und Vorgaben. Spürbare Nähe oder gar Geheimnisse, wie sie nur Mutter und Tochter miteinander teilen, sausten irgendwo durchs Universum. Vor vier Jahren jedoch versuchte meine Mutter, nach dem Universum zu greifen – und streifte mögliche Nähe. Sie tat den viel gerühmten ersten Schritt – eher unbewusst als berechnet – und öffnete sich. Von ihrem ersten Brief bis zu der tiefen Vertrautheit, die wir jetzt besitzen, dauerte es nur wenige Wochen.

Im Laufe dieser Zeit begriff ich, wie sehr ich das Bild meiner Mutter an die Bilder meiner Männer geknüpft hatte. Meine Männer waren der Grund, warum ich uns als Tochter und Mutter keine Chance gab, warum ich meine Mutter nicht von ihrem Sockel stieß und mich als gleichwertige Person betrachtete.

Meinen ersten Mann wählte ich, weil ich glaubte, er sei das, was meine Eltern wollen. Und weil er mich von ihnen wegführte. Er war sieben Jahre älter als ich und bei der Marine. Auf den ersten Blick und mit dem Wissen um seinen Offiziersstand gibt er einen gesunden, geraden und gestandenen Mann ab. Doch schon der zweite, leicht verschämte Blick offenbart, dass dieser Mann alles andere als stark und allmächtig ist, sondern schwach und hilfsbedürftig. Anfänglich war ich verliebt in diesen Mann und glaubte daran, dass er mich rettet. Vor mir und meinen Eltern. Ich wurde getrieben von dem Gefühl, meine Eltern lehnten mich ab und wollten mich nicht mehr bei sich wissen. Ich glaubte, ich tue allen einen Gefallen, wenn ich diesen Mann heirate. Meinen Eltern, denn dann verschwinde ich aus ihrem Blickfeld und biete ihnen darüber hinaus jemanden, der ihnen und ihrem Anspruch gerecht wird. Mir selbst, um mein Gefühl der Minderwertigkeit abzustreifen und ein neues, ein eigenes Leben zu beginnen. Und diesem Mann, der mit mir den Beistand heiratet, den er dringend nötig hat. Ich konnte mir die nächsten Jahre an der Seite dieses Mannes ausrechnen, ich sah unsere Wohnung, unsere Kinder, unseren Alltag vor mir. Im Grunde ahnte mein Unterbewusstsein bereits damals, Wochen vor der Hochzeit, dass meine Entscheidung und mein Glaube an meinen Entschluss falsch sind, dass ich mich selbst belüge. Aber ich hielt daran fest und wollte den Beweis dafür.

Wir bekamen ein Kind, und mein Mann ging ins Ausland. Etwas später zog ich hinterher und war als 24-Jährige Hausfrau und Mutter wider Willen. Es war eine Zeit wie in einem anderen Leben, als gehörte ich nicht dazu. Ich stand jeden Tag auf, kümmerte mich ums Kind, kaufte ein, sorgte. Aber ich lebte nicht, sondern verbrachte meine Zeit. Ich brachte sie rum.

Meine Mutter sah, dass diese Ehe nicht gut gehen konnte, nicht gut ging. Aber sie bewahrte auch hier strengste Contenance – und schwieg. Sie blieb stets zurückhaltend und freundlich und beschränkte sich auf eine Sachlichkeit, die mir erneut größte Hochachtung abrang. Die Handlungen anderer Menschen akzeptiert und toleriert sie, nie würde sie darüber urteilen. Darin sieht sie die Unantastbarkeit jeder Person, mit ihrem Recht auf Eigenständigkeit und Individualität. Ich litt an dieser Ehe, an der Einsamkeit, an der Stadt, in die ich durch den Beruf meines Mannes verbannt war. Ich litt an der geistigen Öde und an meinem Warten auf eine Änderung der Situation. Aber ich wollte diese Ehe nicht aufgeben, wollte an sie glauben und an ihr festhalten, weil ich meinte, sie sei richtig für mich, sie bedeute das Heil. Und ich dürfte mich nicht aus ihr lösen, weil ich dann in den Augen meiner Eltern, meiner Mutter als Verliererin, als Versagerin dastehen würde. Also hielt ich still und stand – und wurde zum zweiten Mal schwanger. Mit einem Kind wird alles besser, redete ich mir ein. Ein zweites Kind rettet uns und lässt uns einen anderen Hafen ansteuern, einen, in dem auch ich gern vor Anker gehe. Mit einem zweiten Kind habe ich eine neue Aufgabe und bin nicht mehr der Versuchung erlegen, in allem nur Negatives zu sehen. Doch wie ich mich schon mit der Heirat belog, belog ich mich mit diesem Kind. Es machte alles nur noch schlimmer.

So schlimm, dass ich nach Hause zurückkehrte und mich fortan als allein erziehende Mutter durchschlug. Mein Mann blieb im Ausland, bei seinem Beruf, bei seiner Selbstverständlichkeit. Ich suchte mir eine Wohnung, einen Job und Ruhe. In dieses Gefühl von Leere drang Mike, mein jetziger Mann. Wir kannten uns über meinen ersten Mann, er war Mikes Vorgesetzter. Einmal brachte er ihn Weihnachten mit nach Hause, stellte ihn mir als seinen Kollegen vor und wir verbrachten einen unterhaltsamen

Abend miteinander. Offensichtlich sah Mike schon damals in mir mehr, als es uns erlaubt war. Ich bemerkte es nicht oder wollte es nicht bemerken. Als er mich das erste Mal besuchte, nachdem ich aus dem Ausland mit zwei Kindern zurückgekehrt war, war ich überrascht. Was will dieser Mann von mir? Was sucht in er in mir, das ihm nicht auch andere Frauen geben könnten? Aber jede Abwechslung, jeder Kontakt waren mir recht. Doch es brauchte nur wenige Treffen, bis ich spürte, dass ich in diesem Mann jemanden getroffen hatte, der die gleiche Sehnsucht in sich trägt wie ich, der mir einen Spiegel vorhält, der meine Seele offenlegt. In ihm stieß ich auf mich selbst. Aus einer zunächst flüchtigen Affäre wuchs rasch eine Beziehung, die mein bisheriges Leben völlig in Frage stellte. Wie sollte ich aus einer Ehe ausbrechen, der ich mich verschworen hatte? Wie kann ich einen Mann in mein Leben lassen, der mit meinem Mann zu tun hat? Was richte ich in meinen Kindern an, wenn ich ihnen den Vater nehme? Ich fühlte mich zerrissen – und reichte die Scheidung ein. Ich plante ein neues Leben. Eines mit Mike.

War ich allein mit mir und meinen Gedanken, erschien mir alles durchsichtig – trotz der Wirrungen und Irrungen. Ich glaubte, eine Orientierung gefunden zu haben und war froh darüber. Doch unbemerkt mischte sich meine Mutter in meine Überlegungen und drohte mit ihrem Finger: Kind, weißt du, was du tust? In jenen Momenten fühlte ich mich wieder wie ein kleines, dummes Mädchen, das nicht ein noch aus wusste. Wie die Tochter meiner Mutter. Aus Angst vor Versagen und harten Worten verschwieg ich ihr den heftigsten Umbruch in meinem bisherigen Leben. Ich hielt sie heraus und kämpfte mit mir: Du musst es ihr sagen. Eine andere Stimme widersprach: Das geht sie alles nichts an. Dann wieder: Sie hat ein Recht darauf zu erfahren, dass sich dein Leben gerade an einem Wendepunkt befindet. Und: Du sagst es ihr, wenn alles vorbei ist.

Aber wie? Wie nur? Mit ihr reden konnte ich nicht, das spürte ich. Und beschloss eines Abends: Du schreibst ihr einen Brief.

Das ist die beste Möglichkeit, mich ihr zu offenbaren. Mit meinen Zeilen stellte ich sie vor vollendete Tatsachen. Beim Schreiben verspürte ich Scham, versagt und es nicht vermocht zu haben, eine gute Ehe zu führen. Ich fühlte mich schuldig und fürchtete das schneidige Urteil meiner Mutter und die Gewissheit, wieder einmal ihren Ansprüchen nicht zu genügen.

Ich sollte mich in meiner Mutter nicht getäuscht haben. Mit Scharfsicht und klarem Verstand analysierte sie unsere Lage. Doch ich irrte in meiner Angst vor ihrem Urteil, vor ihrer Verurteilung. Sie richtete nicht über mich, sondern schrieb ebenfalls einen Brief. Ihren ersten, der die späteren Briefe vorweg nahm. Sie adressierte ihn an uns beide, an meinen Mann und mich, obwohl Mutters Ansprache allein mir galt. »Prüft eure Handlungen, bedenkt die Konsequenzen«, riet sie. Sie zeigte Verständnis für unsere Situation, sie schrieb gleichermaßen mit Verstand und Gefühl, eine Mischung, die selten zu finden ist. Und sie blieb diplomatisch und sagte indirekt, wir sollten unsere geplante Scheidung noch einmal überdenken. Aus ihrer Sicht waren ihre Worte folgerichtig: Sie hätte sich nie von ihrem Mann getrennt, egal, was geschah. Hatte sie sich einmal entschieden, einen Weg in eine bestimmte Richtung zu gehen, wich sie nicht von diesem Weg ab. Legten sich Schwierigkeiten in ihre Bahn, betrachtete sie sich diese von allen Seiten, durchdrang sie mit ihrem Geist – und beseitigte sie. Fehler beging sie nicht.

Vielleicht ist ihre selbst auferlegte Fehlerlosigkeit ein Schutzschild, ein Panzer gegen Widrigkeiten, die das Leben bietet, eine Krücke, mit der sie diese Schwierigkeiten zu beherrschen versucht. Ihre Ehe ist keineswegs makellos. Ihren Mann liebte meine Mutter sehr, auch er liebte sie. Dennoch verschwand er an so manchem Abend und kam erst in der Früh heim. Meine Mutter wusste von seinen Affären, aber sie machte ihm nie Vorwürfe. Sie litt still und verarbeitete diese Krisen rational und mit ihrem Verstand. Sie hatte sich irgendwann für diesen Mann entschieden und beschlossen, an seiner Seite zu leben und zu bleiben, egal, was passiert. Eine Trennung aufgrund von Liebschaften, die mein Vater pflegte, kam nie in Frage. Doch irgendwann findet auch Mutters Fähigkeit ein Ende, Kopf und Herz getrennt voneinander zu betrachten. Seinen letzten Seitensprung ließ und lässt sie ihn schwer büßen. Vermutlich hatte sie keine Kraft mehr, sich rational mit seinen Frauen zu befassen und sie über Bord zu werfen wie unnötigen Ballast. Seine letzte Geliebte sühnt mein Vater durch Liebesentzug seiner Frau. Das ist Mutters Art, ihrem Mann zu zeigen, dass auch sie Grenzen erträglicher Schmerzen kennt. Eine Trennung würde sie nie zur Sprache bringen, eine Trennung gehört nicht in ihren Lebensplan, nicht in ihr Haus, das auf Verstand und Rationalität gebaut ist. Eine Scheidung würden ihre Gedanken nie zulassen.

Und so klang ihr Brief an mich. Aus ihm sprach die meiner Mutter innewohnende Stärke sowie ihre Unerschütterlichkeit, begonnene Dinge ihrem Ende zuzuführen. Doch ich war nicht meine Mutter und vermochte nicht ihren Worten zu folgen. Bei meinem Mann zu bleiben hieße, ein falsches Leben weiterzuführen, mich in Lügen einzurollen und mir Glück bewusst zu versagen. In dem Bewusstsein, meine Mutter zu enttäuschen, aber mein Glück nicht verlieren zu wollen, trennte ich mich von meinem Mann und heiratete Mike. Ich war verliebt in ihn, der eigentlich ein Junge war und in mir jemanden suchte, der sein Leben bewältigte, ohne dass er Nähe zuließ. Vier Jahre brauchte es, bis ich begriff, dass Mike zwar die zweite Hälfte meiner Seele, aber schizoid ist. Insofern war er wie mein erster Mann ein Fehler. Wenngleich ein Irrtum, der leichter zu ertragen ist. Er ist ein Mensch, der nichts mehr fürchtet als Distanzlosigkeit. Ihm macht es zu schaffen, über Emotionen zu reden, Gefühle zu zeigen, Liebe zu leben. Am wohlsten fühlt er sich vor seinem Computer, ein totes Ding, das er beherrschen und bedienen kann, das tut, was er ihm abverlangt, und keine Forderungen stellt. Der Computer zeigt keine Bedürfnisse wie seine Frau, die von ihm in den Arm genommen und gehalten werden möchte. Der

Computer verunsichert ihn nicht, er ist ein gleichbleibender und zu berechnender Faktor. Nichts stellt Mike stärker außer Frage als der Zustand eines Gefühls. Es ist für ihn wie ein Unzuverlässigkeitsfaktor.

Ich bin eine burschikose, jungenhafte Frau, der man auf den ersten Blick nicht zutraut, dass sie jämmerlich heulen und am Boden zerstört sein kann. Vielleicht war es das, was Mike an mir anzog: sein Glaube an meine Festigkeit, an meine Sachlichkeit. Als er begriff, dass ich mehr bin als sein vorgefertigtes Bild, zog er sich in sich selbst und von mir zurück. Jedes Mal bekam er große Panik, wenn ich Liebe und Nähe einforderte. Dann wurde er schroff, hart und ungerecht. Und verschwand in seinem Zimmer. So baute er eine feste Barriere, einem Schlagbaum gleich.

Eines Abends verbannte ich ihn aus unserem gemeinsamen Bett, teilte die Wohnung neu auf und markierte auch für mich eine neue Grenze. Die hieß: Jeder geht seiner eigenen Wege, wir kommen uns nicht näher als nötig, aber wir trennen uns auch nicht. Denn wir sind wie siamesische Zwillinge, die in ihrer Seele zusammengewachsen sind. Manchmal bin ich nicht stark genug für dieses Leben und frage Mike, ob er nicht ausziehen wolle. Dann grummelt er nur: »Aber was fange ich ohne dich an?« Das rührt mich und ich gestatte ihm und uns weitere gemeinsame Zeit.

Meine Zweifel und meine Unzufriedenheit teilte ich niemandem mit. Schon gar nicht meiner Mutter. Eine kaputte Ehe genügt, rügte ich mich, wenn der Gedanke in mein Hirn kroch, mich von Mike zu trennen. Die zweite Ehe darf auf keinen Fall schief gehen. Du trägst Verantwortung, strafte ich mich, bevor ich meinen Gedanken zu Ende gedacht hatte. Die Kinder dürfen nicht noch einmal aus ihrem gewohnten Rhythmus herausgerissen werden. Sie erlitten einmal das Trauma einer Scheidung, sie dürfen keine zweite erleben. Dieses Mal *muss* es gut gehen, ich habe eine moralische Pflicht zu erfüllen. Ich versuchte auch an diese Ehe zu glauben und begriff erst später, warum. Das tat ich nicht für mich, nicht für unsere Beziehung, sondern in erster Linie für die Kinder. Indirekt mahnte mich meine Mutter zur Vernunft, zur Moral, zum Rückzug. Obgleich sie nie Sätze gesagt hatte wie: »Wer einmal heiratet, sollte verheiratet bleiben.« Es war eher ihre Grundhaltung, die sie an den Tag legte, die sie lebte und mehr als alles andere ausstrahlte. Damit sagte sie mehr, als Worte jemals zu sagen vermögen. Ihr gesamtes Wesen drückte aus, dass niemand das Recht hat zu jammern und unzufrieden zu sein. Und so war es wieder die Zielstrebigkeit, das Zielbewusstsein, die Zielgenauigkeit, die meine Mutter ausstrahlte, ihre Unfehlbarkeit auch in diesen Dingen, die mich zu ihr nach oben aufblicken und mich schweigen ließen.

Bis ich während einer Familienfeier nicht mehr an mich halten konnte und es aus mir herausplatzte. Wir saßen an einer langen Tafel, meine Mutter neben mir. Mike hockte am anderen Ende des Tisches, ins Gespräch vertieft mit einem Verwandten. »Nun schau ihn dir doch mal an«, sagte ich zu meiner Mutter. »Da sitzt er dort hinten, ganz weit weg von mir. Bloß keinem Menschen zu nahe kommen, darin ist er Meister.« Fragend schaute mich meine Mutter an. Zu stark hatte ich mein Geheimnis in mich eingeschlossen, doch zu heftig bewegte es mich in diesem Augenblick. Ich schüttete ihr mein Herz aus und ließ die Worte purzeln, wie ich es schon lange nicht mehr getan hatte.

Zwei Tage später stand meine Mutter unangekündigt vor der Tür. »Entschuldige«, sagte sie, »wenn ich hier so hereinschneie, ich möchte nicht aufdringlich sein. Aber ich möchte dir etwas geben.« Sie hielt mir zwei Briefumschläge vors Gesicht. »Lies sie, so du magst. Oder schmeiß sie weg.« Meine Beichte hatte ihr keine Ruhe gelassen. In diesen Briefen, die diesmal ausschließlich an mich gerichtet waren, analysierte sie in gewohnter Weitsicht und Erfahrenheit meine zweite Ehe und gab mir Ratschläge. Ebenfalls in gewohnter Diskretion und mit einer scheinbaren Leichtigkeit. Ich möge mich auf mich selbst besinnen, schrieb sie, und mein Leben nicht von Männern abhängig machen. Sie versuchte, mir eine Orientierung für mein Leben zu geben, von der sie glaubte, dass ich sie nicht besitze. »Frauen sind Packesel«, schrieb sie. »Trotz Emanzipation bestehen unabänderliche biologische Regeln, die Frauen für viele Jahre an ihre Kinder binden, so dass sie ihre eigenen Bedürfnisse zurücknehmen und sich selbst vergessen. Die meisten Frauen erwarten für diese Aufopferung eine Gegenleistung des Mannes, erwarten, dass der Mann da ist, wenn sie ihn brauchen. Aber diese Hoffnung wird regelmäßig zerstört.« Was schrieb meine Mutter da? So kannte ich sie nicht, solche Worte hätte ich nie von ihr erwartet. Meine Mutter, die sich ihre Ehe zur Pflicht gemacht und sich selbst Fesseln angelegt hatte, strebte für ihre Tochter etwas anderes an?

Darüber hinaus irritierte mich noch etwas anderes: die Offenheit meiner Mutter. Nie zuvor wäre ich auf die Idee gekommen, dass sie solche Gedanken hegt, dass sie Zugeständnisse macht und von Zweifeln geplagt ist. Dass sie fehlbar war und an ihrem Leben litt wie andere Menschen an ihrem auch. Ihre Briefe las ich mehrere Male hintereinander, bis ich begriff, dass ich eine neue Mutter hatte, dass sie eine andere, eine vielfältigere, tiefgründigere Person ist als die, für die ich sie hielt. Mit einem Mal verlor ich die Angst vor ihr und meine Hemmungen, ihr mein Versagen zu bekunden. Plötzlich empfand ich mein Scheitern nicht mehr als ein solches, sondern erkannte, dass ich stets nur daran geglaubt hatte. Dass ich nicht schlechter oder besser bin als andere Menschen, als mein Bruder, als meine Mutter. Und das erste Mal suchte ich in meiner Mutter nach Antworten auf Fragen, die mir bis dahin verwehrt blieben: Warum ist sie so, wie sie ist? Und ich bin eine ganz andere Person? Warum kennt sie nur Geradlinigkeit oder gibt vor, nur danach zu leben? Unendliche Fragen schwirrten in meinem Kopf. Und irgendwann, ganz beiläufig, löste sie das Rätsel selbst. Indem sie mir mehr von sich erzählte, als ich bis dahin wusste. Dieses Mehr hatte mit ihrer Mutter, meiner Großmutter, zu tun.

Diese stammte aus ärmlichen Verhältnissen und war als junge Frau eine unbeherrschte Person. Sie heiratete einen Mann, weil sie glaubte, mit ihm würde es ihr besser gehen. Und versuchte, so gut es ging zu leben. Doch das Einzige, was sie ertragen durfte, war Abhängigkeit. Von einem Mann, von dem Leben an seiner Seite, von einem Kind. Dieses Kind war meine Mutter, die dem widersprüchlichen Wesen meiner Großmutter ausgesetzt war und frühzeitig versuchte, sich von einem solchen Charakter zu distanzieren. Als sie in die Pubertät kam, war ihre Mutter auf sie eifersüchtig. Meine Mutter war eine schöne Frau, von der meine Großmutter glaubte, sie nähme ihr jetzt auch noch das Leben weg. Eines Tages tat meine Großmutter etwas, das meine Mutter prägte wie wahrscheinlich kein anderes Erlebnis ihres Daseins und vermutlich den Grundstein für ihr weiteres Verhalten legte. Meine Großmutter erhängte sich am Türpfosten in der Wohnstube. Meine Mutter war gerade sechzehn Jahre alt und unmittelbar in der Nähe. Sie handelte intuitiv und schnitt ihre Mutter vom Tode ab. Fünf Tage wurde meine Großmutter in die Psychiatrie gesperrt, bevor sie in ihr altes Leben zurückkehren musste.

Meine Mutter verzieh ihrer Mutter nie, dass sie sie dazu zwang, ihr Elend zu sehen und mitzutragen. Sie lehnte ihre Mutter ab, besaß aber die große Gabe und Kraft, ihrer Tochter später nie das Gefühl zu geben, dass es so war. Nie sprach sie schlecht über meine Großmutter. Im Gegenteil, ich durfte zu ihr, so oft ich wollte. In meinen Kindertagen war sie für mich eine Bilderbuch-Oma. Sie tat alles für mich und ließ mich sein, wie ich war. Sie stellte keine Forderungen. Ich liebte meine Oma, ich fühlte mich bei ihr aufgehoben und angenommen – mit all meinen kapriziösen Ausschweifungen, mit meinen Eigenheiten und Sonderlichkeiten. Bei meiner Oma durfte ich Kind sein. Oma und ich waren zwei Seelenverwandte, wir stimmten in unserem Temperament, unseren Stimmungsschwankungen und unserem Humor überein. Wie aus einem Stück Holz geschnitzt. So wie ich sie erlebte, trage ich sie heute immer noch in meinem Herzen.

Vermutlich wollte meine Mutter, um sich selbst zu schützen, anders sein als ihre Mutter und wendete sich um hundertachtzig Grad. Und dann glich das Kind, das aus ihrem Schoß kroch, den Wurzeln, die sie versuchte zu vergessen.

Als ich das begriff, sah ich meine Mutter erneut in einem anderen Licht: Zwar hatte ich sie gerade vom Sockel gestoßen, auf dem ich sie Jahrzehnte lang manifestiert hatte, und erlaubte ihr, ein Mensch mit Fehlern und Makeln zu sein, da erhob sie sich erneut wie Phönix aus der Asche, weil sie die Erhabenheit besaß, nicht mir dafür die Schuld zu geben, dass ich so war, wie ich war, sondern es mich in keiner Sekunde spüren zu lassen, dass sie mich gern anders gehabt hätte. Ganz egal, nur nicht wie ihre eigene Mutter. Ich kann es drehen und wenden, wie ich will: Meine Mutter ist einfach eine starke Frau.

DIE LEBENSLÜGE

Marlén S. wuchs mit dem Trauma auf, ein ungewolltes Kind zu sein

Ich bin das Produkt einer Vergewaltigung. Eines gewaltsamen Zufalls. Mich sollte es nicht geben. Doch ich wurde geboren und musste eines Tages erkennen, dass ich anders bin als andere Kinder. Zumindest äußerlich. Die Farbe der Haut meiner Mutter ist hell, ebenso die meines Vater. Meine ist dunkel. Ich bin nicht das Kind meines Vaters, des Mannes, den ich als meinen Vater kenne, den ich als meinen Vater bezeichne. Der mein Vater ist, ohne mich gezeugt zu haben. Wer aber ist mein leiblicher Vater? Der andere Teil, der zu meinem Werden beigetragen hat?

Als ich vier Jahre alt war, brachten mich Mädchen und Jungen aus meiner Straße darauf, dass die Geschichte meiner Familie in anderen Bahnen verlaufen sein könnte als die, in denen sich ihre bewegt. Mit einem bedeutungsvollen Unterton in den Stimmen fragten sie mich, ob ich wüßte, warum mein Haar schwarz und kraus und mein Teint kupferfarben sei. Ich konnte ihnen nicht antworten, weil ich keine Antwort wusste. Sie griffen meine Andersartigkeit auf und provozierten mich mit ihr. Und ich stieg darauf ein, ließ die Angriffe zu und versuchte nur im Stillen, mich zu wehren. Für einen offenen Kampf war ich zu klein. Ich begann, mein Aussehen zu verfluchen und mir eine weiße Haut zu wünschen. Mit einem Scheuermittel schrubbte ich meinen Körper. Es ätzte stark und verbrannte mir fast den Körper. Aber ich glaubte, ich würde weiß wie die anderen Kinder, wenn ich mich nur lang genug wusch. Aber meine Haut wurde wund und rot. Und ich von einem einzigen Wunsch getrieben: »Normal« zu sein, zu sein wie die anderen, auszusehen wie die anderen. Dazuzugehören.

Weißt du, wer dein Vater ist? Die Kinder fragten in einer Art, die mich ahnen ließ, dass sich hinter ihrer Frage und der offenen Antwort etwas verbarg, das einen besonderen Geruch haben musste. Welchen, wusste ich nicht. Es schien mir, als wüssten die Kinder mehr als ich. Als würde in dem kleinen Dorf, in dem ich mit meiner Familie damals lebte, eine Geschichte über das Kopfsteinpflaster rollen, die mich in besonderem Maße traf. Ich fragte meine Großeltern, ob sie wüssten, wovon die anderen Kinder sprachen. Damals war ich sehr oft bei Großmutter und Großvater. Meine Mutter arbeitete viel und lang und die Großeltern kümmerten sich um mich. »Wir wissen es nicht«, antworteten sie. In einem ähnlichen Ton, der verriet, dass sie ein Geheimnis bewahrten.

Als ich elf Jahre alt war, fragte ich meine Mutter. »Wer ist mein Vater?« »Ich wurde vergewaltigt«, sagte sie. Von einem Afrikaner, den sie nicht kannte. Ich begriff nicht, wovon meine Mutter sprach. Und was das ist, eine Vergewaltigung. Aber ich verstand, dass es ein brutales, einschneidendes Ereignis gewesen sein musste, das auf unabänderliche Weise in ihr Leben griff. Und mich beschlich das Gefühl, dass ich nicht da sein sollte, dass ich nicht gewollt war. Vielleicht fühlte ich mich abgeschoben, minderwertig, weniger geliebt? Ich weiß es nicht mehr genau, mein Gehirn siebte im Laufe der Jahre aus. Aber eines blieb: Meine Mutter wollte meine Existenz nicht.

Die Worte meiner Mutter waren nachhaltig. Eine Vergewaltigung ist das Schlimmste, was eine Frau erleben kann, sie verursacht körperlichen und seelischen Schmerz, sie traumatisiert. Niemand mag am Trauma rühren, also werden Nachfragen vermieden. Das Thema wird zum Tabu erklärt und weise umschifft. Auch ich fragte nie wieder nach, weil ich mich an das ungeschriebene Gesetz der Zurückhaltung hielt. Und wurde mit dem Glauben groß, das Ergebnis einer feindlichen Übernahme, ein ungewolltes Kind zu sein.

Ein ungewolltes Kind kann man nicht lieben. Eines, das gewaltsam entstanden ist, schon gar nicht. Es verändert das Leben, es springt einfach mittenrein und raubt Kraft. Es verlangt etwas, was man nicht geben will. Ein ungewolltes Kind stört. In dieser Genauigkeit und Härte hätte ich damals das Verhältnis zwischen mir und meiner Mutter nie beschrieben. Dazu war ich zu jung. Aber ich bin mir sicher, dass meine Mutter in mir die Schuld für die Qualität ihres Lebens gab. Eines Lebens, das sie nicht führen wollte. Oder durfte. Dass sie zu einem Dasein gezwungen wurde, das sie auf dem tiefsten Grund ihres Herzens ablehnte. Ihre Pläne sahen anders aus.

Wie, das kann ich nicht genau sagen. Nur ahnen. Meine Mutter spricht wenig. Ich kenne ihre Gefühlswelt nicht, weiß nicht, was sie wirklich denkt und will, was sie jemals vom Leben gewollt hatte. Wir fanden nie zueinander. Wir waren uns fremd. Und sind es bis heute geblieben.

Meine Mutter ist eine emotionslose Frau. Sie war es immer. Seit ich sie bewusst wahrnehme, springt mir ihre Gefühlskälte entgegen. Mütterliche Wärme kenne ich nicht, kannte ich nie. Ich sehnte mich nach einer Mutter, die ihre schützende Hand über mich legte, der ich mich anvertrauen konnte, wenn ich Kummer hatte. Aber ich hörte wenig verständnisvolle Worte, sondern häufig den Satz: »Widersprich nicht!« Meine Mutter nahm mich nicht als vollwertigen, gleichberechtigten Menschen wahr. Ich war ihre Tochter, mit der sie umgehen konnte, wie sie es wollte, die keine Rechte hatte, weil Kinder generell keine Rechte haben. In ihren Augen. Sie hörte nicht zu, wenn ich von Problemen in der Schule erzählte, sondern sagte: »Da wird schon was dran sein, wenn der Lehrer mit dir unzufrieden ist.« Nie fragte sie nach Ursachen, versuchte hinter die Dinge zu blicken und sie so zu sehen, wie sie sie bislang nicht betrachtet hatte. Einfach aus dem Grunde, weil ich ihre Tochter war. Sie gab sich keine Mühe, sondern wertete mich ab. Sie nahm mich nicht ernst. Und es hagelte Strafen und Prügel.

Ich war eine gute Schülerin. Einsen und Zweien waren normal. Aber brachte ich eine Drei oder eine Vier nach Hause, drohte gewaltiger Ärger. Es wurde vorausgesetzt, dass ich funktioniere. Und ich entsprach den Erwartungen. Meiner Schwester hingegen war es erlaubt, »aus der Reihe zu tanzen«. Sie musste keine Hochleistungen erfüllen, die wurden von ihr erst gar nicht erwartet. Sie stand nicht unter dem Druck, dem ich ausgesetzt war. Eine gewisse Leichtigkeit des Seins war ihr vergönnt, nicht mir.

Mir fehlte Lob für meine Leistungen. Von meiner Mutter. Zwar wusste ich, dass ich gut bin, und ich genoss meine Erfolge. Die Lehrer in der Schule, meine Freunde und meine Trainer bestätigten meine Potenziale. Ich hatte viele Freunde und fühlte mich in ihrem Kreis wohl und anerkannt. Ich bekam durchaus Zuspruch, wollte ihn aber auch von meiner Mutter. Damals trainierte ich Synchronschwimmen. Ich war eine sehr gute Sportlerin und durfte Solofiguren darstellen. Die anderen Schwimmerinnen waren um mich herum, ich schwamm in ihrer Mitte und ragte heraus. Ich war stolz auf meine Einzelfiguren, die etwas Besonderes waren. Viele Menschen konnten an ihr teilhaben. Meine Mutter hat mich nie schwimmen sehen. Nie im Team und nie allein. Sie wusste, was ich machte, das erzählte ich ihr, aber sie fragte nie, ob sie bei einem Wettkampf oder einer Vorführung dabei sein dürfe. Manchmal war mir ihr Desinteresse sogar peinlich. Die Mutter einer Freundin aus dem Schwimmkreis war bei jedem Auftritt dabei. Stets stand sie am Beckenrand und beobachtete ihre Tochter und ihre Mannschaft. Ich hätte meine Mutter nicht jedes Mal dabei haben wollen. Aber hin und wieder wollte ich ihr gern zeigen, was ich kann, was ich leiste. Aber sie blieb fern.

Vor acht Jahren habe ich mir abgewöhnt, sie »Mutter« zu nennen. Mit dem Wort »Mutter« verbinde ich Liebe, Zuwendung,

Wärme. Eine Frau, die sich kümmert und da ist, wenn sie gebraucht wird. Meine Mutter war selten da und wenn, dann nur physisch. Das hat sich bis heute nicht geändert. Sie fragt nie, wie es mir geht, sie fragt nicht, was die Kinder machen. Ich habe zwei Söhne, die jetzt zehn und fünf Jahre alt sind. Der ältere spürt deutlich die Spannungen zwischen mir und meiner Mutter. Einmal fragte er, warum ich über seine Oma schimpfe. Einen kurzen Moment überlegte ich, was und wie ich ihm antworte. Ob ich die Widersprüche zwischen meiner Mutter und mir von ihm fernhalten und ihn in seiner kindlich friedlichen Welt belassen sollte. Doch ich warf diesen Gedanken schnell über Bord. Unsere Schwierigkeiten zu verleugnen käme einer Unwahrheit gleich. Auch die halbe Wahrheit kann oft eine große Lüge sein.

Diese Erkenntnis stand wie ein Panzer vor mir, als mein erster Sohn geboren wurde. Als ein Ungetüm vergangener Zeiten donnerte sie heran, baute sich gewaltig vor mir auf und drohte, für immer zu bleiben. Sie strotzte jedem Widerstand, ich konnte ihr nicht ausweichen, weder nach links gehen, noch nach rechts. Ich konnte sie nicht übergehen, sondern musste mich ihr stellen: Meine Mutter hat mich belogen. Mein Leben lang. Und sie hätte es weiter getan, wenn nicht der Zufall seine Hand im Spiel gehabt hätte. Vielleicht war es auch Bestimmung. Irgendwann zerbricht jede Lüge.

Für die Geburt meines Sohnes benötigte ich meine Geburtsurkunde. Ich besaß nie eine und kannte nur jene, in der sowohl der Name meiner Mutter als auch meiner vermerkt waren. Ich bin das Produkt einer Vergewaltigung, ein ungewolltes Kind, ein unglücklicher Umstand. Ich bin ein Tabu. Ein Geheimnis, an dem man nicht rührt. Das war, was ich wusste, was sich mir eingebrannt hatte wie ein Siegel. Nur einmal widersetzte ich mich und verstieß gegen das ungeschriebene Gesetz. Ich fragte meine Mutter, wer mein Vater ist. Ich will es wissen, ich habe ein Recht darauf, sagte ich mir. Ich will Kenntnis darüber, welcher Mann seine Gene in mich gepflanzt hatte, warum ich aussehe, wie ich aussehe, warum ich bin, wie ich bin. Ich will die zweite Seite meines Ichs kennen lernen, sie sehen und verstehen, um mich besser zu begreifen. Ohne dieses Wissen, das fühlte ich, grabe ich in einem schwarzen, unendlichen Loch, ohne Aussicht, auf einen festen Widerstand zu stoßen, ohne auf den Grund zu gelangen. Ich war sechzehn, wohnte im Internat fernab des Dorfes, in dem ich groß wurde und in dem meine Mutter weiterhin lebte. Es war kurz nach dem Mauerfall, und ich ahnte, dass die neue Zeit für mich eine besondere Wende sein könnte. »Ich möchte endlich wissen, wer er ist«, bedrängte ich meine Mutter. Mich trieb die Hoffnung, mit ihr reden zu können, ein Tabu zu brechen, das vielleicht auch unser Verhältnis klärt und es mit etwas mehr Wärme belebt. Ich versuchte es sogar mit einem Alibiargument: »Jetzt, da die Grenzen offen sind und wir reisen können, ist es vielleicht nicht so schwer, ihn zu finden.« »Ich unterstütze dich nicht«, entgegnete sie. »Wenn du es tun musst, dann tu es. Aber erwarte von mir keine Hilfe.« Mit einem einzigen Satz wischte sie meine Hoffnung fort und drückte mich noch weiter weg von sich, als ich ohnehin schon war.

Fünf Jahre später brachte sich der unbekannte Mann, jener brutale Typ, der meine Mutter vergewaltigt und mich dabei gezeugt haben sollte, erneut ins Spiel. Unbewusst brach er in mein Leben und sollte fortan daran teilhaben. Meine Großmutter gab mir meine Abstammungsurkunde. Das ist eine andere als die Geburtsurkunde. Auf der Abstammungsurkunde sind nicht nur Mutter und Tochter verzeichnet, sondern auch der Vater. Und da las ich es schwarz auf weiß: Muhammed T., geboren am 25.7.1942. Plötzlich hatte der unsichtbare, vermeintlich brutale Mann einen Namen, bekam Gestalt in Form eines einfachen, weißen Stücks Papier in A 5. Dieses Blatt, diese einzige Seite erlaubte mir einen Blick in mein ungeklärtes Dasein, einen Schritt weiter zu mir. Ich traute meinen Augen nicht, als ich die Buchstaben las, die sich nicht nur zu irgendeinem Wort formten, sondern zur Identität meines Erzeugers. Von dem ich glaubte, weiter entfernt zu sein als vom Mond. Und es bleiben zu müssen. Mit meinem Mal schien alles so leicht.

Bis ich meinen Vater fand, vergingen zwei Jahre. Und wieder war es der Zufall, der helfend eingriff. Auf der Geburtsurkunde war der Name des Mannes falsch geschrieben. Mit diesem falsch geschriebenen Namen fragte ich in den verschiedenen Ämtern nach, aber ich erfuhr nicht einmal sein Herkunftsland. Eine Freundin, die Afrikanistik studierte, half mir bei der Suche. Bald wussten wir, dass er aus Sierra Leone stammte. Ich fragte in der Botschaft des Landes nach, aber auch dort konnte mir niemand weiterhelfen. Eines Tages setzte ich mich an meinen Computer, ging ins Internet und rief die Seite der Telekom auf. Ich trug den Namen des Mannes ein, der auf meiner Abstammungsurkunde verzeichnet war, sowie verschiedene Varianten und klickte auf »Suchen«. Ich hatte mich darauf eingestellt, die Antwort »0 Einträge« zu bekommen und mich auf eine weite Reise vorbereitet, wenn ich meinen Erzeuger finden wollte. Vielleicht lebte er gar nicht mehr? Aber der Computer spuckte eine Telefonnummer und eine Adresse aus, die unweit meiner Wohnung lag. Mit allem hatte ich gerechnet, nur damit nicht. Eine Woche brauchte ich, um zum Telefonhörer zu greifen und die Nummer zu wählen. Vorsichtig begann ich meine Herkunftsgeschichte vor ihm auszubreiten. Nach wenigen Sätzen wusste er, wer ich bin. Zwei Tage später trafen wir uns.

Ich hatte ihn mir anders vorgestellt. Etwa so groß wie ich, aber er ist klein wie meine Mutter. Er hat kurze, krause Haare, ein verschmitztes Grinsen und manchmal etwas Spitzbübisches und Stures im Blick. Wenn er wütend ist oder im Stress, bekommt er den gleichen Augenaufschlag wie ich. Außerdem sind uns unsere kleinen Ohren gemein. Er bewegt sich wie ich und mitunter setzt er einen Blick auf, den ich von mir kenne. In ihm sah ich mich, ich entdeckte Seiten an ihm, die eigentlich zu mir gehörten. Ich hatte den zweiten Teil meines Seins gefunden, war auf meine Wurzeln gestoßen, die bislang versteckt waren.

Nach seinem Studium war er in der DDR geblieben, dort hatte er mehrere Frauen und vier Kinder. Darüber hinaus weitere Kinder in Afrika. Das sind alles meine Halbgeschwister. Eine Tochter, die mit ihrer Mutter einst in Kenia lebte, war jetzt für eine Ausbildung nach Deutschland gekommen. Die junge Frau, meine Schwester, ist zehn Jahre jünger als ich und lebte in einer anderen Welt. Zunächst freundeten wir uns an, bis wir merkten, dass unsere Lebensvorstellungen so unterschiedlich waren wie Tag und Nacht. Sie trug das afrikanische Rollenmodell in sich, ich lebte meine deutsche Identität. Abends wollte ich ausgehen und sie zu Hause bleiben. Sie passte sich dem Leben in Deutschland kaum an, sondern bewahrte sich eigene Traditionen und Rollenvorstellungen. Diese sahen unter anderem vor, nach der Schule nach Hause zu kommen und für sich und ihren Vater zu kochen. Sie sorgte für ihn wie eine Ehefrau. »Das ist bei uns Tradition, also mache ich es«, erklärte sie. Einmal waren die beiden bei meiner Familie zu einem Fest geladen, Essen und Getränke standen wie üblich in der Küche auf dem Büfett. Dort bediente sich jeder mit dem, wonach ihn verlangte. Bis auf meinen Vater. Der blieb den ganzen Abend sitzen. Seine Tochter aus Kenia bediente ihn.

Zwei Jahre lang hielt ich intensiven Kontakt zu meinem leiblichen Vater. Ich verbrachte mit seiner Familie Ferien und so manches Wochenende. Bis die Abstände zwischen unseren Treffen immer größer wurden. Ich hatte das Gefühl, einzig ich allein halte unsere Beziehung aufrecht. Stets rief ich an und machte Termine für Verabredungen. Niemals meldete er sich. Schließlich schlief unser Kontakt ein. Ich mochte ihn nicht mehr pflegen.

Für meine Söhne indes möchte ich ihn wieder aufnehmen. Mein älterer Sohn sieht mir ähnlich, er trägt meine Hautfarbe und meine dunklen Augen. Mein jüngerer Sohn hingegen ist blond und blauäugig. Er möchte gern aussehen wie seine Mama und sein größerer Bruder. In seiner Phantasie setzt er sich

Geschichten zusammen, in denen Afrika eine bedeutende Rolle spielt. So erzählte er in der Kita, wir hätten unseren letzten Urlaub dort verbracht. Aber wir waren in Dänemark. Für meine Söhne suche ich meinen Vater gern ein zweites Mal. Mich hat unsere erste Begegnung befriedigt. Denn ich weiß jetzt, wer mein Vater ist, ich habe ihn getroffen. Somit haben unsere Treffen ihre Funktion erfüllt. Und ich kenne nun die wahre Geschichte meiner Entstehung. Die eine andere ist als jene, mit der ich groß wurde. Mein Vater erzählte sie mir.

Er und meine Mutter lernten sich in der Stadt kennen, in der er studierte. Mit Freunden zogen sie durch Studentenklubs und verbrachten viel Zeit miteinander. Es müssen etwa eineinhalb Jahre gewesen sein, die beide teilten. Sie müssen sich sehr nah gewesen sein. Ich spürte, dass meine Mutter ihm einiges bedeutete. Ich sah die Wärme in seinem Gesicht, wenn er sich erinnerte. So brachte ich es nicht fertig, ihm zu erzählen, welches Lügenmärchen meine Mutter mir aufgetischt hatte. Ich war nicht imstande, ihm zu sagen, dass ich in dem Glauben groß wurde, das Kind einer Vergewaltigung zu sein. Dass sie im Grunde diesen Mann und ihre gemeinsame Geschichte verleugnete, die offensichtlich die Geschichte einer zarten Liebe war. Ich schwieg und hatte das Gefühl, ihn zu belügen. Doch in diesem Fall, glaubte ich, war es besser, auf die Wahrheit zu verzichten. Um ihn nicht zu verletzen und ihm den Glauben an meine Mutter nicht zu nehmen.

Meiner Mutter erzählte ich von der Suche nach meinem Vater – und meinem Erfolg. Ich berichtete ihr vom ersten Treffen und auch, dass seine Augen glänzten, als die Rede auf sie kam. Doch meine Mutter zeigte keinerlei Gefühlsregung, sie ließ keine Emotionen durchblicken, weder positive noch negative. Sie schien versteinert, als ich sie mit dem konfrontierte, was mir Vater erzählt hatte. Ich fragte sie, warum sie mich glauben ließ, sie sei vergewaltigt worden. »Das verstehst du nicht«, antwortete sie kalt. »Wenn du das erlebt hättest, was ich erlebt habe, würdest du nicht danach fragen.« Mit diesem Satz, diesem einzigen Satz, ließ sie mich allein. Sie sprach ihn in einer Rigorosität aus, der mir klar machte, dass jede weitere Frage umsonst sei. Von meiner Mutter, das hatte sie mir in diesem Moment verdeutlicht, werde ich nie Antworten auf meine Fragen bekommen. Sie wird ihre Gedanken und ihre Wahrheit um ihre Biographie mit ins Grab nehmen. Dieser Tag tat einen tiefen Riss in unserer Beziehung. Einem Mutter-Tochter-Verhältnis, das ohnehin nicht glücklich war. Doch fortan sollte es noch schwieriger werden. Es trat ein tiefes Schweigen zwischen uns.

Ich muss auf anderem Wege an weitere Details der Geschichte gelangen, war mir nun klar. Ich fragte meine Großeltern. Mit meiner Großmutter verband mich ein inniges Verhältnis. Drei Jahre wuchs ich bei Großmutter und Großvater auf. Meine Mutter arbeitete von morgens bis abends, meine Großeltern kümmerten sich um mich. Sie wollten, dass meine Mutter ihre Ausbildung beendete. Egal wie, egal um welchen Preis. Was meine Mutter schließlich tat. Doch der Preis, den sie zahlte, war hoch. Vielleicht war es der Preis ihrer Liebe.

Ihre Schwangerschaft verheimlichte sie lange. Erst als sie nicht mehr zu verbergen war, gab sie offen zu, ein Kind zu erwarten. Wer der Vater des Kindes war, blieb dem Dorf verborgen. Meine Mutter hüllte sich in Einsilbigkeit. Sie wagte nicht, darüber zu sprechen. Zu Beginn der siebziger Jahre war es in dem Dorf mehr als eine Schande, ein Kind von einem Schwarzen zu bekommen und darüber hinaus, allein erziehend zu sein. Wie sie die Zeit der Geburt und die ersten Jahre überstanden hat, weiß ich nicht. Klar jedoch ist, dass meine Großeltern nicht unschuldig an der Situation waren. Sie holten meine Mutter zurück nach Hause, sie sorgten dafür, dass die Beziehung zwischen meiner Mutter und meinem Vater ein jähes Ende fand.

Auf Dauer würde mein Vater nicht in der DDR bleiben können, das wusste er. Und das wusste irgendwann meine Mutter. Er schlug ihr vor, in den Westen zu gehen. Dort hätten sie eine gemeinsame Zukunft. Meine Mutter stimmte zu und schrieb ihren Eltern einen Abschiedsbrief. Doch die ließen nicht zu, ihre Tochter an diesen Mann und an den Westen zu verlieren. Sie fuhren in die Studentenstadt und suchten das Wohnheim. Damals konnte nicht jeder die Heime betreten, an der Eingangstür saß eine Wache, die Acht gab, wer kam und ging, und die notierte, wenn jemand Fremdes ins Heim wollte. Irgendwie gelang es meinen Großeltern, den Studenten zu bestechen, der an diesem Tag Dienst hatte. Er zeigte ihnen den Mann, von dem sie glaubten, er wolle ihnen ihre Tochter wegnehmen. Sie kannten ihn nicht. Der Student gab ein Zeichen, als der dunkle Mann das Wohnheim verließ, um Zigaretten zu kaufen. Sie schlichen sich auf sein Zimmer, wo meine Mutter auf den Vater ihres Kindes wartete, zerrten sie hinaus und brachten sie zurück ins Dorf. Dort wohnte sie ihm Hause ihrer Eltern, gebar das Kind und beendete ihre Ausbildung. So wie es ihre Eltern von ihr verlangten.

Ich weiß nicht, ob und wie heftig sie sich gegen ihre eigene Entführung durch ihre Eltern wehrte. Ich weiß nicht, ob sie wirklich in den Westen wollte, aus freien Stücken, oder ob sie mitgegangen wäre, nur weil er es so wollte? Vielleicht war es ihr nicht ganz unrecht, dass ihre Eltern sie zurückholten, sie vor einem Schritt bewahrten, den sie möglicherweise bereut hätte. Ein Leben mit Mutter und Vater unter einem Dach, die sich um das Kind kümmern, während sie versuchte, Regelmäßigkeit in ihren Alltag zu bekommen, verhieß auch Sicherheit. Versprach Bequemlichkeit und praktische Hilfe. Die hätte sie in einem fremden Land und ohne soziale Kontakte nie gehabt. Das sind Vermutungen, die ich anstelle, ob es tatsächlich so war, werde ich wahrscheinlich nie erfahren. Fakt ist, dass meine Mutter nach ihrer Rückkehr ins elterliche Heim nie versuchte, meinen Vater zu finden. Ein einziges Mal hat mich mein Vater gesehen. Ich muss etwa vier Monate gewesen sein, da trafen sich die beiden zufällig auf der Straße in der Stadt. Ich habe keine Ahnung, wie die Begegnung verlief, ob er sie bat, zu ihm zurückzukommen. Ich weiß nur, dass meine Mutter stur das tat, was ihre Eltern von ihr verlangten.

Wenige Monate nach meiner Geburt lernte meine Mutter meinen Stiefvater kennen, Als ich drei war, heirateten sie. Sie blieben viele Jahre zusammen, obwohl sie einander nicht gut taten. Sie prügelten sich, und als ich älter war, ging ich dazwischen. Vermutlich glaubte meine Mutter, mein Stiefvater sei das Beste, was ihr passieren konnte: Ein Mann, der ohne jegliches Vorurteil eine Frau nimmt, die ein farbiges Kind hat, kann nicht schlecht sein und ist wie ein Geschenk Gottes. Ich war vier, als ich spürte, dass mein Stiefvater meine Schwester mehr liebte als mich. Damals verstand ich noch nicht, warum, dass sie seine leibliche Tochter ist und ihr dies allein zum Vorteil gereichte. Doch in meiner Brust hockte dieses Gefühl, das mir sagte: Irgendetwas stimmt hier nicht, etwas liegt schief. Später aber entwickelte er zu mir eine engere Beziehung. Vielleicht wollte er etwas gutmachen, vielleicht spürte er damals auch, was ich spürte, oder er ahnte, was in mir vorging.

Obwohl er nicht mein leiblicher Vater ist, war er für mich stets mein Vater. Und er wird es bleiben. Vor dem Treffen mit meinem leiblichen Vater hatte er größere Angst als ich. Er fürchtete, mich zu verlieren. Er selbst hat es mir nie gesagt. Ich erfuhr es durch Zufall. Von seiner jetzigen Frau, die er nach der Scheidung von meiner Mutter geheiratet hat. Wahrscheinlich schwieg er, um mich nicht zu verletzen oder mich in meinen Entscheidungen zu beeinflussen. Später ging ich auf ihn zu und nahm ihm seine Angst: »Du wirst immer mein Vater bleiben. Schließlich hast du mich groß gezogen. Den anderen Mann kenne ich nicht, er war über Jahrzehnte nicht präsent in meinem Leben. Wie kann er da plötzlich eine Vaterrolle einnehmen?«

All die Jahre überließ er mir die Entscheidung, ihn als Vater anzunehmen. Er drängte sich mir nicht auf, er pochte nicht auf seine Vaterrolle, weil er für mich die Vatersstelle einnahm. Aus diesem Grunde auch hatte er mich nie adoptiert. Er hätte mich gern adoptiert, wollte aber mich wählen lassen. Doch mir war es nie wichtig, dass er mich rechtlich annimmt. Und als ich volljährig war, glaubte ich, der Kelch der Entscheidung sei an mir vorübergegangen, eine Adoption sei nun nicht mehr nötig. Inzwischen schwanke ich: Als Liebesbeweis würde ich ihm eine späte Adoption anbieten.

Ich habe zwei Väter, aber eine Mutter, die sich auflöst, die inzwischen so weit von mir entfernt ist, dass ich im Grunde keine habe. Die Begegnung mit meinem leiblichen Vater war für mich wichtig, um zu erkennen, welcher Teil in mir von ihm stammt und welcher von meiner Mutter. Als ich meinem leiblichen Vater gegenüberstand und ihn beobachtete, erschrak ich. Weil ich erkannte, dass meine Mutter stärker in mir sitzt, als mir lieb ist. Sie krallt sich fest, aber ich arbeite daran, sie aus mir herauszustoßen. Meine Wutausbrüche, knapp an der Grenze zur Hysterie, meine Art zu streiten, meine Unfähigkeit, Konflikte auszuhalten, all das ist meine Mutter in mir. Niemand konnte ihr etwas recht machen. Um den Wutausbrüchen unserer Mutter zu entfliehen, übte meine Schwester ihre Unterschrift. Jedes Mal, wenn wir eine schlechte Zensur oder einen Eintrag bekamen, fälschte meine Schwester die Unterschrift. Aus Angst vor der mütterlichen Unberechenbarkeit begannen wir zu lügen.

Früher war für mich der schlimmste Tag im Monat ihr Haushaltstag. Wenn ich von der Schule nach Hause kam, hatte sie den Inhalt meines Schranks auf den Boden geschleudert. Ich sollte ihn einräumen, diesmal ordentlich. In ihren Augen glich mein Schrank einer Rumpelkammer.

Meine Eltern stritten viel, so glaubte ich, ein gemeinsames Leben, eine Beziehung bestehe aus Auseinandersetzungen. Harmonie kannte ich nicht. Es fiel mir schwer, Ruhe zu leben. Immer wenn ich an Grenzen stoße, die mich auf die Beziehung zu meiner Mutter zurückwerfen, die mich sein lassen wie meine Mutter, zwingt mich mein Mann zur Reflexion. Er holt mich zurück, indem er mich mit dem Namen meiner Mutter anspricht. Das ist das Schlimmste für mich. Doch so gelingt es ihm, dass ich mich auf mich selbst besinne. Wir tragen seit Jahren viele Kämpfe miteinander aus. Doch am Ende, das weiß ich, lohnt es sich. Es wäre der Horror für mich, zu sein wie meine Mutter.

Als ich neunzehn war, trennte ich mich von meinem damaligen Freund, mit dem ich zusammenlebte. Ich wusste nicht wohin, ich hatte keine eigene Wohnung und zog zurück nach Hause. Kaum war ich dort, waren meine Tage mit mütterlichen Vorwürfen gefüllt: »Als ich so alt war wie du, hatte ich bereits ein Kind und musste viel arbeiten, viel mehr als du heute.« Sie suggerierte mir, ich sei an ihrem unglücklichen Leben schuld, ich hätte sie dorthin gebracht, wo sie am Ende gelandet war. Sie sprach es nicht offen aus, sondern schob mir ihre Anklage subtil unter. Mich plagten Schuldgefühle, ich bezog jeden ihrer Angriffe auf mich. Bis ich ihrer Worte überdrüssig wurde, die in meinen Ohren widerhallten wie ein Echo. Wahrscheinlich ist es wie mit allen Dingen, die zu oft vorkommen: Irgendwann nimmt man sie nicht mehr ernst. Und ich sagte mir: Was hat sie nur? Nie war sie allein, stets hatte sie ihre Eltern, die ihr das Kind und damit einen Großteil ihrer Last abnahmen. Sie soll aufhören zu jammern.

Ihre Tiraden sind Ausdruck ihrer Schwäche. So wie sie nie über sich selbst hinauswuchs und sich aus ihrem vermeintlichen Schicksal befreite, so wenig Widerstandskraft zeigte sie gegen ihren Mann. Ständig stritten sie miteinander, sie ließ ihn körperlich verhungern, er schlug sie. Er schlug auch uns Kinder. Ich erinnere mich, wie ich durch einen kräftigen Hieb mit dem Rücken gegen eine Zimmertür flog, dass es krachte. Meine Mutter hätte sich trennen können, sie hätte sich trennen müssen. Wegen uns Kindern, aber vor allem ihrer selbst wegen. Aber sie vermochte es nicht. Stattdessen ging irgendwann mein Vater, weil er es nicht mehr ertrug. Unter diesem Verlust leidet meine Mutter heute noch. Obwohl sie eigentlich sehen sollte, dass es das Beste war, was er beiden antun konnte. Es ist merkwürdig: Sie litt unter und an ihm, aber ohne ihn leidet sie ebenso. Vermutlich ist es eine Art schizophrener Abhängigkeit, die sie an ihn kettet.

Warum ist sie so, wie sie ist? Das fragte ich mich oft. Warum ist sie so kalt und unnahbar? Warum kann sie keine Nähe zulassen? Weder von ihrem Mann, noch von ihren Kindern? Die Antwort kenne ich nicht, aber ich setze sie mir zusammen aus den vielen zerfetzten Teilen der familiären Landkarte. Zu ihrem Vater hatte meine Mutter kein Verhältnis. Die Angst vor Verletzungen, Vertrauensbruch und fehlendem Verständnis führt weit in ihre Kindheit zurück. Was genau geschehen ist, weiß ich nicht. Sie erzählte mir nur, dass sie zu ihrem Vater nie ein Verhältnis aufbaute. Als sie erwachsen war, setzte sich dies fort. Erst kürzlich wurde eine Truhe mit einem Geheimnis geöffnet, die ihre Eltern vermutlich am liebsten für immer geschlossen gehalten hätten. Als mir mein leiblicher Vater von meiner Mutter erzählte, erwähnte er Briefe, die er ihr schickte. Ich fragte meine Mutter danach, aber sie wusste nichts von Briefen. Also fragte ich meine Großeltern, und die rückten nur zögernd die Antwort heraus. Nachdem meine Mutter von ihren Eltern abgeholt worden war, schrieb mein Vater regelmäßig ins Dorf. In die Briefe steckte er Geld – für meine Mutter und für mich. Doch meine Großeltern fingen die Briefe ab und schickten sie zurück. »Wir brauchen keine Almosen«, schrieben sie. Meiner Mutter sagten sie kein Wort.

Vor einem Jahr erlitt meine Mutter einen Schlaganfall. Bis zu diesem Tag glaubte ich, meine Mutter sei mir egal. Die Nachricht von ihrem Anfall versetzte mich jedoch in eine Art Schockzustand. Ich spürte, wie sich in mir etwas regte, ein vorsichtiges Gefühl, das vielleicht etwas von der Liebe einer Tochter zu ihrer Mutter hat. Ich fuhr ins Krankenhaus und war zunächst erschrocken, wie sehr diese Krankheit einen Menschen verändert. Wenngleich ich am Krankenbett spürte, wir haben uns nichts zu sagen, wünsche ich mir seitdem immer stärker ein Gespräch mit ihr. Über uns, über meinen Vater, über ihre Lebenslüge, über sie. Und wenngleich ich mir stets eine andere Mutter ersehnte, weiß ich, dass es für uns beide wichtig ist, uns einander zu nähern. Aber ich habe Angst davor, auch Scheu vor dem Gefühl, das vielleicht entstehen kann. Vor allem aber Furcht, dem Gespräch nicht gewachsen zu sein und erneut in die Mutter-Kind-Rolle zurückzugleiten. Meine Mutter war immer aufbrausend, ihre Fähigkeit zur Rage verlor sich auch durch ihren Schlaganfall nicht. Das Ende dieses Gespräch, das vermutlich nie stattfinden wird, kenne ich schon jetzt: Nach spätestens zwei Tagen rennen wir schreiend auseinander. Über meine Mutter vermag ich nichts Liebevolles zu sagen. Sie hat keinen Platz in meinem Leben, ich keinen in ihrem.

OHNE DEN BLICK IN DIE WELT BIN ICH NICHT VOLLSTÄNDIG

Die Mutter von Rebecca M. war Hausfrau, sie selbst machte Karriere

Als meine Töchter acht Monate alt waren, schob ich den Kinderwagen durch die Stadt auf der Suche nach einer Kita, die meine Kinder in Obhut nahmen. Am liebsten sofort. Bereits über ein halbes Jahr in meine Wohnung gebannt zu sein, strengte mich an. Aber es waren nicht die Zwillinge, die dieses Gefühl verursachten. Es war der Verlust meiner Arbeit. Der verpasste Blick in die Welt, meine Kollegen, die Hektik des Alltags im Sender. Die donnernde Stimme meines Chefs, kurz bevor ein Beitrag auf Sendung gehen sollte, dem noch ein O-Ton fehlte. Mein Erziehungsurlaub bestätigte mir, was ich längst wusste: Ich brauche meine Arbeit zum Leben wie mich meine Töchter als Mutter brauchen. Ohne meinen Job wäre ich weniger als ich bin. Jedoch ohne mich ausschließlich über meinen Beruf zu identifizieren. Ich bin Berufstätige, Mutter, Frau. Aus diesen drei Komponenten entsteht das Bild, das ich verkörpere. Fällt ein Teil aus der Gesamtkomposition heraus, bin ich nicht mehr vollständig und drohe zu zerfasern.

Während ich meine Töchter stillte, führten zwei Seelen in meiner Brust einen beständigen Kampf. Die eine provozierte: Du wirst niemals eine Mutter sein, die in ihren Kindern alles sieht, die sich in erster Linie über ihre Mutterrolle definiert, die jederzeit nur für ihre Kinder da ist. Die andere widersprach: Aber die Mädchen brauchen dich, mehr als dein Sender es dir erlaubt, sie werden sich nach dir sehnen und weinen, wenn du nicht da bist.

Ich werde dich mit einem schlechten Gewissen ausstatten, sprach die Stimme weiter, das dich immer wieder an deine Kinder erinnert, wenn du später als gewöhnlich heimkommst. Schon auf dem Heimweg wirst du überlegen, wie du dein Versäumnis wieder gutmachen kannst.

Und in der Tat: Als meine Töchter hintereinander Windpocken hatten, konnte ich unmöglich drei Wochen zu Hause bleiben und sie pflegen. Ich fragte eine Freundin und die Kinderfrau, ob sie bei den kranken Mädchen bleiben konnten. Drei Tage war ich bei ihnen. Doch dann musste ich in den Sender. In diesen Tagen hasste ich meinen Job, meine Berufstätigkeit. Jeden Morgen stach es in meiner Brust, als ich mich von den Zwillingen verabschiedete und sie anderen Frauen überließ. Ich wusste: Gerade jetzt brauchen sie mich, gerade jetzt wollen sie, dass ich da bin und niemand anderes. Erneut spürte ich den Widerspruch, den jede berufstätige Mutter in sich trägt: Eine gute Mutter sein und sich alle Zeit der Welt für die Kinder nehmen zu wollen, es aber nicht realisieren zu können, weil es noch ein anderes Leben neben den Kindern gibt. Ich empfinde sie als schrecklich, diese Übermütter, die sich ausschließlich über ihr Dasein als Mutter definieren und deren Gespräche sich vorrangig um ihre Nachkommen drehen. Die nichts anderes bewegt als ihre kleine Welt, die über den familiären Tellerrand nicht hinaus reicht. Und die Mütter wie mich ablehnen, weil diese sich ein Leben organisieren und gönnen, das turbulent ist.

Ich möchte geachtet und geschätzt werden. Als Mutter, ja. Aber vor allem für meine Arbeit, meine Produktivität und meine kleinen Siege, die ich täglich erringe. Auch für meine Niederlagen, die ich trotz großer Kämpfe mitunter einstecken muss. Aber die gehören dazu und die gehören zu mir. Als berufstätige Mutter erfülle ich jeden Tag und jede Nacht mehrere Aufgaben, mitunter gleichzeitig. Ich liebe mein Leben und ich liebe meine Vielschichtigkeit. In jeder Rolle habe ich ein anderes Gesicht und gebe eine andere Figur ab. Jede Rolle an dem Ort, den sie verdient und der sie einfordert. Am Tage bin ich die Kollegin, die sich durchsetzt und organisiert, plant und arrangiert. Am frühen Abend die Mutter, die Tränen trocknet und zuhört, Hausaufgaben kontrolliert und kocht. Und am späten Abend die Freundin, die Ratschläge erteilt, entspannt und sich ihrer Sinnlichkeit hingibt. Ich habe die Wahl zwischen den Rollen und ich möchte auf sie nicht verzichten. Alle drei Rollen genieße ich und weiß, dass nicht jedes Gesicht in jedes Haus passt. Ich mag diese Abgrenzung und meine Wandlungsfähigkeit, die mir gestattet sind, ohne mich verstellen, ohne ein Gesicht aufsetzen zu müssen, das nicht meines ist.

Meine Mutter war Hausfrau. Hausfrau wider Willen. Sie war achtzehn, als sie das erste von fünf Kindern bekam. Vom Tage ihrer Schwangerschaft an verboten ihr mein Vater und seine Eltern zu arbeiten. Sie war eine hochbegabte Frau. Sie spielte Klavier und zeichnete. Sie wollte auf die Modeschule, aber die Schwangerschaft verbot ihr das. Mit achtzehn Jahren war ihr Leben besiegelt, es war das Dasein einer Hausfrau und Mutter. Anfänglich begehrte sie gegen das Diktat ihres Mannes und seiner Eltern auf, aber sie setzte sich nicht durch. »Ich schaffe das«, beteuerte sie. »Ich kann gleichzeitig Mutter, Ehefrau und Berufstätige sein.« Sie hätte es auch geschafft, aber sie beugte sich der Anordnung der anderen. Mit dem ersten Kind vernachlässigte sie ihr Talent, mit jedem weiteren Kind verkümmerte es mehr. Im Laufe der folgenden Jahrzehnte zeichnete sie lediglich hier mal eine Einladungskarte oder dort einen Adventsgruß. Auch die Zeichnungen ihrer Kinder, die diese im Kunstunterricht anfertigen mussten, malte zum größten Teil sie. Wir bekamen stets Einsen dafür. Es waren die Einsen meiner Mutter.

Für meinen Vater war meine Mutter ein Statussymbol. Er liebte sie, sie war eine bezaubernde Frau, aber sie stellte an seiner Seite einen Wert dar, der es nicht erlaubte, dass sie arbeitete. Mein Vater war Geschäftsführer eines großen und bekannten Unternehmens, er verdiente viel Geld. Wir waren eine wohlhabende

Familie. Mit Grundbesitz, Garten und großem Wagen. Mit 24 Jahren hatte meine Mutter ein Haus gebaut und drei Kinder. In den kommenden sechs Jahren kamen noch zwei Kinder dazu. In das Haus steckte meine Mutter all ihre Kreativität, all ihr Können, all ihre Phantasie. Das Haus war ihr Werk, ihre Aufgabe, ihr Beruf. Es war das schönste in der gesamten Gegend. Und ihr sechstes Kind.

Meine Mutter war eine starke Frau, ein anmutiges Wesen, nach dem sich die Männer umschauten. Sie managte die Familie, den Haushalt, die sozialen Kontakte. Mein Vater war wenig zu Hause und unser Ernährer. Meine Mutter lebte eine tradierte Hausfrauenehe in vollen Zügen. Ihr Leben war bestimmt durch ihre Kinder und ihre Beziehung. Nur einmal im Jahr brach dieses Geflecht auseinander. Aber es zerfiel nicht, im Grunde wurde es erneut bestätigt. Meine Eltern fuhren stets allein in den Urlaub, wir Kinder blieben zu Hause. Zwei Sommerwochen im Jahr gehörten einzig meinen Eltern. In dieser Zeit bildeten sie eine unverrückbare Einheit, waren sie ein untrennbares Gespann. Zwei Wochen im Jahr. Die restliche Zeit ließ mein Vater meine Mutter allein. In vierzig Jahren meldete er sich in seiner Firma nie krank. Wahrscheinlich ist auch das ein Verdienst meiner Mutter. Sie leistete viel und hielt die Familie aufrecht. Aber Zeit ihres Lebens fand sie in ihr keinen Platz, keinen, der sie vollständig ausfüllte. Sie war reduziert auf ihre Rolle als Mutter und Hausfrau. All ihre Talente waren unsichtbar geworden.

Ein einziges Mal brach sie aus ihrem Gefängnis aus. Ich weiß nicht, wie sie es anstellte, aber sie überredete meinen Vater dazu, zweimal in der Woche einen halben Tag zu arbeiten. Für sie das Paradies auf Erden. Ich war zehn Jahre alt, das dritte von uns fünf Kindern. Die beiden letzten waren damals acht und sechs. Meine Mutter und eine Freundin eröffneten eine Galerie. Keine ausschließlich für Kunst, etwa Malerei oder Bildhauerarbeiten. Die beiden Frauen setzten auf die Moderne und boten Schmuck und Kunst an. Kunst, die sich kaum jemand ins Wohnzimmer hing, und Geschmeide, das keine Frau trug. Es waren kunstvolle Dinge, aber ohne Gebrauchswert. Der Umsatz des Ladens wird nicht umwerfend gewesen sein, aber das interessierte die Frauen kaum. Wichtig war zumindest meiner Mutter, außerhalb ihres Heims tätig und unter Menschen zu sein, anders wahrgenommen zu werden. Jemand zu sein, der mehr Wert ist als ein Kochbuch hergibt. Vermutlich wird mein Vater den Laden subventioniert oder gar erhalten haben. Aber als er eine hochdotierte Stelle am anderen Ende des Landes angeboten bekam und zugriff, zog die Familie um. Für meine Mutter hieß dies nicht nur die gesamte Last des Umzugs einer siebenköpfigen Familie, es bedeutete die Aufgabe ihrer gewonnenen Freiheit. Meine Eltern verkauften das Haus und wir zogen in eine uns allen unbekannte Gegend. Außer uns hatten wir keine sozialen Kontakte. Für meine Mutter war das der Todesstoß.

Während wir Kinder in der Schule schnell Freunde fanden, blieb meine Mutter allein. Im Haus, im Alltag, in sich. Zuflucht fand sie im Alkohol. Zunächst bemerkte es niemand, meine Mutter war geschickt und wusste ihre Sucht gut zu verbergen. Sie trank nicht regelmäßig, so dass der Alkohol sie zeichnete. Manchmal suchten wir das gesamte Haus nach Wein- und Schnapsvorräten ab, fanden aber keine. Sie hatte sie so gut versteckt, dass wir fast den Verdacht hatten, sie selbst müsste vergessen haben, wo sie sie platziert hatte. Aber sie trickste uns alle aus. So konnten wir ihr nicht helfen und sie vor ihren Anfällen bewahren. Sie kamen in unregelmäßigen Intervallen und ohne sich anzukündigen. Selten brauchte meine Mutter einen Anlass oder einen Grund, um sich zu betrinken. Es passierte einfach, und dann war es zu spät. Dann trank sie und konnte nicht mehr aufhören. Sie trank und trank und trank. Vier oder fünf Tage hintereinander. Irgendwann hatte sie sich nicht mehr unter Kontrolle und wir mussten sie in die Klinik bringen, sonst hätte sie sich in den Tod gesoffen. Es war, als öffnete der Alkohol eine Schleuse, durch die nun alles floss und die sie nicht mehr zu schließen vermochte. Lediglich im Krankenhaus wurde ihr Halt geboten. Der hatte Bestand bis zum nächsten Mal. Ein halbes Jahr später.

Noch nie habe ich mit ihr darüber reden können. Mutters Trunksucht ist ein familiäres Tabu. Inzwischen wird in unserer Großfamilie über alles gesprochen, außer über Mutters Entgleisungen. Niemand wagt sich an dieses Thema heran, keine will diejenige sein, die mit einer spitzen Nadel in eine schmerzende Wunde sticht. Dabei braucht meine Mutter dringend Hilfe. Das weiß sie selbst. Und begann einige Male eine Therapie, die sie wieder abbrach, weil sie sich den meisten Therapeuten überlegen fühlt. Sie ist intelligent, und das hat nicht immer nur Vorteile.

Mutters Alkoholismus war vielleicht auch immer ein Schrei nach meinem Vater, ein Hilferuf, sie nicht ständig allein zu lassen, eine unausgesprochene Forderung nach seiner Präsenz. Aber er hörte ihn nicht, im Gegenteil, er hielt sich die Ohren zu. Immer waren wir Kinder es, die Mutter ins Krankenhaus brachten. Wir brachten ihr Tee ans Krankenbett, wenn sie wieder zu Hause war. Wir schüttelten ihr Bett auf, damit sie nicht schwitzte. Mein Vater war einfach nicht da.

Ich war zwölf Jahre alt, als ich meine Mutter das erste Mal betrunken und hilflos sah, als ich begriff, dass irgendetwas nicht stimmte. Ich hatte Geburtstag und kam voller Vorfreude auf ein Fest von der Schule nach Hause. Aber es sollte keine Feier stattfinden, es gab keinen Gabentisch und keinen Blumenstrauß. Was ich vorfand, war eine Situation, die ich nicht kannte. Meine Mutter lag fast reglos auf dem Fußboden, volltrunken und bar jeder Kontrolle. Sie sagte nichts und reagierte nicht auf meine Fragen. Ich rief meinen Vater in seiner Firma an, ich hatte keine Ahnung, was passiert war. »Geh zu Freunden«, antwortete er kurz und knapp. Ich hatte mich auf einen bunten und lauten Geburtstag im Kreise meiner Familie gefreut und wurde leise aus dem Haus geschickt. Vater blieb in seinem Büro und kam erst zur gewohnten Zeit heim. Heute glaube ich, meine Mutter sehnte sich – neben einer beruflichen Selbstbestätigung – mehr nach meinem Vater, als sie jemals ausdrückte, überhaupt jemals hätte ausdrücken können.

Wahrscheinlich waren es auch ihre Stärke und ihre Intelligenz, ihre Selbstbeherrschung, die sie in den Alkohol flüchten ließen. Im Grunde hatte sie sich stets im Griff, und alles, was sie anpackte, gelang. Das Haus, die Kinder, der Haushalt. Ihr Perfektionsanspruch war erheblich. Daher fiel es ihr schwer, Schwächen zuzugeben und offen mit ihnen umzugehen. Geschweige denn, sie spielerisch zu behandeln. Sie konnte nie formulieren, was sie brauchte und was sie vermisste. Der durch den Alkohol ausgelöste Wegfall von Kontrolle ermöglichte ihr vielleicht einen Zugang zu ihren verdrängten Gefühlen, zu ihren Sehnsüchten und heimlichen Wünschen. Wenn ihr der Boden unter den Füßen entglitt, spürte sie sich.

Bis heute hat sie nicht gelernt, Emotionen zuzulassen und sie nach außen zu tragen. Einmal erzählte ich ihr am Telefon, dass ich unser erstes Haus »besucht« hatte. Jenes Haus, das sie gebaut und eingerichtet, in das sie viel von sich hineingesteckt hatte, so dass es eigentlich ihr Haus war.

Vor wenigen Monaten war ich in der Gegend und hatte das drängende Bedürfnis, unsere Vergangenheit aufzusuchen. Mit dem Wagen fuhr ich in die Siedlung, bog in die Straße und fand mich vor dem Haus wieder. Noch immer war es das schönste in der Gegend. Es hatte sich ein klein wenig verändert. Im Garten blühten andere Blumen, auf der Terrasse stand eine Holzbank, die Fenster trugen keine Gardinen. Wer mag jetzt hier wohl wohnen, fragte ich mich. Wer wacht morgens auf, benutzt die Dusche und geht den Weg über die Wiese zum Gartentor? Wie die Küche wohl aussehen mag? Wie die Zimmer der Kinder? Gibt es überhaupt Kinder in diesem Haus? Meine Gedanken ließen mich nicht los, und ich klingelte. Die Tür öffnete eine Frau, die kaum älter war als ich. »Ich bin hier groß geworden«, erzählte ich der

Frau, die mich mit fragenden Augen anschaute. »Meine Mutter hat das Haus gebaut.« »Ja, und?«, fragte die Frau ungerührt. Sie bat mich nicht hinein, sie schenkte mir keinen Blick in meine Kindheit. Plötzlich rannen Tränen über meine Wangen. Hier gehörst du nicht mehr hin, wusste ich. Hier schlägt jetzt ein anderer Rhythmus. Als ich meiner Mutter am Telefon von diesem Erlebnis erzählte und erneut ein Heulen unterdrückte, erwiderte sie betont stark: »Das habe ich alles hinter mir gelassen.«

Ich weiß nicht, wie viele Therapien sie begonnen und abgebrochen hat. Immer wieder von neuem griff sie nach einer helfenden Hand. Aber saß sie einem Arzt oder Therapeuten gegenüber, fühlte sie sich ihm überlegen und wusste besser, was für sie gut ist. Nach dem ersten Gespräch, das ihr ein solches Gefühl vermittelte, brach sie in der Regel die Therapie ab.

Meine Mutter hat mich sehr feministisch erzogen. Die Bücher, die sie mir gab, die Ausstellungen, in die sie mich führte, erzählten oft von den Kämpfen der Frauen gegen Männer, Kämpfe um Rechte, die Frauen verwehrt wurden, Rechte, die sie sich hart erarbeiten mussten. Sie erklärte mir, dass Mädchen ebenso viel wert sind wie Jungen. Sie empfahl mir Filme über die Ungerechtigkeiten dieser Welt, über die Beschneidung in Afrika und den Hunger in Lateinamerika. Ihr war es wichtig, dass ihre Töchter eigenes Geld verdienen, ihr Leben selbstständig gestalten und niemals abhängig sind von einem Mann. Sie wollte aus mir und meinen Schwestern autonome Menschen machen, die ihre Entscheidungen in sich selbst tragen, die sich zwar Rat einholen, aber letztlich doch das tun, was sie für richtig halten. Sie projizierte auf uns das Leben, das zu führen, ihr verboten worden war. Vielleicht sollten wir ein wenig ihre Träume erfüllen, die Vorstellung von einem künstlerisch erfüllten Dasein.

Meine Mutter war nicht die Einzige, die ihre Kinder mit dem Feminismus bekannt machte. Damals auf dem Lande gab es einige Frauen, die wie meine Mutter lebten. Und litten. Sie hockten in ihren goldenen Käfigen, in die sie in jungen Jahren gepresst wurden und denen sie nicht ohne erheblichen Verlust wieder entkamen. Also hielten sie still, bekannten sich zum Feminismus, den sie aus ihrer Situation heraus erkannten. Und schlossen sich zu einem Zirkel zusammen, der sich regelmäßig traf. Manchmal bei uns zu Hause. Meinem Vater waren die Zusammenkünfte mehr als nur ein Dorn im Auge. Er hasste sie und befürchtete die Macht, die von der geballten Frauenkraft ausging. Außerdem glaubte er, die Frauen würden über ihn in einem Tenor reden, der ihm missfiel: Dass die Frauen sich über ihn lustig machen, obwohl und weil er der Ernährer der Familie war. Aber auch er wollte seine Töchter stark sehen, sie widerständig machen gegen die Welt. Wenngleich aus einem anderen Aspekt als meine Mutter. Ihm war wichtig, dass seine Töchter gute Männer bekommen. Einen Versager als Schwiegersohn zu haben wäre ihm ein Greuel.

Zum »feministischen Erziehungsprogramm« meiner Mutter gehörte damals auch die Stern-Kampagne »Wir haben abgetrieben«. Meine Mutter erklärte mir, warum die Möglichkeit, ein Kind nicht bekommen zu müssen, für Frauen eine enorme Errungenschaft bedeutete. Ich war vielleicht fünfzehn und schaute meine Mutter entsetzt an, als sie ihr Plädoyer für Schwangerschaftsabbruch erhob. Inzwischen hatte ich längst verinnerlicht, dass mir kein Junge etwas zu sagen hatte, dass ich mir nicht die Butter vom Brot nehmen lasse, aber Abtreibung war auf einer anderen Ebene angesiedelt. Die hatte in meinem Selbstverständnis und meinem Gerechtigkeitssinn damals keinen Platz.

Wir Töchter sind heute alle erfolgreich. Ich bin die persönliche Assistentin des Chefs eines bekannten Fernsehsenders, meine Schwestern sind Juristin, Architektin, Lehrerin und Ärztin. Ich bin da, wo ich immer hin wollte. Schon als Kind. Einige Fernsehserien und -sendungen, die heute fast jeder kennt, liefen damals schon. Ich liebte sie und wollte immer an solch einem Ort arbeiten. Im Grunde beendete meine Mutter erfolgreich, was sie mit ihrer ersten Schwangerschaft begann: ihr Projekt

Kinder. Ich weiß nicht, ob es meiner Mutter in dieser Klarheit bewusst ist. Sie stärkte und förderte ihre Kinder, die anders leben sollten, als sie es selbst tat. Sie könnte stolz darauf sein, und ich glaube, sie ist es auch. *Ihr* jedoch fehlt der Erfolg in einem eigenen Beruf. Sie weiß, was wir sind. Aber sie möchte nie genau wissen, was wir tagtäglich tun. Telefoniere ich mit ihr, sendet sie, aber empfängt wenig. Sie fragt kaum nach. Sicherlich scheut sie die direkte Konfrontation mit dem Erfolg ihrer Tochter, wahrscheinlich flieht sie vor dem Vergleich mit ihrem Kind. In Bezug auf ihre Biographie verstehe ich ihre Furcht und ihr Ausweichen. Aber ist es nicht eine Flucht vor ihrem eigenen Leben? Vor ihrer eigenen Vergangenheit? Mittlerweile entzieht sie sich sogar Familienfeiern wie Weihnachten, Ostern, Geburtstagen. Immer wieder denkt sie sich abenteuerliche Ausreden aus, warum sie nicht kommen kann oder warum wir nicht zu ihr kommen können. Das ist der Beginn zur Zwanghaftigkeit.

Ich warf meiner Mutter ihr Leben nie vor und werde es nie tun. Andere Töchter verfluchen ihre Mütter für ihre geduckte Haltung und lehnen sie für ihre Passivität ab. Meine Mutter schenkte uns Töchtern all ihre Fähigkeit und Gedanken, sie tat, was sie tun konnte. Dafür danke ich ihr. Obwohl ich anders leben wollte.

Sie war immer eine gute Mutter. Sie opferte sich ihren Kindern und ihrer Familie. Ich war ein schwaches und zartes Mädchen und viel krank. Oft saß sie bei mir am Bett, strich mir über die Stirn. Zweimal am Tage schüttelte sie die Bettdecke auf und brachte unablässig heißen Tee. Im Laufe der Jahre indes verlor sich ihre Mütterlichkeit und mündete in Dominanz. Der Wandlungsprozess setzte ein, als wir Kinder selbstständig wurden und das Haus verließen. Vermutlich war er Ausdruck ihres Anspruchs auf ein eigenes Leben. Früher vermochte meine Mutter nie nein zu sagen. Verlangte jemand etwas von ihr, versagte sie keinen Dienst. Aber das war nicht das Dasein, das sie erstrebte, nach dem sie sich sehnte, das sie erfüllte. Sie wollte kreativ sein dürfen, zeichnen, musizieren. Ihre Dominanz war ihre Art der Abgrenzung von ihrem einstigen Hausfrauendasein.

So zeigte sie mir nie, wie man Spätzle zubereitet oder gefüllten Truthahn. Ich bin fast vierzig und rufe sie oft an, um zu fragen, wie ich dieses oder jenes zu kochen habe. Ich weiß es nicht und ärgere mich darüber. Meine Mutter kochte hervorragend und gern. Aber diese Fähigkeiten übertrug sie nicht auf mich. Heute vermisse ich ihre Mütterlichkeit, in ihren Worten ebenso wie in ihren Handlungen. Manchmal brauche ich ihre Wärme, die sie einst ausstrahlte, ihre schützende Hand, die sich über mich legt. Oft saßen wir in der Küche am großen Tisch und seufzten über ein Problem: »Ach, Mama.« »Ach, Rebecca.« Wir brauchten nicht viele Worte, um uns zu begreifen, und nur kleine Gesten, um uns zu sagen: Es gibt zwar Ärger, aber wichtig ist, dass wir uns lieb haben.

Glaubt man ihren Worten heute, war ihre Ehe die Hölle. Sie verflucht alles, was mit ihr zusammenhängt. Meine Mutter war ihrer Zeit voraus, sie wollte beides: Familie und Beruf. Das wurde ihr verboten. Aber sie hat auch nie vermocht, aus diesem Teufelskreis auszubrechen. Wenigstens zu einer Zeit, in der es möglich gewesen wäre. Sie hat sich gebeugt – und gelitten. Noch vor wenigen Jahren verstand ich ihre Kritik an ihrer Ehe nicht und plädierte leidenschaftlich dafür, dass sie hätte gehen können. Heute verstehe ich meine Mutter besser. Auch ich hätte sicher nicht aufbegehrt – gegen meinen Mann, meine Schwiegereltern, die Normen.

Ich bin froh, in einer privilegierten Zeit zu leben. Privilegiert, weil mir erlaubt ist, was meiner Mutter verboten war. Obwohl ich meinen Job oft verfluche. Vor zwei Jahren haben sich mein Mann und ich getrennt. Elf Jahre waren wir zusammen, acht davon verheiratet. Unsere Töchter sind jetzt fünf. Die Scheidung war schlimm. Ich wusste, ich werde fortan nicht nur die Rolle der Mutter und der Medienfrau spielen müssen, sondern auch die des Vaters. Wenngleich die Kinder ihren Vater regelmäßig sehen und ihn jederzeit anrufen können. Wir versuchen, sie nichts vermissen zu lassen.

Vor der Trennung hatte ich große Angst. Es war nicht nur die Furcht vor dem Alleinsein, sondern vor allem davor, von nun an nicht mehr zu bestehen. Mein Mann und ich waren nicht nur miteinander verheiratet und dabei glücklich, wir waren auch ein gutes Team. Unsere Beziehung funktionierte wie ein Neuwagen, der lief, ohne dass wir Angst vor einem Schaden hatten. Wir begaben uns auf eine Reise ins Leben, jedoch ohne zu wissen, wo wir ankommen werden. Das machte unter anderem den Reiz unserer Liebe aus. Darauf ließen wir uns ein, damit fanden wir unser Glück. Noch vor Jahren hätte ich nicht geglaubt, dass unsere Einheit zerbrechen könnte. Umso überraschter und erschrockener war ich, als es schließlich geschah. Und nun bin ich eine Alleinerziehende, die ich nie sein wollte. Ich muss mein Leben anders organisieren. Als Mutter und als Berufstätige. Ich muss meine Prioritäten anders setzen, muss Entscheidungen treffen, von denen ich früher verschont blieb, muss anders zuhören und mich stärker konzentrieren. Fast alles landet heute bei mir. Heute kann ich es mir nicht mehr leisten, unvorhergesehen länger zu arbeiten. Die Kinderfrau fragt nicht, warum ich nicht pünktlich bin, sie geht. Ihre Arbeitszeit ist irgendwann beendet, auch sie muss nach Hause zu ihren Kindern. Früher entlastete mich ein einziger Anruf. Nicht mal eine Minute brauchte es und ich konnte mich wieder meiner Arbeit widmen. »Komme heute erst gegen acht«, sagte ich meinem Mann. Sein Büro gestattet Gleitzeiten und schließt generell früher.

Ich stimmte der Trennung zu, obwohl mir meine Eltern ein anderes Familienmodell vorlebten. Sie trennten sich nie, sondern blieben trotz größter Widrigkeiten zusammen. Doch ihre Ehe und ihr Alltag sind einzig durch Streit bestimmt. Meine Mutter gibt meinem Vater zurück, was er ihr einst genommen hat. Nun bestimmt sie und sagt, was gemacht wird. Doch ihre selbsternannte Vormachtstellung führt nicht zu dem Ausgleich, den sie sich erwünschte, sondern fördert ausschließlich Disharmonie und Diskrepanz. Und meine Mutter versinkt regelmäßig im Alkohol. Einmal sprachen die beiden von Trennung. Ich war dreißig und wusste, dass es für beide besser sein würde, wenn sie ihrer eigenen Wege gingen. Doch mich erschreckte der Gedanke an meine Eltern als geschiedenes Paar so sehr, dass ich wie ein kleines Mädchen heulte. Einige Wochen lang fühlte ich mich wie eine minderjährige Scheidungswaise.

Dieses bohrende und aufreibende Gefühl suchte mich Jahre später noch einmal heim. Bei meiner Scheidung. Ich sah mich als Versagerin: Ich habe es nicht geschafft, meine Beziehung zu halten. Und ich fühlte mich mit einem Mal einsam. Von nun an war ich allein auf mich gestellt, allein für mich und die Mädchen verantwortlich. Obgleich mein Mann in seinem Beruf stets weniger verdiente als ich und ich in ihm niemals einen Ernährer und Versorger sah. Den ich auch gar nicht gewollt hätte. Aber mit der Trennung war eine Art Verlässlichkeit abhanden gekommen, die ich jetzt vermisse. Meine Mutter hatte mir vorgelebt, wie wunderbar es ist, sich aufeinander verlassen zu können. Emotionale Sicherheit wiegt stärker als alles andere, unabhängig von Beruf und Karriere.

MEIN SOHN SCHMIERT KEINE SCHOKOLADE AUF DIE WEISSE TAPETE

Johanna L. wurde antiautoritär erzogen

Ich war mal eine Zumutung. Für meine Freunde, für meine Kollegen, für mich selbst. Schuld daran ist meine Mutter. Sie hat mich versaut. Sie hat mich nie gelehrt, Grenzen anzuerkennen, Normen zu akzeptieren, Werte zu würdigen. Der einzige Wert, der für sie galt, war sie selbst. Ihre Stimmung und ihre Meinung waren ihr heilig. Sie waren der Maßstab. Und meine Stimmungen und Meinungen sollten es für mich sein. Im Grunde kein unverständlicher und falscher Ansatz. Wenn ein Mensch das nötige Alter und das Verständnis dafür besitzt zu begreifen, was sich hinter diesem Ansatz verbirgt. Ich aber war klein, als ich damit konfrontiert wurde. Lange Zeit gab es kaum einen Menschen, mit dem ich klar kam. Weil ich nur mich selbst und meine Welt sah, geprägt durch meine Maßstäbe und meine Mutter. Heute verstehe ich mich mitunter immer noch nicht selbst, obwohl ich über vierzig bin. Auch mein eigener Sohn versteht oft nicht, warum ich bin, wie ich bin. Manchmal reden wir aneinander vorbei. Weil er etwas möchte, was ich ablehne. Mein Nein ist konsequent. Im Gegensatz zum Nein meiner Mutter.

Im Grunde kannte meine Mutter kein Nein. Sie bewegte sich immer nur in Vagheiten, Eventualitäten und Sätzen wie »Entscheide nach deinem Gefühl«. Schon als Vierjährige sollte ich mich nach meinem Willen richten und das tun, was er mir sagte. Aber die Emotionen von Kindern spielen in der Regel Katz und Maus und wollen stets das, was ungesund ist, dick macht und nur kurzzeitig gute Laune bringt. Im Kinderladen hatte ein Kind,

Konstantin, ein Junge aus der Nachbarschaft, einen Lutscher. Zu Hause gab es keine Bonbons, keine Kekse und nur selten Schokolade. Den Lutscher entdeckte ich in der Manteltasche des anderen Kindes und dachte: Jetzt kommst du endlich in den Genuss eines solchen Teils, jetzt darfst du an einem Lutscher lutschen, ohne dass es dir jemand verbietet. Mein Drang nach der Süßigkeit war so groß, dass ich nicht wagte das Kind zu fragen, ob ich den Lutscher haben dürfte. Meine Mutter erlaubte mir zwar alles, aber beim Essen war sie die Öko-Tante aus dem Bilderbuch. Also mopste ich das Teil, verschwand im Klo, setzte mich auf den Deckel und leckte an dem Stengel herum. Den Geschmack werde ich nie vergessen: süß, klebrig, ein wenig nach Honig. Irgendwann riss ein anderes Kind die Tür auf, sah mich dort mit der Süßigkeit und schrie dem Jungen, dem sie gehörte, zu: »Konstantin, Johanna frisst deinen Lutscher.«

Später, als meine Mutter mich abholte, kam die Erzieherin und sagte mit süßlicher Stimme: »Johanna hat heute gestohlen. Ihr solltet mal mir ihr reden, dass Stehlen nicht zu unseren Werten gehört. Ich habe ihr das schon erklärt, aber ich glaube, es ist gut, wenn sie das von euch auch noch mal hört.« Im Kinderladen durfte das Klo nicht abgeschlossen werden und alle duzten sich. Es wurde nicht gemeckert, sondern alles im Plenum basisdemokratisch besprochen.

Zu Hause setzten mich meine Eltern auf eines ihrer Sitzkissen, in ihre Mitte. »Du, Johanna«, begann mein Vater. »Das mit dem Lutscher heute im Kinderladen war nicht in Ordnung. Was glaubst du denn, wie sich der Friedbert gefühlt hat? Also, sei so gut und nimm keinem Kind mehr etwas weg, ja?« Verständnisvoll sahen sie mich an, es gab keinen Streit, keine Strafe, der Abend verlief normal weiter, so als sei nichts geschehen.

Meine Eltern gehörten zur Generation der 68er. Vor meiner Geburt waren sie kurze Zeit in Berlin, dann zogen sie nach Wiesbaden. Sie lernten sich beim Studium kennen. Sie wurden beide Lehrer. Meine Mutter für Französisch und Literatur, mein Vater für Geschichte und Geographie. Sie gehörten zu jenen Studenten, die die Bildungsoffensive mit auf den Weg brachten. Gleiches Recht für alle, ähnliche Chancen für jeden. Der Bauernsohn sollte neben der Professorentochter im Hörsaal sitzen, einzig die Leistung und nicht die Herkunft zählte. Mit anderen Studenten und Transparenten zogen sie durch die Straßen und demonstrierten ihre Gesinnung. Meine Mutter schwenkte Transparente, mit denen sie das Recht auf Abtreibung forderte. Abends hockten sie in Kneipen zusammen und besprachen bei Wein, Bier und Joints ihr weiteres politisches Engagement. Es waren Kneipen, in denen die Wände schwarz und die Beleuchtung mangelhaft war. Meine Mutter trug im Winter Strickkleider und im Sommer weite Tücher aus Indien. Mein Vater zu jeder Zeit Sonnenbrille. Selbst im Kino nahm er sie nicht ab. Heute ist er fast blind.

Es dauerte ein Jahr, bis die beiden ein Paar waren. Sie waren so stark mit ihren Flugblättern und Rundschreiben beschäftigt, dass ihnen nicht auffiel, wie eng sie bereits miteinander verbunden waren. Bis mein Vater eines Abends sagte: »Du Rosi, meinst du, wir könnten die Nacht heute bei dir verbringen?« Meine Mutter muss ihn wohl etwas ungläubig angesehen und überlegt haben, was er will. Aber schließlich sagte sie: »Okay, aber erst müssen wir die Logistik für die Demo morgen noch einmal durchgehen.«

Ganz offensichtlich gehörten die beiden nicht zu denen, die ihren sexuellen Drang in politische Formeln packten, sondern es lag ihnen tatsächlich viel an der Sache. Die sexuelle Revolution ging an ihnen vorbei. Ihre Beziehung war politisch. Und so verhielten sie sich mir gegenüber.

Alles, was sie dachten, taten und sagten, war pc. Musste pc sein. Political correct. Sie waren für die Freilassung der Gefangenen in Südafrika, die Anerkennung der DDR, die Meinungsfreiheit. Und gegen BILD, Amerika und Berufsverbote. Sie waren Mitinitiatoren des Kinderladens, in dem ich die Wochentage bis zum frühen Nachmittag verbrachte. Sie kauften im Bio-Laden ein und plädierten für Öko-Strom. Hätte es damals schon eine Öko-Bank gegeben, hätten sie sicher ihr Gehalt dorthin getragen.

Ich sollte gesund, unbelastet und unbeschadet aufwachsen. In jeder Beziehung. Zuallererst gehörte dazu eine ökologische Ernährung. Meine Mutter kaufte alles im Bio-Laden: Brot, Butter, Käse, Gemüse, Obst, Körner, Müsli, Tee. Jeden Morgen bekam ich mein Müsli vorgesetzt. Im Kinderladen gab es ein zweites Frühstück. Aber nicht so, wie ich es jetzt bei meinem Sohn im Kindergarten erlebe. Dort sitzen alle zusammen an einem Tisch und essen. Damals im Kinderladen musste nur am Tisch sitzen, wer auch essen wollte. Jeden Tag gab es Bio-Schwarzbrot, Bio-Käse, Bio-Obst. Ich konnte das Zeug nicht mehr sehen. Eine Kinderfrau offensichtlich auch nicht. Einmal saß ich neben ihr und mümmelte an meinem Schwarzbrot, an dem ich glaubte, fast zu ersticken. Sie aber aß Weißbrot mit Marmelade. Irgendwann stand sie auf und ging in die Küche, um etwas zu holen. Ich nutzte die Gunst der Sekunde, grapschte auf ihren Teller und tauschte mein Bio-Schwarzbrot gegen ihr Nichtbio-Weißbrot. Damit sie es ja nicht mehr zurückverlangen konnte, stopfte ich es in Windeseile in mich hinein. Als sie wieder da war, hatte ich dicke Backen und sie einen sauren Blick. Aber sie sagte nichts, sie meckerte nicht und tat auch sonst nicht beleidigt. Stumm aß sie mein Brot auf.

Das war der Anspruch der damaligen Kinderladen-Erziehung: Wenn den Kindern nach irgendetwas zumute ist, sollen sie es tun dürfen. Alle waren so betroffen und friedfertig, dass es schon fast kriegerisch war. Mit jedem Kind wurde in Ruhe geredet, damit es sein Handeln versteht und nicht wiederholt, falls es falsch gewesen sein sollte. So sagte die Kinderfrau später am Nachmittag zu mir, das nächste Mal möge ich sie doch bitte fragen, ob ich ihr Brot essen dürfe. Da hatte ich das Frühstück längst vergessen.

Bratwurst oder Pommes, Zuckerwatte und kandierte Äpfel gab es bei mir zu Hause nie. Das waren Ausgeburten der Hölle, Krank- und Dickmacher. Bis ich dreizehn war, wusste ich nicht einmal, was Pommes überhaupt sind. Bis ich mit der Klasse in Berlin war und alle zu McDonalds stürzten. Hamburger mit Fritten und Cola. Bei einem Berlin-Besuch ein Schüler-Muss und für mich das Paradies. Wir waren am Bahnhof Zoo und ich aß mein erstes Fastfood. Einmal sprang mein Vater über seinen Schatten. Ich war etwa vierzehn und bei ihm. Meine Eltern hatten sich getrennt, als ich fünf war. Mutter war nicht zu Hause. Wahrscheinlich demonstrierte sie gerade in Wackersdorf oder Gorleben gegen Atomkraft. Vater und ich hatten nichts zu essen, aber wahnsinnigen Hunger. Da lief er los und kam mit einer Riesentüte Pommes zurück. »Aber sag's nicht der Mama«, ermahnte er mich, bevor wir uns auf das Zeug stürzten. »Pommes sind das Beste für mich«, mümmelte ich ihm zu. Ich glaube, in dem Moment habe ich mich damals gefragt, ob mein Vater wirklich so pc war, wie er immer vorgab. Oder ob er es nur war, weil es ihm meine Mutter auferlegt hatte.

Meine Mutter war diejenige, die den Ton angab, die sagte, was und wie etwas gemacht wurde. Sie war die Herrscherin im Hause und auch in der Ehe. Mein Vater ordnete sich unter. Er ist ein intelligenter und kräftiger Mann. Als Lehrer wird er geachtet und geliebt. In der Schule setzt er sich durch und bestimmt, was getan werden soll. Aber zu Hause duckte er und verhielt sich still. Die beiden hatten ihre Rollen getauscht. Ich bin nie dahinter gekommen, warum. Und habe mir meine eigene vage Erklärung zurecht gelegt. Im Grunde ist mein Vater ein unsicherer Mensch, der mit Autoritäten schwer umgehen kann. Sein Vater muss wohl sehr dominant und herrschend gewesen sein. Ich habe meinen Großvater nie kennen gelernt. Er war schon tot, als ich geboren wurde. Darmkrebs. Die Strenge, die mein Großvater über seinem Sohn ausschüttete, wandelte sich in diesem in Ängstlichkeit und mangelndes Durchsetzungsvermögen. Und dann traf er ausgerechnet auf eine Frau wie meine Mutter. Die an die Stelle seines Vaters trat. Ihr Führungsstil war zwar subtil und versteckt, aber sie hatte meinen Vater in der Hand. Sicher wusste sie das von Anfang an. Und mein Vater ließ sich auf sie ein, weil sie sein Muster, seine Prägung erfüllte. Darin kannte er sich aus, darin bettete er sich. Auch wenn er es ablehnte. Und es hatte etwas Praktisches. Meine Mutter ordnete Vaters Leben. Er musste an nichts denken. Das besorgte meine Mutter: Wann er zum Zahnarzt musste, wo er seine Unterlagen »versteckt« hatte, wie viele Rundfunkgebühren er zu zahlen hatte. In ihrer Dominanz übernahm meine Mutter nicht wenige seiner Angelegenheiten. Und meine Mutter gab vor, was und wie viel gegessen, wo eingekauft und welches Waschmittel verwendet wurde. Später, längst an der Seite ihres zweiten Mannes, entschied sie darüber, dass das Bauernhaus am Stadtrand gekauft wurde. Heute lebt sie dort mit Bernhard, ihrem dritten Mann.

Ebenso verordnete sie unsere Autolosigkeit. »Wozu sollen wir die Luft verpesten und KFZ-Steuern und Versicherungen bezahlen, wo wir doch bequem mit dem Bus in die Stadt kommen?«, argumentierte sie. Wenn wir uns im Winter den Arsch abfroren an Bushaltestellen und auf zugigen Bahnhöfen, im Regen bis auf die Haut durchweichten und im Sommer schwere Taschen mit unseren Badeklamotten schleppten, sagte sie nur: »Es gibt kein schlechtes Wetter, es gibt nur schlechte Kleidung.« Sie war die personifizierte Abwendung jeden Arguments für Komfort und Luxus. Darin war sie konsequent.

Das bin ich heute auch. Nie wieder ein beschissenes Bauernhaus, nie wieder ein regelloses Leben, nie wieder ein Dasein in Abstinenz. Es ist nicht so, dass ich keine Bescheidenheit kenne, aber ich will mich nicht beschneiden und auf Dinge verzichten, die das Leben angenehmer machen. Ich weiß nicht, das wie vielte Auto ich heute fahre, aber ich weiß, dass ich es brauche, um meinen Alltag zu gewährleisten. Mein Sohn muss zum Gitarrenunterricht und zum Karate-Training, und ich kaufe nicht mit dem

Jute-Beutel im Bio-Laden ein. Ich setze mich ins Auto und fahre zum Einkaufs-Center. Dort finde ich alles, was ich brauche. An einem Ort. Das ist praktisch, spart Zeit und Geld.

Wer mich als junges Mädchen kannte, ist verwundert. Mein heutiges Leben unterscheidet sich hundert Prozent von meinem damaligen als Tochter meiner Mutter. Jetzt bin ich ich und ganz anders. Niemals mehr will ich so sein wie früher.

Als ich sechzehn war, hatte ich meinen ersten Freund. »Du, Johanna, wenn das mit dem Markus etwas Festeres ist, sag mir Bescheid. Und wenn du mit ihm schlafen willst, auch. Dann gehen der Bernhard und ich mal ins Kino«, sagte meine Mutter eines Abends zu mir. Wie zufällig und nebenbei. Fast alle Mädchen aus meiner Klasse hatten bereits Sex, ich noch nicht. Mich interessierte das auch nicht. Mit Markus hatte ich jede Menge Spaß, aber keinen Sex. Ich wollte selbst entscheiden, wann und wo es passieren sollte. Das hatte ich von meiner Mutter gelernt. »Das erste Mal sollte zu Hause sein«, sagte meine Mutter einmal. »Da kennst du die Umgebung, da fühlst du dich sicher. Da kannst du es dir richtig schön machen.« Richtig schön machen! Da reden wir mal so richtig von Freundin zu Freundin. Vermutlich dachte sie, das ist genau das, was ich wollte: eine Freundin. Und keine Mutter. Aber ich war nicht nur überfordert mit dieser Rolle, sondern vor allem unerfahren. Dann gehen der Bernhard und ich mal ins Kino! Wahrscheinlich hätte sie es am liebsten gehabt, wenn sie das erste Mal mitplanen und mitgestalten konnte: Heute abend soll es passieren, ja, dann heize ich noch mal kräftig den Ofen, damit ihr es schön warm habt, und später kannst du mir erzählen, wie ihr es gemacht habt. Das hätte ihr sicher gefallen. Absolute Offenheit, völlige Transparenz. Das wollte ich aber nicht. Im Gegenteil. Mir war es immer peinlich, wenn sich meine Mutter und Bernhard laut liebten, manchmal sogar die Türen offen ließen. Weil es doch das Normalste der Welt ist, wenn zwei Erwachsene Sex miteinander haben. Einmal beschwerte ich mich bei ihnen, dass sie mal ein wenig leiser machen sollten. Meine Mutter grinste nur: »Das ist doch was Schönes, und wenn mir nach Schreien zumute ist, dann muss ich es rauslassen.« Ich glaube, das hatte sie von einer ihrer esoterischen Freundinnen oder aus einem Yoga-Kurs.

Das erste Mal war schrecklich und nicht bei mir zu Hause. Ich war siebzehn und wir lagen im Zelt. Er war unerfahren, ich war unerfahren. Es tat weh und ich hatte keinen Spaß. Ich mochte nicht darüber sprechen, weder mit meinen Freundinnen, und schon gar nicht mit meiner Mutter. Eine Freundin wusste dennoch davon und sie platzte damit heraus, als sie bei uns zu Besuch war. Wir saßen in der Küche am großen Tisch und tranken Wein. »Na siehst du«, sagte meine Mutter, »nun hast du es endlich hinter dir. Wie war's?« Ich wurde knallrot und sagte vor Schreck gar nichts. Bernhard saß mit am Tisch und einer seiner Söhne aus erster Ehe. Bernhard ist so, wie er heißt: ein wenig trottlig, aber zahm und gütig. Er macht alles, was meine Mutter verlangt. Er ist ihre Ergänzung. Er ist die Untergebenheit für ihre Dominanz. Mit ihm kann sie sich ausleben. Wie mit meinem Vater. Doch der hatte irgendwann genug. Und ging. Bernhard wird bleiben.

»Wie war's?« Das war der Moment, glaube ich, in dem ich beschloss zu gehen. Am nächsten Tage besorgte ich mir einen Job als Aushilfskellnerin in einem Schnellrestaurant, eine Wohnung direkt gegenüber und einen Studienplatz als Archäologin. Damals wusste ich nicht, dass Archäologie zu mir passte wie ich zu meiner Mutter. Aber ich wollte ein Fach studieren, das mit Fakten arbeitet und nicht mit Spekulationen. Das greifbar ist und nicht analysiert werden kann und mehrere Dinge in sich vereint. Ich wollte etwas Eindeutiges. Archäologie, dachte ich, ist so etwas. Sie bietet mir das Gegenteil meiner Herkunft und meiner Kindheit. Archäologie ist Klarheit und setzt sich selbst Grenzen.

Meine Mutter schenkte mir Geld für meinen »Schritt in die weite Welt«. Als sie das erste Mal meine Wohnung betrat, traf sie der Schlag, glaube ich. Dass ich in einen Plattenbau zog, begründete ich stets mit dem günstigen Mietpreis. Was sie nicht wusste, war, dass ich bewusst den Neubau gewählt hatte. Zum einen war er preisgünstig und bequem – der Weg zu meinem Job war kurz – zum anderen wollte ich alles anders machen als bisher. Ich wollte eine Heizung und keinen ökologischen Holzofen. Ich wollte Helligkeit und keine kleinen Bauernfenster. Ich wollte Überschaubarkeit und nie wieder die »Gemütlichkeit« der Unordnung.

Ich kaufte Möbel, die ein Angriff auf Mutters Ästhetik waren: viel Chrom, Glas und Messing. Ich legte einen Teppich ins Zimmer und hängte Gardinen vors Fenster. Ich verzichtete auf Holz, Keramik und alten Trödel. Freunde schauten mich merkwürdig an, wenn sie mich besuchten. Ich beobachtete das mit einem weinenden und einem lachenden Auge. Manche kamen wieder, andere nicht.

In dem Schnellraustaurant, in dem ich jobbte, lernte ich Michael kennen. Der arbeitete dort seit fünf Jahren und sah aus, als ginge er jeden Tag ins Fitness-Studio. Er trug Marken-Klamotten und hatte in seinem Leben vielleicht drei Bücher gelesen. Davon handelten zwei vom Aufbau des Bizeps. Wieder ein Angriff auf Mutters Leben. Ich weiß nicht wie, aber Michael kriegte mich rum und innerhalb weniger Wochen waren wir ein Paar. Er zog zu mir und wir waren glücklich. Meine Mutter lehnte ihn ab. Für mich ein Grund mehr, zu ihm zu halten, selbst als ich nichts mehr für ihn empfand. Zwei Jahre waren wir zusammen. Das erste Jahr brauchte ich, um mich zu verlieben, das zweite, um mich zu trennen. Unsere wahrhaft gemeinsame Zeit kann ich in Wochen zusammenzählen. Der Trennungsprozess war schwer. Ich vermochte nicht, ihn loszulassen. Mit ihm ging es mir nicht gut, ohne ihn aber auch nicht. Ich wies ihm die Tür und hielt ihn im nächsten Moment davon ab zu gehen. Einmal schlug er mich, aber ich schmiss ihn dennoch nicht raus. Bis ich begriff, warum ich es mir schwerer machte als nötig. Meine

Mutter hatte viele Männer. Nachdem sich meine Eltern getrennt hatten, erwachte Mutters Lust an ihrer Laszivität. Und die trieb sie mitunter auf die Spitze. Zwischen ihren langjährigen Partnern brachte sie zahllose Affären nach Hause. Manche kamen nachts, als ich schlief, manche gingen morgens vor dem Aufstehen. Andere saßen mit am Frühstückstisch. Die ursprüngliche jugendliche Unbeholfenheit und Zurückhaltung meiner Mutter wandelte sich im Laufe der Jahre in Nymphomanie. Ich lehnte die Männer ab. Und ich lehnte ein Leben ab, das viele Männer vereint. So löste ich mich nur unschwer von Michael, obwohl wir uns nichts mehr zu sagen hatten.

Meinen jetzigen Mann lernte ich beim Studium kennen. Zwei Jahre waren wir befreundet, bevor ES passierte. Wir gingen ins Kino, trafen uns auf einen Wein oder redeten einfach miteinander. Da wir kein Paar waren, fühlte ich mich nicht ermuntert, nur meine besten Seiten zu zeigen. Torsten erlebte mich mit allen meinen Höhen und Tiefen und all meinen Untiefen. Er fror in meiner Unpünktlichkeit und Unzuverlässigkeit, stopfte, wenn ich nicht kam, bergeweise Nudeln in sich hinein, die für uns beide bestimmt waren, ertrug meine Launen und meine Gemütssprünge. Er badete meine Mutter aus. Bis er eines Tages auf den Tisch haute und mich anbrüllte. »Was glaubst du eigentlich, wer du bist«, schrie er mich an. Wir waren verabredet und ich hatte kurz zuvor plötzlich keine Lust mehr. Ich rief ihn nicht an, um ihm abzusagen, sondern blieb einfach zu Hause. Wenn mich jemand warten ließ, empfand ich das nicht als persönliche Kränkung, weil ich von mir wusste, wie schnell sich Stimmungen ändern können. Zwei Stunden später stand Torsten vor meiner Tür, schnaubte und brüllte. Aber er brüllte nicht nur, sondern sagte mir auch, dass er schon seit langem in mich verliebt sei, aber nicht länger mitmachen wolle, was ich mit ihm spiele. »Entweder du hältst dich an bestimmte Regeln oder wir lassen es einfach.« Das war das erste Mal, dass jemand so mit mir sprach. Ich konnte nicht weglaufen, Torsten stand in der Tür. Sonst drehte ich mich um und ging, wenn sich jemand mit mir stritt wollte. Ich entzog mich der Auseinandersetzung.

Dieser Abend änderte mein Leben. Torsten blieb über Nacht und setzt mir seitdem Grenzen. Ständig stoße ich mich an ihnen, aber ich spüre jedes Mal, dass das Leben so richtig ist. Dass ich mich reiben und debattieren möchte. Aber zielorientiert und nicht des Reden willens. Dass grenzenlose Freiheit grenzenlose Enge bedeuten kann.

Inzwischen sind Torsten und ich seit fünfzehn Jahren zusammen. Fünfzehn Jahre in ständigem Wechsel von Abgrenzung und Anziehung. Es dauerte Jahre, bis ich begriff, dass Kritik gut tun kann, dass ich jedes Wort von ihm, das nicht meinem entspricht, kein Angriff auf meine Person darstellt. Dass Zusammenleben ein Prozess und kein Zustand ist.

Torsten holt mich zurück und hebt den Schlagbaum, wenn ich festhänge. Seit ich die Grenzenlosigkeit meiner Kindheit und Jugend begriff, sagte ich mir: Meine Kinder werden nicht in Antiautorität groß, sondern in Leitlinien. Kein Waldorf-, kein Montessori- und kein Waldkindergarten. Essen zu einer bestimmten Zeit, schlafen auch. Das Spielzeug darf aus Plastik und bunt sein, wenn die Nase läuft, wird sie abgewischt. Freiheit im Denken ja, auch Freiheit für die Seele, aber alles in Maßen.

Manchmal bin ich zu hart zu meinem Sohn. Findet mein Mann. Wenn sich Daniel noch immer nicht die Zähne geputzt hat, obwohl ich es schon dreimal befohlen habe, gibt es keinen Sandmann mehr. Dann weint er und ist sauer auf mich. Torsten sagt, ich würde ihm durch mein Verbot nicht erklären, wie wichtig Zähneputzen sei und dass er sich an Regeln zu halten habe, sondern ich schüre nur Unmut. Aber ich empfinde das anders. Meine Mutter überließ mir, ob und wann ich mir die Zähne putze. »Es sind deine Zähne«, sagte sie zu mir, »du bekommst Zahnschmerzen. Nicht ich.« Ich war zu klein, um zu begreifen, was sich hinter diesem Satz verbirgt. Ein Kind muss zum Waschbecken getragen werden, wenn es von selbst nicht hinwill. Als Jugendliche war ich eine orale Sau. Meine Zahnärztin brauchte drei Jahre, um mein Gebiss zu sanieren.

Heute glaube ich auch, meine Mutter ging mit ihren Zugeständnissen und ihrem vermeintlichen Anspruch auf Selbstentscheidung auch jeglicher Auseinandersetzung mit mir als Kind aus dem Weg. Und heute, da ich selbst Mutter bin, weiß ich, dass Kinder permanente Auseinandersetzung bedeuten. Mein Sohn provoziert mich fortlaufend. Selten bewusst, aber täglich. Er fordert mich heraus und erinnert mich ohne Unterlass an mich selbst. An mich als Mutter, als Kind und als Teenie. Wenn ich ihn betrachte, sehe ich mich vor über zwanzig Jahren. Ich erkenne in ihm meine Versuche, meine Mutter auszutesten. Im Gegensatz zu ihr, die sie mir jeden Willen ließ, zeige ich meinem Sohn, wohin er gehen darf und wo es für ihn nicht weiter geht. Auf keinen Fall. Er akzeptiert meine Entscheidungen. Und ich glaube, er achtet sie. Ich möchte, dass er mich noch respektiert, wenn er erwachsen ist und ich alt bin.

Ich respektiere meine Mutter nicht. Sie verlor ihre Stellung als anerkennenswerte Person, als ich begriff, wie lose ich bin, ohne Netz und ohne innere Sicherheit. Als ich merkte, dass sie mir niemals Halt geboten hat, dass sie mich machen ließ, wonach mir zumute war, obwohl sie es hätte besser wissen müssen. Ich werfe ihr ihre antiautoritäre Erziehung vor. Wenngleich ich nicht weiß, ob sie diese bewusst reflektiert. Mein Sohn wird keine Schokolade an die weiße Tapete schmieren, und ich werde niemals zu meinen Freundinnen sagen: »Schaut doch, wie kreativ mein Junge ist. Er soll sich ausleben.«

SIE WAR EINE MISSION

Als Kundschafterin verließ die Mutter von Monika M. die Familie

An meinem 18. Geburtstag muss meiner Mutter das Herz stehen geblieben sein. Ich war mit Freunden unterwegs, wir genossen und belachten meine soeben schuldlos erworbene Unabhängigkeit. Wir zogen von Klub zu Klub, stießen immer wieder an und waren guter Dinge. Auf der Straße, irgendwann nach Mitternacht und irgendwo zwischen Mitte und Prenzlauer Berg, trafen wir zwei exotische Männer. Sie sprachen uns an, wir unterhielten uns und waren uns sympathisch. Sie kamen aus dem Orient, aus einem Land, das damals zu den politischen Feinden der DDR zählte. Es war zu Beginn der siebziger Jahre, die Zeit des Kalten Krieges. Jede Bekanntschaft mit »dem Westen« konnte zum Verhängnis werden.

Meine Mutter aber hatte mich systemübergreifend, wenn auch sozialistisch erzogen, sie lehrte mich, international und global zu denken. In unserer Küche saßen Frauen und Männer aus Senegal, Nigeria und Mexiko.

Meine ideelle Kinderwelt war größer als die rot gefärbte im Schulatlas. Rot bedeutete sozialistisches Terrain, die blauen Länder waren die kapitalistischen. Meine Mutter brachte mir bei, nicht allein in diesen beiden Farben zu denken, sondern weitere hinzuzufügen. Doch irgendwann stieß sie ihre eigenen Erziehungsregeln um und verbot mir jeglichen Kontakt zu Ausländern. An einen Anlass oder an die genaue Zeit erinnere ich mich nicht. Aber sehr genau daran, dass sie völlig »gewendet« war, als ich achtzehn wurde. Doch Erziehung und Sozialisation lassen sich nicht so einfach über den Haufen werfen, negieren, weil etwas nicht mehr so sein darf, wie es einst war. Ich nahm die beiden Männer mit nach Hause – und meine Mutter erstarrte zur Salzsäule.

Wenige Tage später warf sie einen Satz in mein Zimmer, zusammenhangslos und unpathetisch. »Mein Einsatz ist gefährdet. Du gefährdest meine Mission«, sagte sie. Einsatz? Mission? Wovon sprach meine Mutter. Gefährdet? Sie klärte mich nicht auf, vervollständigte nicht ihre semantische Ellipse, sondern ließ mich weiter im Unklaren. Da ich nichts mit ihren Worten anfangen konnte, fragte ich nicht nach. Und lebte das Leben weiter, das sie mir beigebracht hatte. Ich traf mich mit Frauen und Männern verschiedener Nationen, unsere Wohnung glich der Geburtsstätte der Multikulturalität. Meine Mutter betrachtete sich das Geschehen, sagte aber nichts. Sie beobachtete es schweigend und biss sich vermutlich so manches Mal auf die Lippen, auf denen das eine oder andere Verbot hing und sich nicht losreißen durfte. Sie konfrontierte mich nie offensiv mit Kritik und Zurechtweisung, sondern brubbelte unverständliche Sätze vor sich hin, die Worthülsen enthielten wie »Auftrag«, »Befreiung«, »Kampf«. Ich wusste nicht, wie »gefährlich« mein Treiben ihrer »Mission« hätte werden können, eines Tages verbot sie meinen ausländischen Freunden, durch die Wohnung zu gehen. Sie durften sich ausschließlich in meinem Zimmer aufhalten. Das verwirrte mich, aber ich fragte auch dieses Mal nicht nach. Sie wird ihre Gründe haben, sagte ich mir. Und bewahrte so unseren häuslichen Frieden. Bis mich meine Mutter wenige Monate später vor eine Situation stellte, deren Ausmaße ich damals nicht begriff. Nicht begreifen konnte.

»Ich gehe in die Sowjetunion«, sagte sie. »Ich werde dort arbeiten und leben«, fügte sie hinzu. »Es wird nicht ganz ungefährlich sein, deshalb darf ich dir nicht so viel darüber erzählen. Bist du einverstanden, dass ich dich hier allein lasse?« Ich war jung und lebenshungrig, was sollte ich dagegen einwenden, in einer Zweizimmer-Wohnung allein zu leben und mich auf diese Weise jeglicher Kontrolle zu entziehen? »Geh«, antwortete ich ihr, »folge deinem Herzen.« Meine Mutter neigte zum Perfektionismus. Ich wusste, dass ihr das, was sie in dem anderen Land tun wollte – was es auch immer war –, wichtiger war als alles andere. Wenn sie sich entschieden hatte, ihr Leben dort fortzusetzen und eine Aufgabe zu übernehmen, die sie hier nicht hätte erledigen können, dann musste sie es tun, dann gab sie damit ihrem Anspruch an sich und an die Sache unendlich Futter. »Ja, mach nur«, wiederholte ich und wünschte ihr alles Gute.

Dann ging alles sehr schnell. Sie heiratete einen Mann, einen Sowjetbürger, dem sie Deutsch beibrachte. Es musste ein gutes Deutsch sein, der Mann sollte perfekt deutsch sprechen können. Mit ihm zusammen, das verstand ich allmählich, wird meine Mutter künftig nicht nur leben, sondern auch arbeiten.

Die Arbeit für die Sowjetunion bedeutete meiner Mutter alles. Ihre Kindheit und Jugend waren geprägt vom Krieg, sie wuchs mit all jenen Entbehrungen und Sehnsüchten auf, die die Zeit damals mit sich brachte. Und mit jenen Träumen von einer besseren Welt, die in den Kreisen der Sozialdemokratie als zukunftsweisendes Weltbild entwickelt wurden. Ihr Vater, ihr Großvater, ihre Mutter und fast alle nahen Verwandten gehörten zu den sozialdemokratischen Kreisen, die uralte philosophische Ideale von der Gleichheit der Menschen mit neuen antifaschistischen Gedanken verbanden. An dem Tag, als die Russen in Deutschland einmarschierten, war meine Mutter ein Mädchen und in einem Dorf evakuiert. Sie saß auf einer Wiese und pflückte Blumen. Ein junger Soldat kam auf sie zu. Ihm schenkte meine Mutter die Blumen. Der Soldat strich meiner Mutter übers Haar und nannte sie Schwester. Später erfuhr sie, dass der junge Mann Russe war, und sie erschrak zutiefst. Die NS-Propaganda hatte auch sie erfasst. Auf dem beschwerlichen Weg aus dem Dorf nach Berlin bewahrten sie Russen zweimal vor dem Hungertod. Diese Erlebnisse prägten Mutters weiteres Leben, »die Russen« hatten für sie eine besondere Gestalt. Und so spannte sich das Band der Sehnsucht, einmal in der Sowjetunion zu arbeiten, damals fest um ihre Brust.

Sie studierte russische Literatur und konnte Tolstoi, Gogol und Lermontow auswendig rezitieren. Sie verehrte Gorki, Lenin und Simonow. Und begann, an ihrer russisch orientierten Karriere zu arbeiten, ohne genau zu wissen, ob und wann diese so vollendet würde, wie sie es sich wünschte. Sie legte Stein auf Stein, begann ganz unten am Fundament zu bauen, denn das wusste sie: Wer oben ankommen will, der muss eine sichere und feste Grundlage haben. Zunächst arbeitete sie bei der Pionierorganisation, später bei der FDJ, der Freien Deutschen Jugend. Sie war von der Sache überzeugt, bis zum Schluss. Eher still und zurückhaltend bahnte sie sich ihren Weg zum Ziel, nie erregte sie Aufsehen. Stetig verfolgte sie ihr Vorhaben und suchte konsequent jene Menschen, die ihr dabei helfen konnten. Sie sprach mit Vorgesetzten und Männern, die an Stellen saßen, die Entscheidungen möglich machen konnten. Immer wieder betonte sie, nach Russland zu wollen. Und irgendwann war es so weit.

Sie hat immer viel gearbeitet. Manchmal ging sie in der morgendlichen Dunkelheit aus dem Haus und kam erst nachts wieder. Mein Bruder und ich waren viel allein. Als sich meine Eltern scheiden ließen, war ich in der Pubertät, mein Bruder etwas jünger. Fortan blieb er bei meinem Vater und ich bei meiner Mutter. Stets trieb meine Mutter eine Gewissensnot, für ihre Kinder nicht genügend Zeit aufzubringen, sie zu früh und zu oft allein gelassen zu haben. An der Schnittstelle von Berufs- und Arbeitsleben machte ihr der eigene Perfektionsanspruch einen Strich durch die Rechnung, auf ihre Seele legten sich eine Traurigkeit und ein Zwiespalt. Der jedoch nicht groß genug war, um sich mehr den Kindern zu- und von der Arbeit abzuwenden.

Deshalb regte sich in ihr das schlechte Gewissen mit geballter Kraft, als sie endlich die Chance bekam, in Russland zu arbeiten. Sie würde zwar ihren Sohn nicht allein lassen, der war beim Vater gut aufgehoben, aber ihre Tochter, die gerade volljährig geworden war und zu jung, um künftig ohne die schützende Hand der Mutter auskommen zu können. Doch ich nahm ihr ihre Ängste und ihre Zweifel. Ich wollte, dass sie glücklich ist und sich mit voller Kraft ihrer Aufgabe zuwendet. Ich versicherte ihr, auch ohne sie klarzukommen. Im Grunde wusste sie, dass ich Recht hatte. Sie hatte mich zur Selbstständigkeit und Selbstverantwortung erzogen.

Als meine Mutter ging, wusste ich noch immer nicht, was sie fern ab im Osten tat. Aber ich wusste, ich durfte nicht darüber sprechen. Denn meine Mutter verfolgte eine geheime Mission. Der Mann, den sie geheiratet hatte, war ihr zugeteilt worden. Es war keine Liebesheirat, sondern ein Akt der Verpflichtung. Wie Ruth Werner, die als Kundschafterin verschiedene Männer als Ehegatten getarnt an die Seite gesetzt bekam. Wurde ich gefragt, warum ich allein in einer Zweizimmer-Wohnung lebte und wo meine Mutter sei, antwortete ich stets: »Sie arbeitet in der Sowjetunion.« Mit diesem Satz, mit dem mich meine Mutter geimpft hatte, waren die meisten zufrieden. Im damaligen Bruderland zu sein war durchaus nicht ungewöhnlich.

Die folgenden Jahre blieben meine Mutter und ihr Mann in der Sowjetunion. Hin und wieder kam meine Mutter nach Hause. Meist waren es unangekündigte Blitzbesuche. Meine Mutter stand einfach vor der Tür und blieb zwei oder drei Wochen. Stets kam sie allein, ohne ihren Mann. Ich fragte nicht, warum, ich genoss meine Mutter auf diese Weise intensiver. Ich freute mich jedes Mal, wenn sie kam. Obgleich es ihr immer wieder gelang, mich zu überraschen. Sie erzählte von Reisen, die die beiden machten. Sie kamen in Länder, von denen DDR-Bürger damals nur eine Ahnung auf der Landkarte bekamen. Sie waren in Asien, Afrika, Lateinamerika. Ich beneidete meine Mutter um diese Erfahrungen, neidete ihr aber nicht ihre Erlebnisse. Ich wollte auch nicht wissen, was genau meine Mutter und ihr Mann in der Sowjetunion machten und ob die Reisen nicht ebenso mit ihrer Arbeit zu tun haben könnten. Über der Identität meiner Mutter in dem anderen Land lag der Mantel der Verschwiegenheit. Sie wurde behandelt wie ein Tabu. Nur so viel hörte ich heraus: Den größten Teil der Arbeit erledigte der Mann meiner Mutter, sie war nach außen hin seine Ehegattin, die ein Mann braucht, um gesellschaftlich anerkannt zu sein. Meine Mutter wirkte im Hintergrund. Sie arbeitete so, wie sie war: unscheinbar, aber besessen und genau.

Knapp ein Jahr nach dem Weggang meiner Mutter wurde meine erste Tochter geboren. Meine Mutter lernte ihre Enkelin als Baby kaum kennen. Dazu waren ihre Besuche zu kurz und zu unregelmäßig. Und ich heiratete einen lateinamerikanischen Mann, den Vater meines Kindes.

Oft wurde ich gefragt, ob ich nicht sauer auf meine Mutter sei, weil sie mich allein gelassen hatte. Aber ich war nicht verletzt oder fühlte mich zurückgelassen, zumindest erinnere ich mich nicht an ein solches Gefühl. Vielleicht fühlte ich mich hin und wieder einsam und wünschte mir meine Mutter herbei, als vertraute Person, als Frau, als Freundin. Aber unglücklich, nein, unglücklich war ich mitnichten. Von meinem Status träumten die meisten Mädchen damals. Viele meiner Freundinnen standen unter der Kontrolle und Knute ihrer Eltern, insbesondere des Vaters, der nicht erlaubte und anerkannte, dass seine Tochter eine eigenständige und bereits erwachsene Frau war. Der sie gängelte und bevormundete. Und eine eigene Wohnung hatte damals keine von meinen Freundinnen. So war mein Haus stets voll von Freunden und Bekannten, ich hatte kaum ruhige Minuten. Ich genoss die Zeit und wusste sie durchaus zu schätzen.

Nur bruchstückhaft bekam ich eine Ahnung vom »Auftrag« meiner Mutter, von ihrer »Mission«. Bis heute weiß ich nichts Genaues, wenngleich die Grundlagen ausreichten, um in Panik zu verfallen. Aber ich setzte großes Vertrauen in sie. Meiner Mutter passiert nichts, wusste ich. Bis sie und ihr Mann in ein arabisches Land gingen. Dass sie eine Scheinidentität annahmen, ahnte ich nicht. Im Auftrag der Sowjetunion wurden die beiden in ein großes und bekanntes Unternehmen geschleust. Was sie dort taten und wie sie arbeiteten, weiß ich bis heute nicht. Ich wollte es nie wissen. Vielleicht waren sie damit beschäftigt, den damaligen Machthaber in dem arabischen Land zu stürzen, vielleicht beobachteten sie nur die Lage und gaben regelmäßig Rapport. Diesen Teil ihres Lebens wird meine Mutter wohl als Geheimnis mit ins Grab nehmen.

Ich stellte mir das Leben als Kundschafterin in Asien abenteuerlich und voller Überraschungen vor. Abenteuerlich muss es durchaus gewesen sein, jedoch nicht so, wie es sich in den Vorstellungen der meisten Menschen verankerte. Durch die Wohnung krochen Zentimeter große Kakerlaken, es war heiß und oft gab es keinen Strom und kein Wasser. Meine Mutter durfte nicht in ärmellosen Kleidern auf die Straße.

Eine meiner engsten Freundinnen und ich träumten viele Jahre von einem Leben als Guerilla. Ein Dasein als Tamara Bunke, die an der Seite von Revolutionären und in den Wäldern für die Revolution und die Freiheit kämpfte. Wir gründeten die Brigade Ernesto Che Guevara, malten Flugblätter und Transparente gegen den Krieg in Vietnam. Ernsthaft aber dachte keine von uns daran, in den Untergrund zu gehen. Es waren naive Träumereien, deren Ernsthaftigkeit wahrscheinlich wir selbst in Frage stellten.

Acht Jahre lang arbeiteten meine Mutter und ihr Mann als Kundschafter. Bis sie verraten wurden. Sie stiegen gerade aus der Maschine auf dem Flughafen in Zürich, da kamen zwei Männer auf sie zu: »Sie sind verhaftet.« Es war zu Beginn der achtziger Jahre, meine Mutter und ihr Mann befanden sich auf der Durchreise. Sie traf der Schlag, als sie die Worte der Schweizer Polizisten hörten: »Sie sind verhaftet.« Sie wehrten sich nicht. In der Schweiz bekamen sie einen Prozess und wurden inhaftiert. Wegen Landesverrats und Kundschaftertätigkeit. Meine Mutter musste für ein halbes Jahr hinter Gitter, ihr Mann ein ganzes. Warum sie ausgerechnet in der Schweiz einsaßen und nicht ausgeliefert wurden und wer sie verpfiffen hatte, ist bis heute nicht geklärt. Beide vermuten einen »Kollegen« aus den eigenen Reihen.

Im Gefängnis lernte meine Mutter eine Menge Leute kennen. Unter anderem ein drogenabhängiges Mädchen, zu dem sie heute noch Kontakt hat. Auch mit den Wärterinnen kam sie ausgezeichnet klar. Die mochten an meiner Mutter wohl, dass sie keine »gewöhnliche« Kriminelle, sondern eine Frau war, mit der sie sich über Politik streiten und über Literatur unterhalten konnten. Meine Mutter war nicht aufsässig, sondern hielt sich an die Regeln. Sie ordnete sich unter und verhielt sich still.

Ich erfuhr erst später von der Inhaftierung meiner Mutter. Als meine Mutter in die DDR zurückkam. Plötzlich stand sie vor meiner Tür und sagte: »Ich bin wieder da.« Ich war zwar überrascht, aber nicht übermäßig erstaunt. Die »Mission« meiner Mutter hielt unentwegt Überraschungen parat. Sie bekam eine neue Wohnung, denn ich hatte inzwischen zwei Kinder und unsere gemeinsame kleine Bude voll in Beschlag genommen. Erst nach und nach erzählte sie, was passiert war. Doch in ihrer gewohnten zurückhaltenden Art, die völlige Preisgabe ihrer Erlebnisse hätte ihr nach wie vor gefährlich werden können. Was auch immer geschehen war, niemand konnte es damals richtig einordnen.

Mutters Liebe zur Sowjetunion indes war ungebrochen, sie suchte sich in Moskau eine Wohnung und pendelte fortan zwischen Berlin und Moskau. In Berlin wurde sie frühpensioniert – eine Arbeit bekam sie nie wieder –, und in Moskau arbeitete sie als Übersetzerin für verschiedene Verlage und Kulturzeitungen. Über ihr Leben als Kundschafterin und ihr späteres als Fremdsprachenkorrespondentin hat sie nie offen und ergiebig gesprochen. Aber eines betonte sie immer: Sie habe niemandem persönlich geschadet, nie jemanden verraten. Den Zusammenbruch des sozialistischen Systems, das Auseinanderfallen der DDR hat sie nie verwunden. Sicher denkt sie oft, sie habe ihre

Familie vernachlässigt, ihre Kinder zurückgelassen, unsäglichen Stress in Kauf genommen und sogar im Gefängnis gesessen. »Wofür? Es hat alles nichts gebracht.« Ihr Lebenswerk ist zerstört. Dann befällt sie eine unbändige Traurigkeit. Ich versuche, ihr diese Traurigkeit zu nehmen, und sage: »Mama, mach dir keine Vorwürfe. Du hast uns erzogen und zu Menschen gemacht, denen Solidarität und Mitgefühl für andere wichtiger sind als materielle Dinge. Ist das nichts?« Auch wenn sie physisch nicht anwesend war, in Gedanken war sie bei uns. Sie schrieb regelmäßig und schickte Geld. Nie habe ich gedacht: Meine Mutter hat mich im Stich gelassen. Sie tat das für sie Ermessliche.

Um nicht verrückt zu werden, engagiert sich meine Mutter heute in verschiedenen Vereinen. Sie arbeitet ehrenamtlich, sie braucht die Arbeit, um loslassen zu können von ihren schweren Gedanken. Manchmal arbeitet sie so unermüdlich wie damals und gönnt sich keine Pause. Sie ist für jede und jeden da, hat aber eigentlich keine Kraft mehr. Kurioserweise hält sie gerade das am Leben. »Denk doch auch mal an dich«, sage ich dann. Aber sie winkt nur ab. An sich zu denken ist für sie etwas Negatives.

Mit dem Mann, den sie einst aus Berufung und nicht aus Liebe geheiratet hatte, lebt sie noch immer zusammen. Die gemeinsamen Jahre und die komplizierte und gefährliche Tätigkeit haben beide zusammengeschmiedet. Das einstige Leben hat auch bei ihm Narben hinterlassen, die vermutlich dauerhaft brennen werden. Er braucht meine Mutter und sie braucht ihn. Sie sind beide aufeinander angewiesen. Inzwischen nimmt sie das Leben schwer und verkompliziert selbst die leichtesten Dinge. Weil sie ihren Absolutheitsanspruch an ein Gelingen nicht abzulegen vermag.

Ich bin stolz auf meine Mutter. Sie ging ihren ungewöhnlichen Weg, der heute nicht mehr ein Punkt im Lebenslauf ist, auf den man gern offen verweisen möchte. Meine Mutter hat ihre Ideale nie verraten, so wie sie ihre Familie nie verraten hat. Vor zwei

Jahren war ich stärker denn je auf meine Mutter angewiesen. Ich hatte Brustkrebs, wurde mehrmals operiert und auch durch den Glauben meiner Mutter an mich wieder gesund. Heute ist meine Krankheit Geschichte. Und ich bin mir sicher: Meine Mutter hat auf mich aufgepasst. Denke ich unter diesen Umständen an sie, beschleicht mich das Bedürfnis, an ihr etwas gut machen zu wollen: ihr Leben, das sie glaubt, umsonst gelebt zu haben. Ich möchte ihr ein eigenes Gefühl wiedergeben. Ich möchte, dass sie ihre Vergangenheit zur Seite legt, sich von ihr verabschiedet, ohne sich von ihr zu trennen. Aber ihrer Agentenzeit »Auf Wiedersehen« zu sagen, würde ihr helfen, im Heute anzukommen. Wegen uns Kindern muss sie kein schlechtes Gewissen haben, wir sind geworden, was wir sind. Was wir ohnehin geworden wären. Mit ihr und auch ohne sie. Heute fordern sie ihre Enkel und Urenkel ein. Ich weiß nicht, ob mir gelingt, meiner Mutter diese Freiheit in ihre Gedanken zu drücken. Aber ich arbeite daran.

DAS EIGENSINNIGE KIND

Klara W. kannte ihre Mutter nicht und versucht sie trotzdem zu verstehen

Alles, was ich über meine Mutter sage, wird sie nicht vollständig widerspiegeln. Jedes Wort, das ich über sie verliere, wird wahr und zugleich unwahr sein. Jede Erinnerung an sie hell und gleichzeitig getrübt. Jedes Gefühl echt und ebenso verlogen. Und jedes Bild von ihr, das ich in mir bewahrt habe, wird schwarz und weiß sein. Ich werde meiner Mutter niemals gerecht werden. Ich kannte sie nicht. Ich habe keine Ahnung, welche Farben sie in sich trug, welche sie am liebsten mochte und welche sie verabscheute. Wohin sie am liebsten gegangen wäre und wo sie niemals sterben wollte. Ich habe sie nie richtig betrachtet. Und sie nicht mich.

Als sie starb, fragte ich mich das erste Mal, wer sie eigentlich war. Ich fand keine Antwort, finde bis heute keine. Keine, die sie in einem rechten Licht darstellt. Ich montierte mir meine Mutter, setzte sie aus einzelnen Versatzstücken zusammen und bekam eine Frau, die vielleicht meine Mutter gewesen sein könnte. Bis dahin war sie eine Person, die zu meinem Leben gehörte, weil ich zu ihrem gehörte. Doch ich gehörte nur zu ihr, weil sie mich geboren hatte. Ich war ihre Tochter, sie meine Mutter. Sie existierte und ich existierte. Das war alles. Wir berührten uns nicht, wir streiften höchstens einander. Sie war da und sie war nicht da. Damals aber machte das keinen Unterschied. Als wir noch unter einem Dach wohnten, als wir eine »ganz normale« Familie waren: Mutter, Vater und zwei Kinder.

Äußerlich unterschied uns nichts von anderen Familien in einer mittelgroßen Industriestadt. Mutter und Vater hatten

Arbeit, Mutter war keine Hausfrau. Wir beiden Mädchen fielen nicht auf, weder in der Schule noch auf der Straße. Wir nahmen uns zurück, so wie es uns unsere Mutter aufgetragen hatte. Eine ihrer Lebensmaximen lautete: Raubt niemandem das Wort, wartet, bis ihr gefragt werdet. Haltet euch im Hintergrund und drängelt euch nicht nach vorn. Seid bescheiden und unauffällig.

Gleichzeitig aber staffierte sie uns aus. Hier ein Kleidchen, dort eine Rüsche, unten ein Lackschuh, oben eine Schleife. Stets sauber und adrett. Der Kleiderkragen drückte am Hals, der Wollstoff kratzte auf der Haut. Aber das machte nichts, hatte nichts zu machen, wichtig war: Wir waren kleine Damen. Meine Mutter mochte es, wenn wir schön waren. Ebenso wie sie es liebte, sich selbst so zu sehen. Kleider machen Leute, war ihre zweite Maxime. Ich kann mich nicht erinnern, meine Mutter jemals unfrisiert und ungeschminkt gesehen zu haben. Schon kurze Zeit nach dem Aufstehen war sie wie aus dem Ei gepellt. Alles an ihr glänzte und strahlte, niemals ließ sie sich gehen. Sie vernachlässigt sich nicht und achtete bis ins hohe Alter auf ihre Figur. Sie setzte alles daran, jung und schön zu bleiben. Und stets elegant zu sein. Beim Teetrinken spreizte sie den kleinen Finger, die Kuchengabel führte sie erst wieder zum Mund, wenn sie vollständig runtergekaut hatte. Ihrem glamourösen Anspruch wurde sie – im Gegensatz zu manch anderer Frau – gerecht. Sie vermittelte den Eindruck, gerade einen Pflegesalon verlassen zu haben. Sie gab vor, eine Großstadtdame zu sein. Diese Fähigkeit zur Verwandlung behagte mir überhaupt nicht.

Meine Schwester ist fünf Jahre älter als ich und war als junge Frau der Stolz meiner Mutter. Barbara sah aus wie meine Mutter, kleidete sich wie sie, und legte in ihre Kosmetik einen ähnlichen Ehrgeiz. Ihre ersten Wohnungen trafen Mutters Geschmack, ihre erste Ehe auch. Barbaras Zimmer waren aufgeräumt und sollten einen Hauch von Großbürgertum vermitteln. Im Kühlschrank lagerten stets zwei Flaschen Sekt, jede Sekunde zum Entkorken bereit. Damit wollte sie ihre Herkunft verleugnen. Sie heiratete jung und begann zu studieren. Es schien, als sei sie unabhängig und frei, als würde sie ihr Leben in vollen Zügen auskosten. Barbara traf meine Mutter an ihrem Nerv: Beide waren agil und lebendig, zu Höherem berufen und auffällig im Gleichmaß des Dorfes. Bis die Ehe meiner Schwester in die Brüche ging. Durch die Scheidung verlor meine Schwester ihren Status als Siegerin, als Erfüllerin heimlicher mütterlicher Sehnsüchte.

Ich war anders, das Enfant terrible, das aus allem herausfiel und nirgendwo hineinpasste. Als Dreijährige sagte ich Sätze wie: »Fällt der Mond vom Himmel, wird es auf der Erde heller.« Oder: »Stehe ich auf dem Berg, bin ich den Sternen näher.« Ständig bewegte ich mich in solchen Äußerungen, die mich an den Rand drängten, sobald ich sie ausgesprochen hatte. Als Fünfjährige dachte ich über den Tod nach: »Wie das wohl ist, wenn er kommt, der Tod, mit ungehörig großen Schritten und alles mäht, was seinen Weg kreuzt?« Manchmal stand meine Familie vor mir, schaute mich offenen Mundes an und fragte sich vermutlich, zu wem das eigensinnige Kind da gehöre. In meiner eigenen Familie war ich fremd. Vor allem meine Mutter war überfordert mit meinen Visionen und Phantasien. Sie, die lebensfrohe und vitale Frau, ich, eine todessüchtige, dunkle Gestalt. Zwei antagonistische Gegensätze. Ich glaube, ich machte meiner Mutter Angst, weil sie mich nicht greifen konnte. Weil ich ihr schon als Kleinkind entglitt. Und sie niemals richtig Mutter war.

Ich war ein ruhiges Mädchen, zurückgezogen und am liebsten mit mir allein. Ich redete mit mir, sang viel und spielte für mich Theater. Ich kroch in verschiedene Rollen, manchmal spielte ich ein ganzes Stück. Das niemand begriff. Ich stand allein im Hof, kratzte mit einem Stock in der Erde und dichtete. Pathetisch trug ich mir meine Gedichte und Lieder vor, ich war meine beste Freundin. Spielplätze mochte ich nicht, dort waren zu viele Kinder und Erwachsene. Ebenso wenig mochte ich die Partys bei uns zu Hause, die meine Mutter gern ausrichtete. Unter vielen Menschen, zwischen süßem Wein, Musik und guter Laune fühlte sie sich wohl. Sie liebte es, die Gastgeberin zu sein, nachzuschenken, hier ein Schwätzchen zu halten, dort ein Küsschen zu geben. Ich hockte meist still in der Ecke und beobachtete das Treiben so lange, bis mir davon schwindlig wurde. Manchmal setzte ich mich neben meinen Vater und wir schauten beide schweigend auf den realen Bildschirm.

Vater war ein schweigsamer Mann, der sich aus vielem heraushielt und am liebsten im Keller verschwand. Dort war er allein, niemand belästigte ihn, dort bastelte er an undefinierbaren Gebilden. Und manchmal an Dingen, die sich meine Mutter für die Wohnung wünschte. Wurde ihm der Keller zu klein und zu dunkel, flüchtete er in den Wald. Unentwegt durchstreifte er das Unterholz und fühlte sich eins mit der Natur. Er brachte mir Urleben bei, erklärte mir Gräser, Pilze, Bäume. Mit einem Schwung hievte er mich auf den Kindersitz seines Fahrrades, setzte sich hinter mich und radelte los. Stundenlang fuhren wir über Feldwege und Trampelpfade. Manchmal hielt er an, stieg vom Rad und deutete auf einen Mistkäfer. Und erzählte, warum die Käfer blau glänzen.

Während Vater und ich im Wald herumstromerten, putzte Mutter die Wohnung, richtete sie her, räumte um und schmückte sie weiter aus. Die Wohnung war ihre Illusion des Lebens, das sie gern führen wollte: ein unbeschwertes, bürgerliches, finanziell unabhängiges. Und sie als Diva mitten im »La dolce Vita«. Sie war die Liz Taylor in ihrem eigenen Film. Die Wohnung war groß, meine Mutter sorgte dafür, dass die hundertzwanzig Quadratmeter ihren Wünschen entsprachen, und bereitete sie vor für die Präsentation. Aber es war eine Scheinwelt, in die sich meine Mutter hineinkatapultierte, eine, in der Menschen wie mein Vater und ich keinen Platz hatten. Und ihn niemals finden würden. Mutter und Vater passten zusammen wie Feuer und Schwefel.

Warum die beiden bis zum Tod meiner Mutter zusammenblieben, ist mir bis heute ein Rätsel. Sie waren jung, als sie sich kennen lernten, zu jung, um zu erkennen, dass ihre Liebe ein bestimmtes Haltbarkeitsdatum nicht überschreiten würde. Irgendwann aber taten sie das, was alle Frauen und Männer dieser Generation taten: Sie heirateten, zeugten das erste Kind, später das zweite. Damit war ihr Zusammenschluss bis in alle Ewigkeit besiegelt. Als sie sich nichts mehr zu sagen hatten, war die Zeit noch nicht reif genug für eine gesellschaftsfähige Scheidung.

Mein Vater erfüllte keinen der Wünsche meiner Mutter. Sie war Synonym für Schwung und Antrieb, er für Stille und Gelassenheit. Meine Mutter wollte ein großes Haus voller Leben und quirliger Menschen, mein Vater seinen Hobbykeller, den Wald, Stille. Mutter fuhr am liebsten ein Auto der S-Klasse, Vater sein klappriges Fahrrad. Sie sehnte sich nach einem großen Garten mit Blumenrabatten und grüner Wiese, ihm genügte der Wald. In nichts kamen sie sich entgegen.

Als sie sich kennen lernten, glaubte meine Mutter, in meinem Vater ihre Wünsche erfüllt zu sehen. Vater muss schön und charismatisch gewesen sein, als er meine Mutter das erste Mal ins Kino ausführte. Er trug einen Ledermantel und Handschuhe, hatte Stil und Manieren. Meine Mutter kam vom Dorf, mein Vater aus der Stadt. Das genügte für den Beginn einer Liebe. Meine Mutter konnte endlich hinaus in die Welt. Ein Leben in Luxus indes vermochte mein Vater meiner Mutter nicht zu bieten. Und irgendwann auch kein Wort mehr, das beide wieder zusammenführte.

So lebte unsere Familie unter einem Dach, aber jeder in seiner Welt. Meine Mutter war die Grande Dame, mein Vater der Eremit. Meine Schwester versank im Lifestyle und ich in meinen Träumen. Wir hatten Kontakt, waren aber nicht im Kontakt. Wir waren uns so fremd wie Reisende in einem Zug.

In einem Punkt schien meine Mutter Nähe zu mir aufzubauen. In meinem Körper erkannte sie gute »Anlagen«, er schien sich nach ihrem Bilde zu formen, ihrem gleich zu werden. Wie meine Mutter bin ich klein und zierlich, habe schmale Hüften und schlanke Schenkel. Sie schickte mich zum Ballett und zum Geräteturnen. In mich und meinen Körper steckte sie all ihr Sehnen, all ihre Vorstellungen vom Frausein. Ich sollte ihre Prinzessin werden, ihr Tausendschönchen, ihre Barbie-Puppe. Aber ich entzog mich, sobald ich dazu in der Lage war. Ich hasste die Kleider und Röcke meiner Mutter, ich hasste die Blusen und ausgeschnittenen Shirts, die sie mir empfahl. Am liebsten stieg ich in Vaters ausgeleierte Pullover und in zu weite Jeans. Wenn ich meinen Körper verbergen konnte, wenn nichts mehr an mir daran erinnerte, dass ich ein Mädchen war, ging es mir gut. Dann bewegte ich mich unbekümmert und selbstvergessen. Winter war meine Lieblingsjahreszeit. Im Sommer, wenn die Hitze ihre eigene Kleiderordnung forderte, trug ich Latzhosen. Meine Mutter betonte ihre Formen, ich ließ hängen und verhängte mich. Sie zeigte Farbe und trug Ketten, ich kleidete mich schmucklos. Meine Weiblichkeit lehnte ich ab, weil sie meine Mutter herausstellte. Bis ich mir erlaubte, Frau zu sein, brauchte es Jahre.

Heute fühle ich mich als Frau, trage aber nie hautenge Kleider. Auch heute zeige ich ungern nackte Haut und stelle meinen noch immer zarten Körper nie zur Schau. Ich bin keine Madonna und werde es niemals sein. Meine Mutter implantierte in mir das Gegenteil ihrer selbst. Auch in meiner Wohnung ist alles anders, als es damals zu Hause war. Sie ist karg und kahl, ohne Teppiche und Tand. Meine Mutter liebte es, mehrere Teppiche übereinander zu legen und glaubte, auf diese Weise eine besondere Art von Behaglichkeit zu schaffen. Ich glaubte, ersticken zu müssen auf den Stoffen. Sie sammelten Staub und Milben in unübersichtlicher Stärke. Die beste Erfindung der Wissenschaft ist der Staubsauger. Ich sauge alles und überall. Die Holzböden in meinen Zimmern, die Fliesen in Küche und Bad. Ich besitze nichts Unnötiges und Ausstaffierendes. Meine Wohnung ist wie ich: funktional und zurückhaltend. Manchmal bekomme ich Staubfänger geschenkt. Die verbanne ich sobald wie möglich in den Müll.

Als Zehnjährige saugte ich sogar die Wände. Ich sah die Spinnweben nicht, die sich hinter den Postern verkrochen, die meine Schwester in unserem gemeinsamen Zimmer dicht an dicht, eins neben dem anderen, an die Wand geklebt hatte. Aber ich spürte die Spinnweben und ekelte mich. Eines Tages griff ich nach unserem Staubsauger, montierte die Bürste vom Schlauch ab und hielt das Metallrohr erst an die eine Wand und dann an die andere. Mit Vergnügen schaute ich zu, wie sich die Ablagerungen aus den Ecken im Metallrohr versenkten. Und hielt den Staubsauger auf die Wand mit Rod Stuart, Smokie und den Bay City Rollers. Was ich nicht bedacht hatte, war die Kraft des Luftzugs, der in Sekundenschnelle die Bilder von der Wand fraß. Bevor ich das Gerät ausgeschaltet hatte, war der Traum der Popwelt meiner Schwester in der Staubtüte begraben. Ich glaube, das war die härteste Auseinandersetzung, die ich mit meiner Schwester jemals hatte.

Unser Haus war voller Spiegel. Im Flur, im Schlafzimmer, selbst in der Küche lief man an einer reflektierenden Fläche vorbei. Überall sah man sich, weil sich meine Mutter sehen wollte. Heute besitze ich lediglich einen Spiegel.

Meine Mutter war nicht für die Mutterrolle geboren. Nie war sie die Glucke, die uns überdachte und erdrückte. Meine Erziehung übergab sie meinem Vater. Mir war das nicht unrecht. Ich wollte in Ruhe gelassen werden. Mein Vater war kein Pädagoge, kein strenger Mann, sondern ein »Erzieher« mit eleganter Distanz.

Ein Hauch von schlechtem Gewissen setzte meiner Mutter trotzdem zu. Eine Frau hat eine gute Mutter zu sein – das strenge Verdikt ihrer Zeit. Ihre Versuche der Annäherung kamen abrupt, oft mischte sie Geschichten und Gleichnisse ins Gespräch. Ich war siebzehn und meine Mutter wollte wissen, ob ich schon mit einem Jungen geschlafen hatte. Gewöhnlich redeten wir aneinander vorbei. Aber meine Mutter war eine schlaue und geschickte Frau. »Klara, du hast so weiße Ohrläppchen«, tippte sie mich eines Tages von der Seite an. »Die hat eine Frau nur, wenn sie schwanger ist. Sollen wir zum Frauenarzt gehen?« Ich muss sie wohl entrückt und grinsend angesehen haben und versicherte ihr: »Das kann gar nicht sein.« In einer mir immanenten Rigorosität in der Stimme, die meiner Mutter die Antwort auf eine Frage gab, die sie gar nicht gestellt hatte.

Einmal wäre ich fast vergewaltigt worden. Ich war fünfzehn und kam später nach Hause als verabredet. Ich zitterte am ganzen Leib, mir steckte das Erlebnis noch in den Knochen. Meine Mutter stand hinter der Tür und haute mir eine runter, als ich ins Haus trat. Am liebsten hätte ich erzählt, was passiert war, hätte in ihrer Nähe und ihrer Mütterlichkeit Schutz gesucht. Aber ich konnte nicht, irgendetwas hielt mich davon ab, meiner Mutter mein Herz auszuschütten. War es ihre Unnahbarkeit? War es ihre Härte, die sie in diesem Moment zeigte? Oder ihr Unverständnis, das ich in die Ohrfeige hinein interpretierte?

Vielleicht habe ich die Mütterlichkeit, die meine Mutter nie hatte, vermisst. Vielleicht auch nicht. Da ich sie nie kennen gelernt habe, bleibt diese Frage spekulativ. Ein einziges Mal nur führten Mutter und ich ein Gespräch, das als solches bezeichnet werden darf. Sie schüttete mir ihr Herz aus und war mir in diesem Moment so nah wie nie zuvor. »Klara, hüte dich zu heiraten«, warnte sie mich. »Wenn du heiratest, verspielst du dein Leben.« Über diese Worte war ich erstaunt, so hatte ich meine Mutter noch nie gehört. Vielleicht war es die einzige Stunde unseres gemeinsamen Weges, in der wir wahrhafte Freundinnen waren. »Ich wollte nie so enden wie jetzt«, sagte meine Mutter. »Aber ich fügte mich und füge mich weiter. Weil ich so erzogen wurde.« Vielleicht hat sie mich für diese kurze Zeit verstanden. Und ich habe sie verstanden. So unterschiedlich sind wir gar nicht, glaubte ich. Wir führen beide ein Leben, das wir nicht wollen. Mit einem einzigen Unterschied. Sie wird nie aus ihrem jetzigen aussteigen und ein neues wagen. Ich hingegen schon.

Ich nahm meine wenigen Habseligkeiten und zog in die Großstadt. Ich ließ die Enge und die Kleingeistigkeit der Kleinstadt hinter mir und machte mich dahin auf, wo ich immer hin wollte: zu den Aktionspunkten von Kunst und Kultur, Anonymität und Weltgewandtheit. Die Stadt war laut und grell, aber ich fühlte mich in ihr geborgener als in der Provinz, wo jeder Pflasterstein Ohren hat und jede Gardinenstange Augen. Ich wollte weg aus der Öde und hin zur Weite. Fortan zog ich von einer Galerie zur anderen, kannte die Theater- und Kinopläne auswendig und gab mich diesem Leben hin. Ich trug Vaters weite Pullover und tauchte ab in einer schwarzen Masse. Ich glaube, meine Mutter beneidete mich um mein Dasein, das zwar nichts von ihrem Traum aus Taft und Seide hatte, aber aufregender war als jedes rauschende Fest in ihrem Kreis. Aber sie schämte sich auch für mich. Wurde ich zu Familienfesten gerufen, trug sie eine Tüte mit Kleidern und Blusen für mich bei sich. »So gehst du nicht zu Tante Friedas Geburtstag«, beäugte sie mich kritisch und zerrte an meinen viel zu weiten Überhängen. Sie hielt mir die Tüte vor die Nase, ich sollte zumindest einen Kompromiss finden.

Einmal besuchte mich meine Mutter in der Stadt. Wir redeten kaum, aber ich sah ihr an, dass sie unglücklich war. Außen war sie eine Person mit der größten Akkuratesse, die Primadonna, die perfekte Frau, der niemand etwas anhaben kann. Innen aber kämpfte sie: gegen sich, ihr Leben, ihr Bild. Sie trug eine Ambivalenz in sich, über die ich froh war, ihr entronnen zu sein. Nie will ich mich in solchen Lügen bewegen, nie in einer solchen Zerrissenheit, schwor ich mir. Meine Mutter spielte eine Rolle, aber sie spielte sie perfekt. Wahrscheinlich werde ich nie eine Familie haben, vielleicht nie ein Kind, dachte ich damals, aber keinesfalls gebe ich mich für eine Familie auf, die ich nicht haben möchte.

»Klara, du bringst mich noch mal ins Grab«, sagte meine Mutter immer wieder. Dieser Satz war wie ein geflügeltes Wort, ein running gag der Familie, der mit den Jahren die ursprüngliche Schwere seiner Bedeutung verlor. Bis meine Mutter Krebs bekam und viel zu früh starb. Sie befand sich in der Mitte ihres Lebens, legte sich ins Bett und verabschiedete sich. Damals begriff ich nicht, was vor sich ging. Ja, ich wusste rational, was Tod hieß, mir war klar, dass meine Mutter starb, aber ich begriff nicht. Ich war ein Mädchen, eine junge Frau ohne Bezug zu ihrer Mutter. Oder hatte ich diesen doch? Waren Mutter und ich trotz allem inniger verbunden, als uns jemals klar war? Wir pflegten Mutter. Vater und meine Schwester in der Woche, ich am Wochenende. Sie taten alles, was in ihrer Macht stand. Aber ich war diejenige, die sie auf ihrem letzten Stückchen Weg begleiten durfte. Nicht, weil sie es meiner Schwester und meinem Vater verbot. Sie verboten es sich selbst. Sie konnten nicht in Mutters Nähe sein, sie ertrugen ihr Dahinsiechen nicht, waren nicht stark genug für den Geruch des Todes. Mit meiner kindlichen Erinnerung an meine Todessehnsucht war ich gewappnet für das, was uns mit Mutters Sterben erwartete. Ich saß bei ihr, vermochte aber nicht, ihre Hand zu halten. Ich tat, was sie mir auftrug. Stoisch und gewissenhaft. Ich trocknete ihr die Stirn und flößte ihr Tee ein. Nachts legte ich mich ins Ehebett, an die Stelle, an der sonst mein Vater schlief. Er ertrug es nicht, neben seiner Frau zu liegen und zu wissen, dass es nicht mehr lange so sein würde. Wie selbstverständlich umgab ich mich mit dem Tod, als wäre ich eine seiner Töchter. Und fragte mich: Verhält sich so ein Kind, das seine Mutter liebt? Warum kann ich nicht weinen?

Mein Agieren, mein Funktionieren wie eine Maschine hatten nur eine einzige Funktion: Es sollte mich schützen. Vor meiner eigenen Emotionalität. Als die Leichenbestatter meine Mutter in den Sarg hievten und aus dem Haus trugen, schaute ich ihnen wütend zu: Fasst meine Mutter nicht so kräftig an und lasst sie nicht unsaft in die Kiste fallen. Ihr tut ihr weh. Und erst Monate später konnte ich über den Tod meiner Mutter heulen. Für meine Trauer brauchte ich Rachmaninow in Moll.

Nach ihrem Tod fragten meine Schwester und ich nicht, wie es uns geht, wie wir fortan weitermachen sollen. Wir fragten uns, wie unser Vater mit dem Tod seiner Frau fertig werden wird. Wir glaubten, er würde zerbrechen, er bräuchte seine Frau, weil die Gewohnheit ein solches Gefühl zwangsläufig produziert. Aber wir täuschten uns und fanden ihn zwischen seinen Atlanten, Tier- und Pflanzenbüchern wieder. Er saß da, lächelte und trank ein Bier des Vergessens.

Meine Mutter starb nicht, weil ich sie ins Grab brachte, das tat sie selber. Vielleicht ist der Krebs Ausdruck missglückter Lebensphasen, der Unausgeglichenheit von Innen- und Außenwelt. Aber womöglich wird auch dieser Satz ihrem Leben nicht gerecht, vielleicht war sie stärker mit sich im Reinen, als ich es annehme. Ich weiß es nicht. Sie ging, und ich habe sie nie richtig kennen gelernt. Andere Töchter holen als erwachsene Frauen an ihren Müttern nach, was sie als Kinder versäumt haben. Das kann ich nicht mehr. Dabei wüsste ich gern, was sie ausmachte, dachte, sah. Mir bleiben einzig meine Phantasie und meine Erinnerungen an all die Widersprüchlichkeiten, mit denen ich meine Mutter und mich einst erlebte.

Ich bin meines Vaters Sohn

Geschichten von Männern zu einer ganz besonderen Beziehung

Jeder Sohn hat ihn: einen Vater. Ob leiblich oder sozial, dauerhaft oder temporär, gemocht oder abgelehnt. Für manche ist er Lehrer, Freund, Begleiter, für andere Unterdrücker und Despot. Und egal, ob der Vater anwesend ist oder aufgrund von Trennung nicht – der Vater ist eine grundlegende Bezugsperson, in Anziehung wie Abstoßung.

Jahrtausende lang war der Vater der Ernährer und »Bestimmer« in der Familie und gab diese Rolle an seinen Sohn weiter. Heute bricht dieses Verständnis – durch veränderte Gesellschaftsbedingungen und vor allem durch die Frauenbewegung – allmählich auf. Daraus entsteht eine Reihe von Fragen: Wie sieht ein »modernes« Verständnis von Vaterschaft aus? Können Väter noch Vorbilder sein? Wollen Väter überhaupt Vorbilder sein?

Einige Söhne treten in Vaters Fußstapfen, andere grenzen sich bewusst ab. Wie sich Väter und Söhne gegenseitig empfinden, hängt unter anderem stark davon ab, wie Väter ihren Söhnen begegneten, als diese es am nötigsten hatten: in den Kindertagen und der Pubertät. Das ist das Fatale an der vaterlosen Gesellschaft: Viele Väter wissen nicht, wer ihre Söhne sind, und Söhne nicht, was ihre Väter ausmacht.

Die Geschichten in »Ich bin meines Vaters Sohn« spiegeln die Bandbreite der Beziehungsgeflechte von Vätern und Söhnen wider, ob gewollt oder unbewusst »produziert«: Adoption, soziale und biologische Vaterschaft, Homosexualität, Abwesenheit, Unterdrückung, Akzeptanz. Zwanzig Söhne und Väter kommen zu Wort und erzählen von Liebe und Abscheu, Tod und Verlassensein, Ängsten und Hoffnungen.

Simone Schmollack
ICH BIN MEINES VATERS SOHN
Geschichten von Männern
zu einer ganz besonderen Beziehung
272 Seiten, Taschenbuch
ISBN 3-89602-429-9
12,90 EUR

Weitere Titel von Simone Schmollack bei Schwarzkopf & Schwarzkopf

Ich will Leidenschaft

Geschichten von Dreißigjährigen über Liebe und Lust

Wegen meines Berufs bin ich öfter unterwegs als zu Hause, da bleibt weder Zeit noch Raum für eine feste Beziehung ... Das bedeutet jedoch nicht, ohne Sex auskommen zu müssen.« Erzählt eine Eventmanagerin, Mitte 30, und begibt sich auf die Scuhe nach einem Mann, der ähnlich lebt, arbeitet und denkt wie sie. Ein 36-Jähriger sagt über seine Freundin: »Sonja ist für mich eine Offenbarung. Sie ist die erste Frau, die meine Rast- und Ruhelosigkeit versteht ...« Sonja ist 14 Jahre älter als ihr Geliebter. Wie auch immer sich heute Beziehungen der Generation zwischen 30 und 40 gestalten – sie sind weitaus vielfältiger als früher.

Mehr als 20 Frauen und Männer – Singles wie Paare – haben der Autorin ihre persönliche Geschichte erzählt: Vom heimlichen Geliebten, der nicht nur »Nebenbuhler«, sondern auch heimlicher Vater wurde, vom Freund und gelegentlichen Liebhaber, von der alleinerziehenden Mutter mit festem Sexverhältnis, vom Freier und seinem Hingezogensein zum »Milieu«.

Die Presse:

»Was das Buch auszeichnet ist seine Intensität. Die Autorin hat sich nicht gescheut, auch intime Details zu erfragen. Wenn sich solche Bekenntnisse überdies so flott und unbekümmert lesen lassen wie in diesem Buch – umso besser.«

NEUE OSNABRÜCKER ZEITUNG

»Geschichten von Männern, Frauen und Paaren zwischen 30 und 40. Allen ist eins gemeinsam: Sie haben eine unbändige Lust zu leben und zu lieben. Nichts ist vorbei. Im Gegenteil. Jetzt geht es erst richtig los.«

AMICA

Simone Schmollack
ICH WILL LEIDENSCHAFT
Geschichten von 30-Jährigen
über Lust und Liebe
400 Seiten, Taschenbuch
ISBN 3-89602-401-9
12,50 EUR

IMPRESSUM
Simone Schmollack
ICH WOLLTE NIE SO WERDEN WIE MEINE MUTTER
Geschichten von Frauen zu einer
ganz besonderen Beziehung

ISBN 3-89602-483-3

BILDNACHWEIS
Titelfoto: Anja Müller

KATALOG
Wir senden Ihnen gern unseren kostenlosen Katalog.
Schwarzkopf & Schwarzkopf Verlag GmbH / Abt. Service
Kastanienallee 32, 10435 Berlin.
Telefon: 030 – 44 33 63 00
Fax: 030 – 44 33 63 044

INTERNET
Ausführliche Informationen zum
Verlagsprogramm finden Sie im Internet.
www.schwarzkopf-schwarzkopf.de

E-MAIL:
info@schwarzkopf-schwarzkopf.de